JN303037

学校教育心理学 改訂版

善明宣夫 編著
Nobuo ZENMYO

西川隆蔵／佐野 茂／前田志壽代／宇惠 弘 著

福村出版

JCOPY 〈出版者著作権管理機構 委託出版物〉
本書の無断複写は著作権法上での例外を除き禁じられています．複写される場合は，そのつど事前に，出版者著作権管理機構（電話 03-5244-5088, FAX 03-5244-5089, e-mail: info@jcopy.or.jp）の許諾を得てください．

まえがき

　本書の旧版である『学校教育心理学』は，1989（平成元）年の教育職員免許法の大幅な改正を機に編まれたもので，初版以来23版を重ねてきた。教育職員免許法改正の背景には，それまで大学等で講じられてきた「教育心理学あるいは青年心理学」やそのほかの「教職に関する科目」が学問としての独自性や完結性にこだわるあまり，一般化や抽象化された内容の提示にとどまってしまい，現実としての学校教育や，個としての児童・生徒の今ここでの問題から遊離しがちであったという反省があったからである。

　こうしたことから，旧版刊行のねらいは，教師が学校での諸課題に対応するにあたって有効と考えられる内容を統合的に構成し提示することにあった。もちろん，教育は人間の一生を通じ，さまざまな場面での普遍的課題であることはいうまでもなく，無意図的なものを含めると潜在的には生活場面でのあらゆる機会が教育的機能を有しているといえる。しかし，初版ではとくに学校とそこでの人間形成にかかわる諸問題に絞って考察するという観点から，『学校教育心理学』という名称がつけられたのである。

　初版から20年以上が経過した今日，社会の急激な変動にともない，学校教育にも大きな変化がみられる。学力観の変遷や学力低下の問題，いじめや不登校などの生徒指導上の諸問題，新しい特別支援教育の展開，教育評価観の転換など，教師として対応を迫られる問題は複雑かつ高度化しているのが現状である。今日，教師はこうした問題をどうとらえ，いかに実践していくのか，まさにその実践的指導力が問われているのである。本書はこうした期待に応えるべく，教育実践に資するという旧版の趣旨を受け継ぐとともに，この間に蓄積された学問的知見を吟味することで，旧版の内容に全面改訂を加えたものである。とはいえ，編者の不手際も重なり，不十分な点もあるのではないかと恐れているが，読者諸賢のご叱正，ご批判を賜れば幸甚である。

　最後に，本書の刊行にあたり福村出版編集部にはひとかたならぬお世話になったことを付記し，執筆者一同からの感謝の気持ちにかえたいと思う。

2013年10月
編者　善明宣夫

目次

まえがき (3)

第1章　教育心理学を学ぶ意義 ——————————— 9
　　　　はじめに (9)
第1節　現代社会と教育 ……………………………………… 9
　　　1　社会の変化と学校教育 (9)
　　　2　新しい時代に求められる能力と教育のあり方 (11)
第2節　教育心理学とその領域 …………………………… 16
　　　1　教育心理学と研究方法 (16)
　　　2　教育心理学の領域と教育実践 (18)

第2章　発達 ————————————————————— 24
　　　　はじめに (24)
第1節　発達とその規定要因 ……………………………… 24
　　　1　発達とは (24)
　　　2　遺伝と環境 (25)
　　　3　行動遺伝学 (26)
　　　4　成熟と学習 (27)
第2節　発達における初期経験の重要性 ………………… 29
　　　1　初期経験と臨界期 (29)
　　　2　ホスピタリズムとマターナル・デプリベーション (30)
　　　3　愛着とそのタイプ (31)
第3節　エリクソンの発達理論と発達課題 ……………… 35
　　　1　フロイトの心理・性的発達説 (35)
　　　2　エリクソンの心理・社会的発達説 (35)
　　　3　エリクソンの発達課題と危機 (36)

第3章　学習の基礎 ————————————————— 42
　　　　はじめに (42)
第1節　学習メカニズムの基礎 …………………………… 42
　　　1　経験から学ぶ——学習理論の基本的考え方 (42)
　　　2　条件づけの理論——刺激と反応の連合 (43)
　　　3　強化と随伴性 (45)

4　強化とやる気（46）
                5　新行動主義の立場（47）
                6　社会的学習理論（47）
                7　自己強化（48）
        第2節　記憶と知識の獲得……………………………………………49
                1　学習の基盤としての記憶（49）
                2　長期記憶と意味づけ（51）
                3　知識獲得としての学習（53）
                4　学習者の主体的現実構成（53）
        第3節　メタ認知と心の理論の獲得…………………………………54
                1　メタ認知について（54）
                2　「内なる目」としてのメタ認知の芽生え（55）
                3　メタ認知を育む方法（56）
                4　社会的場面でのメタ認知（58）
                コラム　自動化した身体知をことばにするのは難しい（62）

第4章　学習指導をめぐる諸問題 ——————————— 63
        はじめに（63）
        第1節　知的能力の発達………………………………………………64
                1　ピアジェの発生的認識論（64）
                2　ヴィゴツキーの発達理論（67）
        第2節　学ぶ力と動機づけ……………………………………………69
                1　動機づけ理論の変遷（69）
                2　内発的動機づけを取り入れた学習指導（72）
        第3節　学ぶ力と原因帰属……………………………………………73
                1　学習性無力感（73）
                2　原因帰属（74）
        第4節　自己調整学習…………………………………………………75
                1　自己調整学習と循環的段階（75）
                2　学習者による自己調整過程の違い（78）

第5章　適応 ——————————————————————— 81
        はじめに（81）
        第1節　適応……………………………………………………………81
        第2節　適応機制………………………………………………………83
        第3節　ストレスと不適応……………………………………………85

第4節　学校不適応……………………………………………………87
　　1　いじめ（87）
　　2　不登校（91）
　　3　非行（97）
　　コラム　教師ストレスとメンタルヘルス（101）

第6章　教育相談——学校での心理臨床活動——102
　　はじめに（102）
第1節　学校教育相談とは……………………………………………102
　　1　学校教育相談の成り立ち（102）
　　2　教育相談とカウンセリング（103）
　　3　生徒指導と教育相談（104）
　　4　児童・生徒との信頼関係の構築（105）
第2節　学校教育相談の担い手………………………………………106
　　1　担任による教育相談（106）
　　2　教育相談担当者の役割（108）
　　3　養護教諭の役割（108）
第3節　問題の理解と心理アセスメント……………………………110
　　1　正常・異常の診断（110）
　　2　問題の多面的理解（110）
　　3　行動の意味を考える（111）
　　4　全体的な視点からの理解（112）
第4節　家庭との連携，家族への介入………………………………113
　　1　家庭との連携（113）
　　2　母親面接の意味（114）
　　3　心理教育的な家族面接（114）

第7章　学級集団と教師——117
　　はじめに（117）
第1節　学級の誕生とその意義………………………………………118
　　1　学習集団としての学級（118）
　　2　生活集団としての学級（119）
第2節　学級編成と学級規模…………………………………………119
　　1　学級規模の変遷と国際比較（119）
　　2　学級の適正規模（121）
第3節　学級集団の特徴とその発達…………………………………122

　　　　1　学級集団の特徴（122）
　　　　2　学級集団の発達（123）
　　第4節　教師と学級集団……………………………………………………126
　　　　1　教師のリーダーシップと勢力資源（126）
　　　　2　児童・生徒評価の歪み（128）
　　　コラム　学級崩壊（134）

第8章　特別支援教育―――――――――――――――――――135
　　　はじめに（135）
　　第1節　特別支援教育について…………………………………………135
　　第2節　対象となる子どもたちの実像…………………………………136
　　　　1　広汎性発達障害（PDD：Pervasive Developmental Disorder）（139）
　　　　2　学習障害（LD：Learning Disabilities）（140）
　　　　3　注意欠陥／多動性障害（ADHD：Attention-Deficit/Hyperactivity Disorder）（142）
　　　　4　知的障害（MD：Mental Deficiency）（143）
　　　　5　そのほかの障害（144）
　　第3節　教室のなかでの工夫と学内・外の連携…………………………145
　　　　1　教室のなかでの工夫（146）
　　　　2　学内連携（147）
　　　　3　学外連携（149）
　　第4節　特別支援教育のための技法………………………………………150
　　　　1　SST（ソーシャルスキルトレーニング：Social Skill Training）（150）
　　　　2　応用行動分析（ABA：Applied Behavior Analysis）（151）
　　　　3　インリアル（INREAL：Inter Reactive Learning and Communication）・アプローチ（151）
　　第5節　特別支援教育のこれから…………………………………………152
　　　　1　教師の専門性の問題（152）
　　　　2　保護者（必要に応じて本人）への障害告知と受容（153）
　　　　3　不登校やいじめ，および児童虐待問題への対応（153）
　　　　4　進学支援・就労支援（154）

第9章　教育評価―――――――――――――――――――――157
　　　はじめに（157）
　　第1節　教育評価の理論的枠組み…………………………………………157
　　　　1　教育評価とは（157）
　　　　2　教育測定から教育評価へ（158）

3　教育評価論における学習目標の重要性（159）
　　第2節　評価の類型………………………………………………………162
　　　　　1　評定，相対評価，絶対評価，個人内評価（162）
　　　　　2　ブルーム理論——診断的，形成的，総括的評価（164）
　　第3節　教育評価の実際…………………………………………………166
　　　　　1　観点別学習状況評価の意義（166）
　　　　　2　学習観点の内容（167）
　　　　　3　指導要録と通知表（通信簿）（171）
　　　　　4　さまざまな評価技法（172）
　　第4節　教育評価活動の向上とその死角………………………………174
　　　　　1　学力観の吟味と教育評価活動（174）
　　　　　2　教育評価行為の生徒への心理的影響（175）
　　　　コラム　ブルームの「教育目標の分類学（タキソノミー）」から学ぶこと
　　　　　　　　——「評価の4観点：知識・理解・関心等の意味」（178）

第10章　教育統計 ——————————————————— 180
　　　　　はじめに（180）
　　第1節　教育実践と統計処理……………………………………………180
　　第2節　記述統計と推測統計……………………………………………181
　　　　　1　母集団と標本（181）
　　　　　2　記述統計と推測統計（181）
　　第3節　統計量……………………………………………………………182
　　　　　1　度数分布（182）
　　　　　2　代表値（182）
　　　　　3　散布度（183）
　　　　　4　正規分布（183）
　　第4節　統計処理…………………………………………………………185
　　　　　1　効果量（185）
　　　　　2　平均の差の検定（186）
　　　　　3　2つの変数の関係分析1——散布図と相関係数（188）
　　　　　4　2つの変数の関係分析2——クロス表とカイ二乗検定（189）
　　　　コラム　散布図と相関係数との関係（192）

用語集（194）

索引（207）

第1章
教育心理学を学ぶ意義

はじめに
　現在，知識基盤型の生涯学習社会への移行という国際社会の趨勢を背景に，日本の学校教育においても学力観を含むその内容や方法，教育評価のあり方などに大きな変化がみられている。こうした社会では，知識や情報，技術の重要性が増すとともに，日々新しい情報や技術が生み出されることから，学校教育の期間中に習得した知識や技術だけに頼って一生を過ごすことは難しく，新しい知識や技術に遭遇したときに，それらを積極的，自主的に学習することが求められている。

　このような時代に必要とされる学力が「自己教育力」や「生きる力」であり，与えられた課題をすばやく正確に実行することができるという従来型の学力から，習得した知識とスキルを多様な状況において柔軟かつ創造的に活用するといった，いわゆる実社会・実生活に生きる力を重視した学力観への転換が図られている。こうした学力観の変化は，教育の内容や方法，さらには教育評価にも影響を及ぼすが，本章では，今日における教育心理学のあり方やその意義について，教育実践との関係を中心に考察する。

第1節　現代社会と教育

1　社会の変化と学校教育
　ここ数十年のあいだに，世界の多くの国は工業化社会から知識基盤社会への移行を経験してきた。今や政治，経済，文化をはじめ社会のあらゆる領域での活動の基盤として，知識や情報，技術の重要性が増すとともに，それらが国境

を越えて活用されるという知識や技術のグローバル化が進行している。こうした知識基盤社会では，情報や技術の新旧交代のテンポはめまぐるしく，日々新しい情報や技術が生み出されている。変動の少ない安定した社会では，学校教育で得た知識や技術をよりどころとして一生を過ごすことも可能であったが，変化の激しい社会では学校教育の期間中に習得した知識や技術だけに頼って一生を過ごすことは難しい。新しい知識や技術に遭遇したときに，それらを積極的，自主的に学習することが求められている。

　知識基盤型の生涯学習社会への移行という，こうした国際社会の趨勢を背景に，日本の学校教育においても学力観を含むその内容・方法に改善が図られてきた。1983（昭和58）年に出された中央教育審議会教育内容等小委員会の「審議経過報告」では，「自己教育力」の育成が教育改革の基本的方向の1つとして打ち出されたが，これはまさに社会の変化に主体的に対応できる能力の育成をめざすものであった。また，こうした「新しい学力観」による教育が，知識や技能を一方的に教える「教え込み型」の教育にとどまっていることへの反省や「自己教育力」をいっそう重視するという観点から，1996（平成8）年の中央教育審議会第1次答申では，「生きる力」の育成が21世紀の教育改革の基本方針として掲げられている。

　ここで示された「生きる力」とは，①「いかに社会が変化しようと，自分で課題を見つけ，自ら学び，自ら考え，主体的に判断し，行動し，よりよく問題を解決する資質や能力」，②「自らを律しつつ，他人と協調し，他人を思いやる心や，感動する心など，豊かな人間性」，③「たくましく生きるための健康や体力」であって，知・徳・体の基本的資質や能力を統合した，生きて働く知性と実践力を意味するとされている。こうした，「自己教育力」あるいは「生きる力」の育成への教育観の転換は，知識基盤型の生涯学習社会では，固定した知識や技能を効率よく教え，学習者がそれを受動的に学ぶといった従来の教育のあり方では限界があり，学習者自身が自らの学習過程を調整し，自発的，自主的に学んでいくという，いわゆる自律的な学習者を育成することが求められていることによる。

　こうした変化と並行して，情報通信技術（ICT）の急速な発展も，学校教育のあり方に影響を及ぼしている。インターネット，携帯電話，ビデオゲーム機

器の普及により，現在多くの子どもや若者がそれらを身近に利用できる環境のなかで暮らしている。OECD（経済協力開発機構）の報告によれば，北欧諸国，オランダ，イギリス，オーストラリアでは，15歳児の95％以上がインターネットに日常的にアクセスしているとされる。また，2010（平成22）年に実施された「青少年のインターネット利用環境実態調査」によれば，日本の場合にも，携帯電話などを使用したインターネットの利用率が中学生は47.8％，高校生では96.5％で，高校生のほとんどが携帯電話を所有しインターネットを利用しているとされる。また，パソコンによるインターネット利用率は小学生では59.9％，中学生では76.7％，高校生では80.7％となっている。

こうした情報環境の変化は，教育のあり方にも変化をもたらす。従来，知識や技術の習得は学校教育がその中心的役割を担ってきたが，今やインターネット等のICTを媒体としたノンフォーマルな学習の占める割合が相対的に高まっている。こうした学習環境の多様化は，これからますます拡大することが予想されるが，このような時代に学校教育のなかで児童や生徒にどのような能力を身につけさせるのか，それはどういう方法によればよいのか，また学校以外の多様な学習環境といかに連携すればよいのかなど，今日あるいはこれからの学校教育に関して考えなければならない課題は山積しているといえる。

2　新しい時代に求められる能力と教育のあり方

OECD（2008b）は，こうした時代に求められる能力を「21世紀のコンピテンシー」としてまとめている。それを要約すると，今の時代に必要とされるのは，①複雑な情報を生み出し，処理し，分類すること，②体系的，批判的に考えること，③多様な形態の証拠や根拠を比較検討して決定すること，④多様なテーマについて意味ある問いかけを行うこと，⑤新しい情報に対して柔軟に適応すること，⑥創造的であること，⑦現実世界に存在する問題を見定め，解決すること，となる。こうした能力を育てるには，メディア・リテラシーはもとより，既述の「自分で課題を見つけ，自ら学び，自ら考え，主体的に判断し，行動し，よりよく問題を解決する資質や能力」とされる「生きる力」の育成が求められている。また，授業のあり方にも変化が求められ，従来から行われてきた教師主導の「教え込み型」の授業形態だけでは，こうした能力の獲得を期

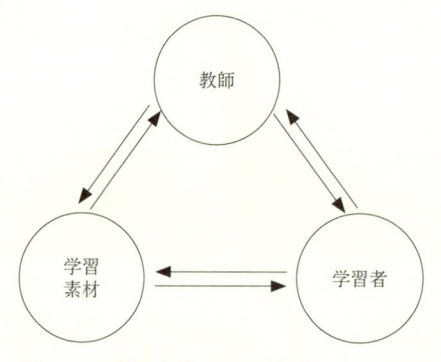

図 1-1　学習指導の場を構成する 3 要素

待することは難しいであろう。
　ここで授業という観点から，これからの教育のあり方について考えてみたい。
　日常的に行われている学習指導では，1 人の教師と複数の生徒とのあいだで，教師が教え，生徒が学習するという関係が作られている。この教師の教授活動と生徒の学習活動との相互作用が，いわゆる教授・学習過程とよばれるものである。しかし，教授・学習過程を構成するものは教師と生徒ばかりではない。そこには学ばれる材料，いわゆる学習素材としての教科書，資料，副読本，場合によっては教師が作成した学習用プリントなどが存在する。一般に，教師は学習素材をとおして生徒（学習者）に教え，生徒（学習者）は学習素材をとおして教師から学ぶという関係が成立する。このように，学習指導の場を構成するものは，教師，生徒（学習者），学習素材であり，これらの構成要素の力動的な関係によって学習指導は成立し，展開していくものと考えられている。この関係を図示したものが図 1-1 である。
　学習指導に先立ち，教師は教える内容を熟知するのはもちろんのこと，それらを取捨選択し組み替えることで，学習内容を構造化することが大切である。また学習者の発達をふまえながら，学習指導の過程での発問や指示などについて決定しておく必要もある。教師が事前に学習素材に働きかけ，実際の学習指導を想定しながら，それを教材に転化させていく過程は教材研究とよばれる。教師はこうした準備を経て学習指導に臨むわけであるが，教材研究が十分になされているかどうかが，学習指導の成否を決定づける大きな要因となる。教授・学習の場を構成する 3 つの要素は，それがほかの要素とどのような関係をもつかによって，いくつかの学習指導の型が考えられる。たとえば，東（1982）は図 1-2 に示す 6 つの類型をあげている。
　はじめは，「自由探究」とよばれる学習指導の型である。これは素材的情報（学習素材）と学習者が直接的に交渉する場合であり，教師はその場にいない

a　自由探究
b　方向づけられた探究
c　コンサルタント付探究
d　教材による自習
e　講義型指導
f　モデル学習

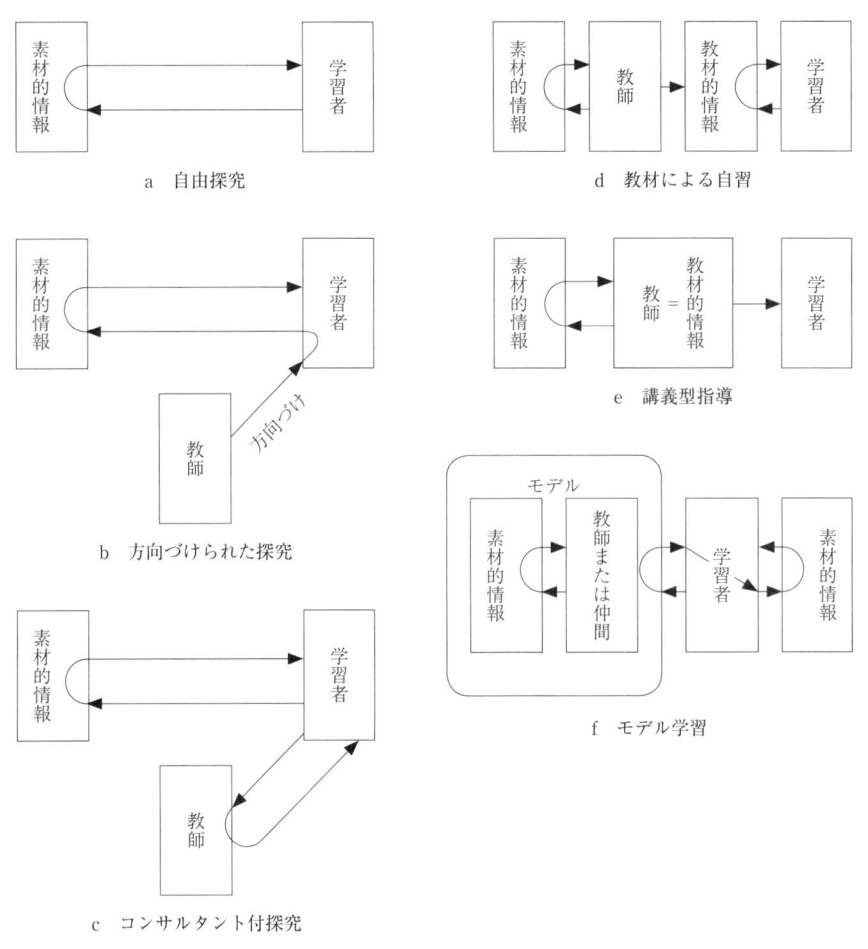

図1-2　学習指導の類型（東, 1982より作成）

か，いたとしても教授的役割はとっていないとされる。次に，「方向づけられた探究」とよばれる型がある。これは「自由探究」を行う学習者に対し，どのように素材的情報に働きかけるかについて，教師がある程度の指示やヒントを与えることによって方向づけを行う場合である。また，教師が直接的にイニシアティブをとらず，学習者の求めに応じて方向づけをしたり，必要な情報を与える場合も考えられる。これは「コンサルタント付探究」とよばれている。この3つの型は，いずれも学習者と素材的情報との交渉が比較的自由で，また直

13

接的であるのが特徴とされている。

　次に示されているのが,「教材による自習」とよばれる型である。この型では, 教師が素材的情報について十分に研究を行い, それを学習者が学習しやすいように構成, 配列して教材化し, 教材に対して学習者が能動的に, 比較的自由に働きかけて学習を行う場合である。またこの型では, 次に示す「講義型指導」のように, 教材の提示者や活動の制御者として教師が前面に出てくることが少ないのが特徴とされる。「講義型指導」では, 教材は独立しておらず, 教師自体が教材的情報源となる学習指導である。この型では, 教材の提示者や活動の制御者として教師が前面に出やすいため, 学習者がイニシアティブをとりにくく, 受け身的になりやすいとされている。いずれにせよ, この2つの型は, 学習者が指導の目的や目標に沿って効率的に学習に取り組むことができるように, 教師によって素材的情報に手が加えられており, いわゆる教材化がなされているのが特徴である。

　最後に示されているのが「モデル学習」とよばれる型である。これは, 教師やほかの学習者の探究活動やその過程を観察することにより, 学習者自らが自分の学習活動を方向づけていくタイプの学習と考えられている。

　このように, 学習の場を構成する教師, 生徒, 学習素材という3つの構成要素は, それがほかの要素とどのようにかかわるか（たとえば, 教師によって学習素材に手が加えられている度合）によって, さまざまな学習指導の形態が考えられるのである。

　ここで通常の学習指導を考えてみると, 1人の教師が多数の生徒に対して, 同じ内容を同時に教えるという一斉授業が一般的であろう。このような授業形態では, 既述の「講義型指導」や, プリント学習に代表されるような「教材による自習」といったタイプの指導がなされることが多い。知識や技術の伝達面での効率を考えた場合, こうした形態の授業は有効であるし, また集団の力によってより深い認識に達するといった集団思考の利点も見逃せない。しかし, 学習者の自発性, 自主性といった側面はどうであろうか。こうした授業形態では, あらかじめ学習目標に到達する道筋が決められており, 学習活動が脇道にそれないようにコントロールがなされるのが一般的である。

　多くの学習者に同じ内容を同時に教えるのであるから, いたしかたのない面

もあるが，かりにある学習者が本筋から少しはずれた考えや疑問をもったとしても，それは学習指導の進行上，取り上げられない場合が多いのではないであろうか。こうした過程を通じて，いらない疑問や教師やほかの学習者とは異なった考えをもつよりも，教えられたことをそのまま受け入れ，記憶するほうが望ましいということを暗黙のうちに学んでいくことも考えられる。このようにして，黙って，言われたとおりに行動するといった受け身的な姿勢や態度が，「潜在的カリキュラム（hidden curriculum）」として身についていくことも，十分に考えられるのである。

　今日の知識基盤型の生涯学習社会では，知識量の爆発的な増大や，知識や技術の新旧交代のテンポの速さなどの問題から，もはや学校教育の期間中に学習した知識や技術だけに頼って一生を過ごすことは難しいとされる。こうした時代には，生涯を通じて新しい知識や技術を学びとることが必要となる。そこには，学習を方向づけてくれる教師がつねにいるわけではなく，個人が自発的・自主的に学んでいく，いわゆる自律的な学習者であることが求められている。こうした時代に求められる能力に関して，デ・コルテ（De Corte, E., 2010）は，学習や教育の最終目標は，「有意義な学習によって習得した知識とスキルを，多様な状況において柔軟かつ創造的に活用することのできる能力」とされる「適応的熟達化（adaptive expertise）」，あるいは「適応的コンピテンス（adaptive competence）」の獲得にあるとしている。

　こうした能力は，与えられた課題をすばやく，正確に実行できるといった「固定的熟達化（routine expertise）」の対義語とされるが，これまでの学校教育では「固定的熟達化」があまりに偏重されすぎてきたように思われる。教育の場では，教師から一方的に問題が与えられ，それにすばやく解答することが要求されることが多い。問題を見出し，じっくりと課題に取り組むということはあまり問題にされない。そこではむしろ，問題と解き方をパターンとして記憶し，反復練習によって定着させるといった学習方法が重視されている。こうした記憶中心の受け身的な学習形態では，与えられた課題に対処する能力は高まるにしても，問題意識をもち，自らすすんで課題を見出したり，解決の手立てを考えたり，最後まで学習を維持・持続するといった能力や態度を学んでいくことは難しい。「固定的熟達化」は基礎・基本の定着には有効であるが，最終

的に学習者の「適応的熟達化」をめざすのであれば，既述の探究的な学習指導やモデル学習などの導入によって，学習者の「学習の仕方についての学習 (learn how to learn)」を支援することがよりいっそう求められている。

第2節　教育心理学とその領域

1　教育心理学と研究方法

　これまで，社会の変化とそこで必要とされる能力や教育のあり方について，学習の問題を中心に考察してきたが，ここでこうした時代に求められる教育心理学のあり方について考えてみたい。教育心理学とは何かという定義づけは立場によって異なり，必ずしも統一的な見解が得られているわけではない。歴史的にみても，一般心理学を教育に応用する応用心理学の一領域とみるか，独自の目的と理論をもつ実践科学とみるかによって，その考え方には隔たりがある。

　前者は，歴史的には古く，一般心理学の原理や法則，方法論を教育に応用することによって教育の場で生起する諸問題の解決に寄与するという立場であって，どちらかといえば心理学という学問体系の枠組みに重きを置いた考え方である。結果として，文脈性が豊かな教育実践に，学習心理学や発達心理学などの諸原理を直接的に適用することにもつながり，理論と実践との乖離などの問題から，その不毛性に対する批判もなされてきた。

　後者は，教育心理学を教育への一般心理学の諸原理や方法論の応用にとどまらず，教育という価値形成の営みに直結し，教育実践における諸問題の解明や改善に資するという独自の目的と志向性をもった実践科学とする考え方である。この立場は，前者に比べると，教育という価値形成の営みや価値実現のための教育実践により重きが置かれており，具体的，個別的，また文脈依存的な教育実践を対象に，そうした諸活動の理解や改善にとって有効な心理学的知見や方策を探究することを通じて，その発展に寄与しようとするものである。

　既述の学力観の変遷に関する問題や，いじめや不登校などの生徒指導上の諸問題など，複雑かつ高度化した教育問題への対応が迫られている今日，純粋に理論的観点から教育を俯瞰し，応用可能なものを適用するといったあり方では，教育の現実に対応することはできないであろう。教育の場に腰をすえ，心理学

的観点から問題を精査し，改善に向けての課題や方策について探究するとともに，その成果を教育の場に還元することで教育実践に活かしていくといった研究姿勢がより強く求められているといえる。

教育心理学の研究領域は，研究者の立場によって重点の置きどころに違いがみられるが，一般に発達，学習，適応，評価の4領域とされることが多い。このほかにも，学級集団の構造や発達，またそこでの教師の役割に関する研究，指導者としての教師の資質や能力に関する研究，生徒指導上の諸問題への対応に関連した生徒心理の理解やカウンセリング技法の研究，障がいをもった子どもの発達や教育的支援のあり方に関する研究など，いくつかの研究領域が考えられている。とくに障がいをもった子どもの発達や支援に関して，近年では通常学級に6.3％の割合で在籍するとされる学習障害（LD）や注意欠陥／多動性障害（ADHD），高機能自閉症などの発達障害への関心が高まり，その特徴や教育的支援のあり方について数多くの研究が展開されている。

教育心理学の研究方法は，一般にほかの心理学領域で用いられてきた方法と共通するものではあるが，教育実践を対象とすることから独自の特徴もみられる。心理学や教育心理学における実証的研究の目的は，独立変数としての刺激や条件と従属変数としての反応との関係を明らかにし，一般法則を見出すことにある。たとえば，教授方法に関する研究では，独立変数である教授方法と従属変数としての教授効果との関係を明らかにし，教授効果が高い教授法を見出すことが研究目的とされる。こうした研究では，実証的方法として観察法や実験法が用いられることが多い。観察法では独立変数の人為的な統制は行わず，自然のまま，ありのままを観察し，記録するという方法がとられる。たとえば，授業観察では，教師と児童・生徒の言語的行動を逐語録として記録することが一般的に行われるが，そうした逐語録全体から独立変数（教授方法や技術，用いられた教材など）と従属変数（教授効果）との関係を推測することは決して容易なことではない。

そこで，観察の精度と効率を高める方法として，「場面選択観察法」「行動見本法」「時間見本法」などが考案されている。「場面選択観察法」とは，特定の場面を選択し，その場面での反応を記録するという方法である。たとえば，授業観察では，「教師の質問に対して児童・生徒が答えたとき」という場面に限

定し，その際の教師の言語的行動や非言語的行動を観察・記録するというのがこれに当たる。「行動見本法」とは，事前に観察対象となる特定の行動（たとえば，授業中に近くの児童・生徒としゃべるなど）を決めておき，その行動だけについて観察するという方法である。「時間見本法」とは，ある時間帯にはAという観察対象を，また次の時間帯にはBという観察対象をというように，系列的に観察対象を変えることによって，観察時間や場面に偏りがないように配慮する方法である。

一方，実験法とは独立変数（実験変数と剰余変数）のすべてを人為的に統制する方法で，同じ実験を何度繰り返しても同じ結果が得られるという再現性が特徴である。また，独立変数を統制することにより，実験変数と従属変数との一義的な関係をみることができることから，仮説を立てて実験をし，結果によってその適否を確認するといった仮説演繹的な方法が可能となる。しかし，教育実践に関連した研究では，人為的に独立変数を統制することには困難も多く，こうした実験法の適用にも限界がある。そこで，人為的に独立変数の統制を行わずに，自然にあるものを実験変数として取り上げて観察を行うといった実験的観察法や，実験変数については人為的に統制を行うが，剰余変数については自然のままにして統制を行わない観察的実験法などの中間的方法がとられることも多い（松田他，1981）。このほかにも，質問紙（調査票）などを用いて実態を調べ，帰納的に仮説を導き出そうとする実態調査法や，研究者自身が教師と協同して授業の改善などに関与し，その関与と変化の過程自体を研究対象とするアクション・リサーチなどの研究方法も用いられている。

2　教育心理学の領域と教育実践

これまで，教育心理学とその領域，研究方法について考えてきたが，ここで教育実践と教育心理学がどのように結びついているのか，さらに言えば教育心理学を学ぶことにどのような意義があるのかについて，その主要な研究領域である発達，学習，適応，評価という観点から考えてみたい。

a　教師に求められる発達の理解と支援　「発達（development）」とは，基本的には時間の経過にともなう心身の変化のことをいう。類似した用語に成長（growth）があるが，身長や体重などの身体的・生理的側面の変化に関しては

成長という用語を用い，知的能力や社会性，道徳性などの心理的・社会的側面での変化をいう場合には発達を用いるというように，2つを区別して使用する場合もある。発達を規定するものは何かについては，遺伝的要因と環境的要因が考えられている。遺伝的要因による発達とは，受け継がれた遺伝子によってあらかじめ発達の順序や時期が決められており，時間の経過にともなって遺伝的素因が顕在化するという成熟の過程を重視する考え方である。これに対して，発達を環境との交渉をとおして新しく獲得された変化と考え，学習を重視する見方もあるが，現在では成熟と学習の両要因がともに影響を及ぼし，その相互作用によって発達は進んでいくと考えられている。

　学校教育では，意図的・計画的に児童・生徒の発達を支援する営みが展開されている。この際，子どもの知的，身体的，情緒的，社会的発達に応じた支援が必要となる。各教科のカリキュラムにしても，発達の段階をふまえた学習の系統性を考慮し，学年段階ごとに身につけるべき内容や能力が具体的に設定されている。また，これは教科に関してだけでなく，特別活動や道徳においても同様である。このように，学校教育におけるカリキュラムは，児童・生徒の学習の「レディネス（readiness）」，すなわち子どもの発達をふまえて組み立てられているのであり，こうした意味からも教師は子どもの発達について理解を深め，それを教育実践に活かしていくという姿勢が求められている。

　しかし，ここで注意しなければならないのは，発達における個人差の問題である。発達の速度は個体によって異なり，同じ学年の児童・生徒にも，知的，身体的，情緒的，社会的発達などに大きな差異がみられる。こうしたことからも，一人ひとりの児童・生徒の発達に応じた，きめ細やかな指導やかかわりが求められているのである。また，レディネスの問題に関しても，指導法の工夫などによって，早い段階から学習することも可能であることが指摘されていることから，各学年段階での学習の目標や内容はあくまでも1つの目安であり，教材の提示の仕方や指導法などの創意工夫によって，より大きな学習効果を生みだすことができるという視点も忘れてはならないであろう。

　b　教師に求められる学習の理解と支援　　教師の仕事は，大別すると教科指導と生徒指導に分けられるが，自分の専門とする教科の指導は教師が担うもっとも重要な役割である。既述のように，一般の授業は教師，学習素材，生

徒（学習者）で構成され，教師は教科書に代表される学習素材をとおして生徒（学習者）に教え，生徒（学習者）は教科書に代表される学習素材をとおして教師から学ぶという関係が作られている。この教師の教授活動と生徒の学習活動との相互作用が授業であり，この2つの過程が同時に進行していることから，授業は教授・学習過程ともよばれている。教育実習生や教職経験が浅い教師の場合，ややもすれば教授過程ばかりに気をとられてしまい，生徒の学習過程に目を向ける余裕に欠ける場合も見受けられるが，教師は基本的に教授過程にも学習過程にも責任を負っているのである。

　授業に臨むにあたって，教材研究を入念に行うのはもちろんのこと，学習過程が適切に進行するように，学習者の立場を考慮した準備も必要となる。この際，知識がどのようにして獲得されるかといった学習のメカニズムについて知っておく必要もあるし，学習意欲をどう引き出し，持続させるかといった学習への動機づけについても考えておかなければならない。また，本章のはじめでふれたように，知識基盤型の生涯学習社会で期待される自律的な学習者の育成という観点からすれば，自己調整学習的な学習方法を理解し，授業実践に活かしていくことも求められている。この際，従来から行われてきた教師主導の「教え込み型」の授業形態ばかりでなく，授業の一部にこうした方法を取り入れたり，そのほかの時間を活用して，学習者自らが学習の過程を振り返り，学習目標の設定や学習方略，メタ認知やセルフ・モニタリングのあり方などを学ぶ機会を設けることで，自己調整的な学習能力を高めることが求められるが，その前提として，まずは教師自身がそうした能力を身につけた自律的な学習者であることが望まれる。

　c　教師に求められる適応の理解と支援　　既述のように，教師の仕事は教科指導ばかりではない。一人ひとりの児童・生徒が個性の伸長を図りながら，同時に社会的資質や能力を身につけ，将来自己実現ができるように支援することも，教師に課せられた重要な役割の1つである。こうした，児童・生徒の人格を尊重し，個性の伸長を図りながら，社会的資質や行動力を高めることをめざして行われる教育活動は生徒指導とよばれている。生徒指導は教育課程内にとどまらず，休み時間や放課後など，あらゆる教育機会を活用して実践されるべき教育活動とされるが，その基本を心理学的に考えるならば，児童・生徒一

人ひとりに対して，よりよい「適応（adjustment）」が図られるように支援することにほかならない。

　今日，学校不適応の問題をみても，不登校，いじめ，非行など，教師として対応を迫られる課題は多い。不登校は2001（平成13）年度をピークに漸減傾向が認められるが，近年でも小・中学校を合わせて11万人台の後半であって，調査が開始された1966（昭和41）年度の1万6716人に比べると，その数は7倍を超えている。2011（平成23）年度に不登校を理由に年間30日以上欠席した児童・生徒数は11万7458人で，小学校では304人に1人，中学校では38人に1人の割合となっている。この数字をみると，中学校では不登校の生徒が各クラスに1人は在籍することになり，学級担任として不登校に陥った生徒をどう支援するか，スクール・カウンセラーや関連機関とどう連携するかなど，考えておかなければならない問題は多い。

　また，教師に求められるのは不登校やいじめ，非行などの学校不適応への対応や支援にとどまるものではない。顕著な行動問題を示さない一般の生徒への支援も欠かすことはできない。子どもからおとなへの移行期とされる青年期は，第二次性徴といった身体面での変化だけではなく，心理的，社会的な面でも大きな変化を示す時期でもある。親に庇護され心理的には安定した時期とされる児童期とは異なり，将来の自立に向けて自我を再構成することが求められる重要な時期と考えられている。こうした時期には，自意識の過剰や反抗（第二反抗期）などもみられやすく，誰もが心理的に不安定になりやすいのが特徴である。こうしたことからも，顕著な行動問題を示す生徒ばかりでなく，それ以外の生徒への，積極的，開発的な意味での適応への支援が求められているのである。

　d　教師に求められる評価の理解と活用　　教師にとっての評価の問題を考えるとき，まず頭に浮かぶのは定期試験でのテストの採点や，学期末や学年末に作成される通知表（通信簿）や指導要録といった総括的な学習評価であろう。たしかにこうした評価も教育評価の一部には含まれるが，今日の教育評価に対する考え方からすれば，これらが評価活動のすべてではない。授業を中心とした学習評価を考えると，まず学習者の先行経験や学習レディネスの評価（教授・学習前の評価）に始まり，教育実践の要所での教授・学習活動の適否に関

する評価（教授・学習中の評価）を経て，最終的に単元の終わりや，学期や学年末に行われる総括的評価（教授・学習後の評価）に至るという一連の評価活動の流れが考えられる。

　こうした評価活動の核となるのは，教育実践の要所で教授・学習活動の適否に関してなされる「形成的評価（formative evaluation）」とよばれるもので，教師の指導方法や指導内容を学習者の学習状況に応じて修正，再構築するという目的に沿って実施される評価である。このように，今日の教育評価は単に学習の成果や状況を総括的に評価することにとどまらず，教授・学習活動の改善に役立てるという視点が重要視されていることに注意が必要である。つまり，学習目標の達成に向けて，教育評価と指導（教授・学習活動）は絶えず連動しながら進められる必要があり，評価によって洗い出された改善点は次の指導（教授・学習過程）に反映されるという関係が要求されているのである。

　また，2002（平成14）年度から実施された教育課程では，それまでの相対評価から観点別学習状況評価を基本とする到達度評価（絶対評価）に変更がなされた。これは，特定集団内での相対的位置を示す相対評価から，目標である到達基準に準拠した絶対評価への転換であると同時に，学習に対して，従来の「知識や理解」の側面ばかりでなく，「関心・意欲・態度」「思考・判断・表現」，「技能」といった多様な観点からの評価が求められているということである。こうした観点は，既述のOECDの「21世紀のコンピテンシー」で指摘されている能力に対応するものでもあるが，これらの観点を含めて学習者を評価するには，評価活動を念頭に置いた授業計画の作成が必要となり，結果的に授業のあり方にも変化が期待されている。このように今日では，教育実践における教育評価の役割や重要性がこれまで以上に増していることを考えると，教職者はこの問題について理解を深めるとともに，それを教育実践に活かすという姿勢がさらに求められているのである。

引用・参考文献
東　洋（1982）『学習指導論』（教育学大全集28）第一法規出版
東　洋他（編）（1987）『子どもと授業』（岩波講座　教育の方法3）岩波書店
今野喜清・新井郁男・児島邦宏（編）（2003）『新版　学校教育辞典』教育出版
松田伯彦・松田文子（編著）（1981）『新・教育実践のための教育心理学研究法ハンドブック』

北大路書房
恩賜財団母子愛育会日本子ども家庭総合研究所（編）（2013）『日本子ども資料年鑑 2013』KTC 中央出版
OECD 教育研究革新センター（編著）　立田慶裕・平沢安政（監訳）（2013）『学習の本質——研究の活用から実践へ』明石書店
佐伯　胖・宮崎清孝・佐藤　学・石黒広昭（1998）『心理学と教育実践の間で』東京大学出版会
篠置昭男（監修）　脇坂義郎（編）（1994）『教育実践の探究——現代教育方法基礎論』昭和堂
依田　新（監修）（1980）『新・教育心理学事典』金子書房

第 2 章
発達

はじめに

　本章では人間の発達について考える。発達とは環境との相互作用をとおして生じてくる心身の機能や構造の分化・統合の過程をいうが，教育対象としての子どもの発達は速く，短期間に大きな変化がみられる。発達には個人差による遅速や発達段階があることから，発達の状態や段階を知り，それをふまえて子どもにかかわることは，教師が教科指導をする際にも，また生徒指導や教育相談を行ううえでも，必ずや考えておかなければならない前提といえる。発達には多様な面がみられるが，教科指導にかかわる認知的側面の発達については第4章で取り上げることにし，本章では発達の原理やパーソナリティの発達の問題を中心に考えていくことにしたい。まず，発達とはどういうことか，発達を促す要因は何かといったその原理についてみていく。次に，生まれて間もない時期の経験がその後の発達に大きな影響を及ぼすという初期経験の重要性に関して，母子間の愛着形成という観点から考察する。最後に，エリクソン（Erikson, E.H.）の発達理論について，発達課題と危機の問題を中心に考えていくことにしたい。

第1節　発達とその規定要因

1　発達とは

　「発達（development）」とは，生命の誕生から死に至るまでの，環境との相互作用をとおして生じる心身の機能や構造の分化・統合の過程をいう。比較的最近まで，発達心理学では誕生から青年期までの心身の上昇的変化を研究対象

とすることが多く，安定や下降を示すとされる成人期や老年期を研究対象とすることはごくまれであったといえる。ところが近年では，高齢化社会の到来を背景に高齢者研究の必要性が高まるとともに，そうした研究を通じて知的機能の一部は老年期にピークがみられることなどが指摘され，成人期以降は単に下降や衰退を示すだけではないことがしだいに明らかにされてきた。また，ハヴィガースト（Havighurst, R.J.）やエリクソンなどの発達課題論によって，人生それぞれの発達段階に乗り越えるべき精神的課題があり，それらを一つひとつ克服することによって人間は生涯を通じて発達していくという考え方が浸透したことなどから，今日ではその研究対象を誕生から青年期に限ることなく，成人期や老年期を含む人間の全生涯とする「生涯発達心理学（life-span developmental psychology）」という考え方が一般に受け入れられている。

2 遺伝と環境

日本にも，「瓜のつるに茄子はならぬ」と「氏より育ち」という相反する意味をもったことわざがあるように，発達や発達にみられる個人差を生み出す要因は何かという問題についての関心は古く，これまでに数多くの論争が繰り返されてきた。「瓜のつるに茄子はならぬ」にみられる遺伝という先天的要因を重視する立場は「生得説（nativism）」とよばれ，「氏より育ち」にみられるように，経験という後天的要因を強調する立場は「経験説（empiricism）」とよばれている。生得説と経験説は，生物学的には遺伝と環境の問題に置き換えられ，遺伝要因と環境要因が発達にどのような影響を及ぼすのかについては，発達心理学におけるもっとも基本的かつ重要な研究テーマの1つとされてきた。

ここで，発達の規定要因としての遺伝と環境の問題について，これまでにどのような考え方がなされてきたのかについて簡単に整理をしてみよう。まずみられたのが，どちらか一方が発達に影響を及ぼすとする「孤立要因説」である。遺伝にせよ環境にせよ，いずれかの要因だけが発達を規定するという考え方であるが，発達という複雑な現象を片方の要因だけで説明することには無理があり，今日ではこうした考え方は受け入れられていない。次にみられたのが，発達には個体の内的因子（遺伝）と外的因子（環境）がともに影響を及ぼしているとする「加算的寄与説」で，シュテルン（Stern, W.）の「輻輳説」がこの代

表的なものである。この説では遺伝要因と環境要因の効果が加算されることで発達は進むと考えられているが，両要因がどのように影響し合い，かかわり合って発達が促進されるのかについて適切な説明がなされていないことなどから，こうした考え方への批判も多くみられている。

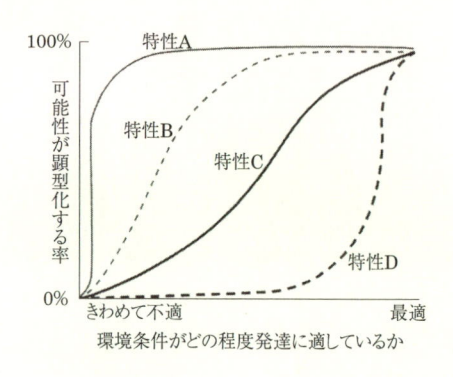

図2-1 ジェンセンの環境閾値説の図
（二宮他，1999）

今日，一般に受け入れられているのが「相互作用説」である。この説では，遺伝と環境の要因が相乗的，あるいは相互浸透的に作用することで発達は起こると考えられている。こうした考え方の1つにジェンセン（Jensen, A.R.）の「環境閾値説」がある（図2-1）。ここでは，遺伝的要因はその特性によって環境要因からの影響度が異なり，環境からの刺激が少なくても発達がみられる特性もあれば，環境からの豊富な刺激がなければ発達が生じにくい特性もあると考えられている。たとえば身長などは，ほぼいかなる環境条件下でもその素質（遺伝的要因）が発現するが，絶対音感などは，豊富な環境条件が与えられなければ発現しない。また，知能テストの成績や学業成績などは，閾値としては中間的なレベルで環境条件の影響を受けるとされている。

3 行動遺伝学

行動遺伝学とは，1960年代以降急速に発展した，心理学と遺伝学の学際的分野であり，行動の遺伝的基礎とそれに及ぼす環境の影響について総合的に研究する学問的領域である。それまで，心理学では，この問題に関しては環境の側からのアプローチが中心であって，積極的な遺伝要因の操作による，あるいは遺伝と環境の両要因を操作することによる相互作用の検討は行われてこなかった。その理由として，心理学の主たる関心が環境条件の操作による行動の変容にあったこと，人間を対象とした遺伝的操作が不可能であること，遺伝的に統制された実験動物の育種が進んでいなかったことなどがあげられている。

その後，遺伝的に統制された実験動物の育種が進んだことや，連続分布を示す計量形質を取り扱う計量遺伝学の発展などによって，行動の遺伝的基礎や行動に及ぼす環境の影響についての総合的研究が急速に進展したとされている（児玉，1992）。

人間の場合には遺伝的操作が不可能であることから，双生児や養子を研究することで近似的な遺伝率が算出されているが，児玉（1992）はそれまでに公表された研究をまとめ，一卵性双生児と二卵性双生児を用いて広義の遺伝率の近似値を算出した場合，言語性IQでは.34，また一卵性双生児と二卵性双生児を用いた場合のパーソナリティの遺伝率の近似値は，外向性約.50，不安定性.50，社交性.48，権威主義.48，精神病質.47，自己受容.46，社会化.46，神経症的傾向.41，支配性.32であったとしている。このように，行動遺伝学の研究から行動の遺伝的規定性の一端が明らかにされてきたが，こうした結果は環境の影響を否定するものではない。むしろ，遺伝（内的要因）を基礎に，環境（外的要因）の影響が行動の変異性をさらに生じさせていると考えるほうが妥当であろう。

4　成熟と学習

遺伝と環境という発達の規定要因に関しては，心理学の領域では成熟と学習の問題として取り上げられ，論争が展開されてきた。「成熟（maturation）」とは，生得的・遺伝的要因によって時間の経過とともに自然に生じてくる変化のことで，「学習（learning）」とは，練習や経験の反復によって生じる変化のことである。個体の発達に，より大きな影響を及ぼすのは成熟という要因か，それとも学習要因と考えるのかによって，成熟を重視する「成熟優位説」と，学習を強調する「学習優位説」に分けることができる。

成熟優位説に立つゲゼル（Gesell, A.）は，子どもの運動機能の発達は，座ることから始まり，立つことから，歩くことへというように一定の順序性があることに注目した。また，こうした運動機能の発達は神経系の成長に基礎を置くものであると同時に，そうした神経系の成長は遺伝子によってあらかじめ方向づけられていると考え，遺伝的要因が時間の経過とともに顕在化してくる成熟の重要性を示唆している。環境的要因の影響を受けて発達の速度には変化もみ

られるが，その基本的過程である行動の出現順序は成熟によって決定づけられるというのがゲゼルの基本的な考え方である。さらに，行動をコントロールする神経系が十分に成熟して，遂行するための準備が整った状態になると，子どもは必要な行動を自然に獲得していくと考え，準備状態としての「レディネス（readiness）」の重要性を指摘している。

　また，ゲゼルらは生後46週の一卵性双生児による「階段のぼり」の実験を行い，早い時期から長期間にわたって訓練を行ったほうよりも，遅い時期から短期間訓練を行ったほうが階段を速くのぼることができたということから，いくら早くから長期間訓練を行っても，成熟による準備状態が不十分であれば期待するような効果は生まれないとして，成熟の優位性とレディネスの重要性について主張した。このほかにも，積木積み，手先の協応などの発達において，同様の結果がみられることを実証したが，行動が出現する時期が内的に決まっているという成熟論的立場から，子どもの行動発達の観察をもとに乳幼児の発達指標を作成している。

　一方，学習という要因を重視する学習優位説は，ワトソン（Watson, J.B.）らの行動主義の立場に立つ心理学者によって唱えられた。この立場では，すべての行動は条件づけによって外的に形成されるとされ，発達における行動の差異は個体が獲得した刺激（S）と反応（R）の連合の多寡によって決定されるとする。ところが，後に述べる初期経験の重要性や臨界期，あるいは敏感期についての新しい知見から，発達の時期によって同じ刺激が個体に及ぼす効果や影響には違いがみられることなどが明らかになり，発達や発達における個人差は単に刺激と反応の連合といった量的な側面からばかりでなく，質的な問題も含めてとらえる必要があると考えられるようになった。

　これまでに，成熟優位説と学習優位説についてみてきたが，今日広く受け入れられているのは，成熟と学習という要因が相乗的に，あるいは相互浸透的に作用し合うことで発達は生じるとする相互作用説である。この説の基本的考え方を要約すると，①発達における質的変化には，成熟と学習の両要因がかかわっている，②成熟と学習の相互作用が生じる時期が，発達を決定するうえでの重要な要因となる，③相互作用が生じる時期は個体間でまったく同じではないので，特定の行動型の出現には個体間で多少の遅速がみられる，となる（三

宅，1979)。この説では，経験や学習の影響は個体の成熟の状態によって異なり，また個体の成熟も経験や学習の内容によって影響を受けると考えるのである。

　ここで相互作用説の特徴の1つである，発達における個体の能動的役割の問題について考えてみたい。環境刺激の統制を重視するワトソンらの学習優位説も，遺伝的要因が時間の経過とともに顕在化してくる過程に重きを置くゲゼルらの成熟優位説も，個体が環境に積極的に働きかけることで発達は促進されるという個体の能動的役割についての視点に欠ける，受動的かつ静的な発達観であったといえる。一方，相互作用説では，個体の環境への能動的働きかけによって成熟が進み，進行した成熟によって同じ環境刺激が別の新しい効果をもたらすことでさらに発達が促進されるというように，発達における個体の能動的な役割が重要視されている。こうした考え方は，ピアジェ（Piaget, J.）の均衡化という概念にもみられるが，この問題は第4章で取り上げることにする。

第2節　発達における初期経験の重要性

1　初期経験と臨界期

　比較行動学者のローレンツ（Lorenz, K.）は，灰色ガンなどの早熟性の鳥類は，孵化直後に出会った対象に対して長期にわたる追従反応（後追い）を示すことを発見し，これを「インプリンティング（imprinting）」（「刻印づけ」「刷り込み」とも訳される）として紹介している。この現象の特徴をみると，①臨界期の存在，②不可逆性，③生育後の配偶者選択への影響などをあげることができる。ここでいう「臨界期（critical period）」とは，特定の時期において環境条件（経験や学習）が大きな影響を及ぼすが，それ以外の時期においてはほとんど効果がみられないという現象とかかわるもので，環境条件の効果がもっともみられやすい時期のことである。こうした，生まれて間もない時期の経験や学習が，その後の個体の発達に重大な影響を及ぼすことが知られるようになり，臨界期としての初期経験の重要性に関心が向けられるようになった。

　その後，感覚遮断や隔離といった環境条件を操作することによって，初期の経験や学習が発達にどのような影響を与えるのかについて数多くの動物実験が

行われてきた。たとえば，神経生理学者のヘッブ（Hebb, D.O.）は，発達のごく初期に与えられた感覚刺激によって脳に細胞集成体が形成され，それをもとに複雑な位相連鎖がつくられることで神経系の発達は生じると考えたが，生まれたばかりのチンパンジーを暗室で育てると，視覚刺激の欠如の結果として網膜の神経節細胞の多くが失われ，その後に正常な環境に戻しても視知覚に障害が残るとしている。また，霊長類心理学者のハーロウ（Harlow, H.F.）はアカゲザルを用いて一連の実験を行っているが，生後まもなく群れから離し，隔離して飼育したサルを一定期間が経過した後に群れに戻した場合，仲間との遊びや防衛，また成熟後の生殖行動などに問題が残ったと報告している。

2 ホスピタリズムとマターナル・デプリベーション

乳児院，養護施設，小児病棟などで，子どもが長期にわたって集団で養護されるときにみられる発達上の諸問題を「ホスピタリズム（hospitalism）」とよんでいる。1920年頃にまず注目されたのは，こうした子どもたちにみられる発育不良，疾病罹患率の高さ，病気の回復の遅れ，死亡率の高さといった身体面でのホスピタリズムであった。当時の施設は物的・人的に多くの問題をかかえており，そうした不足がホスピタリズムの原因と考えられた。そこで，栄養や衛生面で配慮を行い，設備や備品を充実させたり，職員数の増加により子どもとふれあう機会を増やすなどの改善が図られたことによって，身体面でのホスピタリズムはほぼ解消されたとされる。ところが，知的発達の遅れ，異常習癖，無気力や無感動といった情緒的問題，浅薄な対人関係などの精神面でのホスピタリズムは依然として残ったとされている。

この問題について児童精神科医であったボウルビィ（Bowlby, J.）は，その原因が施設や集団養護そのものにあるのではなく，「乳幼児と母親（あるいは母親代理者）との人間関係が親密かつ継続的で，しかも両者が満足と幸福感に満たされているような状態が精神衛生の根本である」として，人生の初期にみられる母親（あるいは母親代理者）からの世話やそれにともなう情愛的刺激の喪失が精神面での諸問題の主要な原因であると考え，これを「マターナル・デプリベーション（maternal deprivation）」（「母性剥奪」あるいは「母性的養育の剥奪」と訳される）とよんでいる。ボウルビィのこうした指摘は，臨界期としての乳幼

児期の重要性と，そこでの母子関係のあり方への関心を高めることになり，各国の児童福祉政策や母子関係の研究を促進させる契機となったとされている。

しかし，こうしたボウルビィの仮説にはさまざまな批判もみられている。たとえば，ラター（Rutter, M.）はマターナル・デプリベーションとしてひとくくりにされてきた子どもの体験は一様なものではなく，そうした剝奪体験が母子間の情緒的ボンドが形成される以前であるのか，以後であるのか，また分離体験前の家族関係の影響などをも考慮した，発達状況の細かな分析をふまえた研究が必要であると主張している。こうした指摘の背景には，子どもの発達にとって重要なのは乳幼児期における母子間のボンドの形成であり，母子の分離自体はそれほど決定的な問題ではないとするラターの考え方がある。いずれにせよ，乳幼児期の経験がその後のパーソナリティの発達に大きな影響を及ぼすとするこうした研究が，人生初期の経験，とくに母子関係のあり方を問い直すきっかけとなったことは確かであろう。

3 愛着とそのタイプ

母子関係の起源に関して，学習理論からは，特定の養護者から飢えや渇きなどの生理的欲求の充足を反復して経験するうちに，本来は中性的であった養護者に対して二次的報酬価が生じることで両者の関係が形成されるとする「二次的動因説」が主張されてきた。また，精神分析学者のアンナ・フロイト（Anna Freud）も，まず子どもの愛は欲求充足や生理的快をもたらす授乳自体に向けられ（自己愛期），次にミルクや乳房，哺乳瓶などへとその対象が移っていき（移行期），最終的に授乳をとおして緊張を取り去ってくれる源が何であるかを理解することで，母親や養護者がその対象となる（対象関係期）として，二次的動因説と同様に母子関係は後天的に獲得されるという立場をとっている。

ところがボウルビィは，乳児にみられる特定対象との接近や接触を求めようとする欲求や，そうした欲求を充足するための基本的な行動パターン（接近，後追い，泣く，しがみつくなど）は後天的に獲得されるものではなく，生まれながらにして備わっていると考えている。さらに，こうした生得的欲求をもとに形成される母親（あるいは母親代理者）と子どもとの緊密な情緒的結びつきを「愛着（attachment）」とよび，愛着対象とのあいだにどのような愛着関係を

形成するかは，個人のその後の対人関係のあり方や精神衛生に重大な影響を及ぼすとしている。ボウルビィが指摘する愛着行動には，①発信行動（泣き，微笑，発声），②定位行動（注視，後追い，接近），③能動的身体接触行動（よじのぼり，抱きつき，しがみつき）があるが，無力な状態で生まれてくる乳児が生き残るためには，こうした行動によって愛着対象からの保護や養育を引き出すことが不可欠であると考えられている。

　ボウルビィは，愛着行動の発達を4つの段階に分けている（表2-1）。表に示されているように，愛着行動は人物の識別をともなわない発信と定位の段階から，それが1人あるいは数人の特定対象に絞り込まれる段階，さらに特定対象（通常は母親）への愛着が形成され人見知りや分離不安が顕在化するとともに，母親を安全基地として探索行動がみられる段階を経て，母親が物理的に近くにいなくても，必ず戻ってきて自分を守ってくれるといった主観的な確信が形成されることで，行動や感情が安定してくる段階へと発達すると考えられている。とくに，第4段階での主観的確信は，特定対象としての養育者との関係ばかりでなく，対人関係一般のモデルとして機能することから，「表象モデル」あるいは「内的作業モデル」とよばれ，そのあり方はその後の対人関係や精神衛生に大きな影響力をもつとされている。

表2-1　愛着行動の発達段階（遠藤，1995より作成）

第1段階　愛着未形成の段階（誕生から12週頃まで）
・泣き，微笑，発声，追視などの行動によって，まわりの大人の関心を引く。 ・養育者（多くの場合は母親）のにおいや声は弁別できるが，まだ愛着は形成されていない。
第2段階　愛着形成の段階（12週から6カ月頃まで）
・1人，あるいは数人の特定対象に対して，それ以外の対象とは異なった反応をし始める。 ・養育者をそれ以外の他者と区別はしているが，養育者との分離に対してはまだ不安を示すことはない。
第3段階　愛着対象の明確化の段階（6カ月から2, 3歳頃まで）
・特定の養育者に対して愛着が形成され，養育者が見えなくなると分離不安を起こし，狼狽する。 ・見知らぬ人に対しては，いわゆる「人見知り」がみられ，おそれと回避行動を示すようになる。 ・ハイハイや歩行などの運動機能が向上し，養育者を安全基地（secure base）として探索行動を始める。
第4段階　愛着対象との相互協調の段階（2, 3歳以降）
・表象能力の発達によって，養育者が近くにいなくても必ず自分のもとに戻ってくると考えることができるようになる。 ・分離による不安はしだいにみられなくなる。

第2章　発達

　ボウルビィの共同研究者であるエインズワース（Ainsworth, M.D.S.）は，独自に考案した「ストレンジ・シチュエーション法（Strange Situation Procedure, 以下SSP)」を用いて，愛着のタイプや個人差について研究を行っている。
　SSPとは，実験室で子どもと親とを分離させたり，見知らぬ人と対面させることによって子どもにストレスを与え，その際の子どもの反応を観察することで愛着対象（母親）との関係をみていこうという実験的手法である（図2-2）。

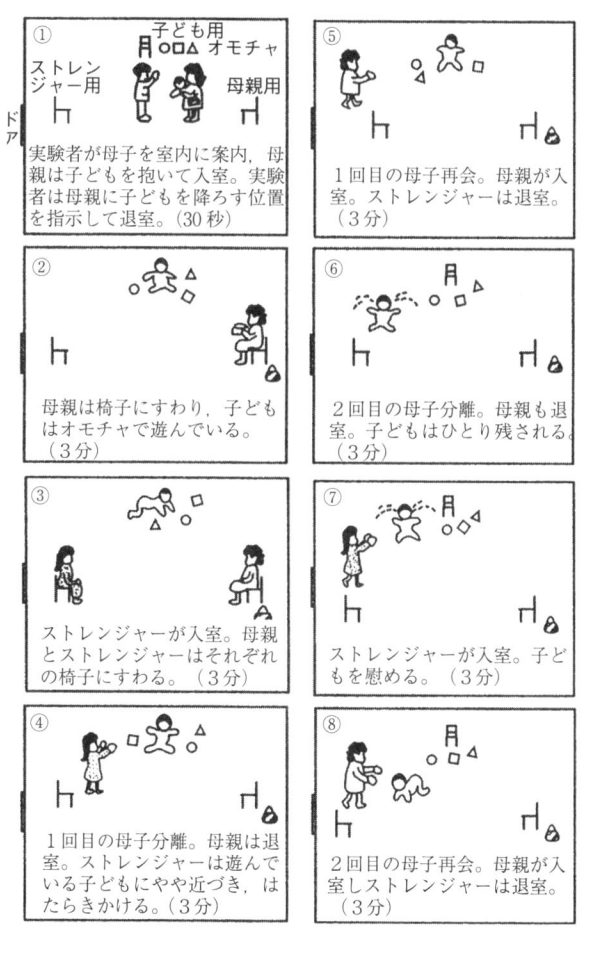

①　実験者が母子を室内に案内。母親は子どもを抱いて入室。実験者は母親に子どもを降ろす位置を指示して退室。(30秒)

②　母親は椅子にすわり，子どもはオモチャで遊んでいる。(3分)

③　ストレンジャーが入室。母親とストレンジャーはそれぞれの椅子にすわる。(3分)

④　1回目の母子分離。母親は退室。ストレンジャーは遊んでいる子どもにやや近づき，はたらきかける。(3分)

⑤　1回目の母子再会。母親が入室。ストレンジャーは退室。(3分)

⑥　2回目の母子分離。母親も退室。子どもはひとり残される。(3分)

⑦　ストレンジャーが入室。子どもを慰める。(3分)

⑧　2回目の母子再会。母親が入室しストレンジャーは退室。(3分)

図2-2　エインズワースらのストレンジ・シチュエーション法
（Ainsworth et al., 1978：繁多，1987）

表2-2　愛着の4タイプ（遠藤，1995より作成）

Aタイプ（回避型）
・親との分離に際し，泣くことや混乱を示すことがほとんどない。再会時には，目をそらせたり，親を避けようとする行動がみられる。
・親を安全基地として探索を行うことがほとんどみられない（親とはかかわりなく行動することが多い）。

Bタイプ（安定型）
・親との分離時には多少の泣きや混乱を示すが，再会時には積極的に身体的接触を求め，容易に静穏化する。
・親を安全基地として，積極的に探索行動を行うことができる。

Cタイプ（抵抗型）
・分離時には強い不安や混乱を示す。再会時には親に強く身体的接触を求めるが，同時に親に対する怒りの行動もみられる。
・親を安全基地として探索行動を起こすことがあまりできない（親にくっついていようとすることが多い）。

Dタイプ（無秩序型）
・突然のすくみ（freezing），顔をそむけた状態での親への近接，再会時に親にしがみついたかと思うとすぐに床に倒れこむような行動など，ばらばらで一貫性のない行動がみられる。

　図2-2に示してあるように実験は8場面からなり，子どもの愛着対象への近接行動や，近接や接触への抵抗行動，近接や相互交渉を回避しようとする行動といった観点からの行動分析によって，愛着のタイプを探ろうとするものである。

　エインズワースは愛着のタイプについて，最初は①回避型，②安定型，③抵抗型（アンビバレント型ともいわれる）の3つに分類したが，後に新しく④無秩序型を加えている。それぞれのタイプの特徴の要約が表2-2に載せられているが，アメリカの乳幼児を対象とした調査（この調査では，まだ無秩序型は含まれていない）では回避型が21％，安定型が67％，抵抗型が12％という結果であったとされる（Ainsworth, et al., 1978）。社会文化による違いも指摘されており，アメリカのデータと比較してドイツでは回避型の比率が高く，イスラエルや日本では抵抗型の比率が高いことが知られている。また，新しく見出された愛着のタイプである無秩序型は，未解決な心的外傷をかかえていたり，虐待を受けている子どもや，抑うつ傾向の高い母親の子どもに多くみられることが指摘されている。

第3節　エリクソンの発達理論と発達課題

1　フロイトの心理・性的発達説

　精神分析の創始者であるフロイト（Freud, S.）は、人のさまざまな行動の源泉は生得的な性的エネルギーである「リビドー（libido）」と考えていた。ここでの性的エネルギーとは、基本的に感覚的な快感を求める生の本能（エロス）のことであり、一般的な性衝動よりも広い意味がある。また、リビドーの充足は発達段階に応じて特定の身体的部位と深く関連しているとして、①口唇期（乳児期）、②肛門期（1～3歳頃）、③男根期（3～5, 6歳頃）、④潜伏期（児童期）、⑤性器期（思春期以降）の5つの発達段階を設定した。たとえば、口唇期では授乳によって栄養を摂取するとともに、口唇粘膜を媒体としてリビドーの充足が図られ、肛門期ではリビドー充足の部位は肛門へと移り、貯留と排泄という対立機能の調節の結果として得られる快感が重要な意味をもつようになるとされる。

　また、フロイトはある段階でリビドーの充足が適切になされなかった場合、その段階へのリビドーの「固着（fixation）」が生じ、性格の発達においてさまざまな問題が生じるとしている。たとえば、口唇期への固着が生じた場合には口唇性格、肛門期への固着の場合には肛門性格や強迫性性格といった特有の性格傾向がみられやすいとされる。この固着という概念には、発達が早い段階で部分的に停止し、その段階特有のリビドー充足の仕方や防衛のあり方などが後にも存続するとともに、その後の経験によっても修正が困難であるという意味が含まれていることから、フロイトは心理・性的発達の初期（乳幼児期）を性格発達に関する臨界期的な段階としてとらえ、とくに親子関係を中心とした初期経験のあり方を重要視していたことが理解される。

2　エリクソンの心理・社会的発達説

　エリクソンは、同じ精神分析学的立場に立ちながらも、フロイトの唱えた生物学的、あるいは心理・性的な見解に偏ることなく、人間の発達を社会・文化的側面や対人関係という相互性のなかでの自我の発達としてとらえることを提唱している。環境と切り離しては存在しえない人間には、個人の諸欲求の充足

ばかりでなく，社会や文化といった環境からの期待や要請にも応えることが求められている。こうした力がぶつかると個人内には葛藤や緊張が生じるが，エリクソンはこのような状況を「発達的危機（developmental crisis）」としてとらえ，葛藤などの解決，いわゆる危機を乗り越えることによって発達は進行すると考えている。また，発達の段階によって社会や文化からの期待や要請の内容も異なってくることから，人間の一生を8つの発達段階に分けるとともに，それぞれの発達段階に応じた発達課題がみられ，それを一つひとつ乗り越えていくことで生涯にわたり人間は発達していくとしている。

　さらに，これら発達課題は健康なパーソナリティ形成に必要とされる8つの要素と考えられているが，それらを身につけるのはいつでもいいわけではなく，それぞれの発達段階を「最適期（臨界期あるいは敏感期）」として獲得されるとするのである。発達段階には一定の秩序と順序性があり，段階ごとにとくに優勢で支配的な発達課題がみられ，その達成を基礎にして次の段階が成立するというこうした考え方は「漸成説（epigenesis）」とよばれている。すでに述べたように，フロイトは乳幼児期を性格の雛形が形成される重要な時期ととらえ，初期経験の重要性について着目したが，エリクソンはそうした考えを発展させ，各発達段階にはその時期を最適期とする発達課題があり，それらを順序をとばすことなく一つひとつ達成することによって，人間は全生涯をかけて完成していくと考えたのである。

3　エリクソンの発達課題と危機

　表2-3には，各発達段階の発達課題と危機が示されている。エリクソンは，発達課題はその発達段階において獲得されなければならないものであると同時に，獲得に失敗すると退行や停滞が生じるという意味において心理社会的危機を内包していると考えている。危機の解決の仕方には肯定的方向と否定的方向があるとされるが，課題の達成には両方向での体験が必要であり，結果的に肯定的な方向での体験がまさっていればよいとしている。以下では，各発達段階の発達課題と危機について簡単にみていくことにしたい。

　a　乳児期（0～1歳）　近年，乳児を対象にした知覚や認知研究により，乳児や新生児がこれまで考えられてきた以上に優れた能力をもつことが明らか

表2-3 エリクソンの発達段階（Erikson, 1963；仁科, 1977より作成）

		A 心理社会的危機	B 重要対人関係の範囲	C 関係の深い社会秩序要素	D 心理社会的様式	E 心理性的段階
a	乳児期（0〜1歳）	信頼対不信	母親的人物	宇宙的秩序	得る，お返しに与える	口唇—呼吸感覚—運動段階（合体的様式）
b	幼児前期（1〜3歳頃）	自律性対恥，疑惑	親的な人物（複数）	法律と秩序	保持する，手放す	肛門—尿道段階筋肉（貯留—排泄的様式）
c	幼児後期（3〜6歳頃）	自発性対罪悪感	基本的家庭	理想的な標準型	思い通りにする（=追いかける），まねをする（=遊ぶ）	幼児—性格，歩行段階（侵入—包括的様式）
d	児童期（6〜12歳頃）	勤勉性対劣等感	近隣学校	テクノロジー的要素	ものをつくる（=完成する），ものを一緒につくる	潜伏期
e	青年期（12〜20歳頃）	同一性対同一性拡散	仲間集団と外集団指導性のモデル	イデオロギー的な展望	自分自身である（または，自分自身でないこと），自分自身であることの共有	思春期
f	成人前期（20〜30歳頃）	親密性対孤立	友情，異性，競争，協力の相手	協同と競争のパターン	他者のなかで自分を失う，見出す	
g	成人中期（30〜65歳頃）	世代性対停滞性	分業と共同の家庭	教育と伝統の流れ	世話をする	性器期
h	成人後期（65歳〜）	統合性対絶望	人類私らしさ	知恵・英知	実存する，存在しなくなることに直面する	

となってきた。それでも，乳児の能力には大きな限界があり，養育者（母親など）の世話なしには生存することすら難しいことは事実であろう。無力な乳児は母親に頼って諸欲求を満たす必要があるが，この際に母親との関係をとおして，自分が置かれた世界が安全で安心できる場所であって自分の欲求が十分に満たされるという感覚がもてるかどうかが重要になる。まだ，ことばや概念は未発達であることから，それは安心感や信頼感といった感覚レベルのことではあるが，両者の関係においてこうした感覚を身につけることが発達課題としての「基本的信頼（basic trust）」の獲得である。もしも，こうした心理社会的危機の解決に失敗したならば，否定的特性としての「不信」が獲得されることになり，後の発達に重大な影響を及ぼすと考えられている。

b　**幼児前期（1～3歳頃）**　この時期の特徴は，筋肉組織の顕著な成熟とされる。また，筋肉組織の成熟によってさまざまな運動機能の発達がみられる時期でもある。歩くことから始まり，走る，のぼる，投げるなどの多様な活動ができるようになり，子どもの環境を支配する能力は飛躍的に増大していく。また多くの場合，この時期に排泄訓練（toilet training）が始まり，子どもはしだいに自分で身体をコントロールできるようにもなっていく。こうした，自分の意志による行動の自己制御能力の獲得が，この時期の発達課題である「自律性（autonomy）」の意味である。しかし，環境を支配する能力が増したとはいえ，決して十分なものとはいえず失敗も多い。ここで親のかかわりについて考えてみると，しつけが厳しすぎたり，逆にほとんどなされていない場合には，失敗経験をとおして「恥」や自分の能力に対する「疑惑」といった否定的な特性が身につくことも起こってくる。そこで，子どもの自律性を育むには，その行動をゆとりをもって見守ることや，うまく達成ができるまで待つといった姿勢が求められているといえる。

　c　**幼児後期（3～6歳頃）**　エリクソンは幼児後期を「遊びの時代」とよんでいる。幼児前期から幼児後期にかけて，ことばの発達が顕著にみられる。遊びをとおしてあらゆるものに好奇心を示し，ことばを用いて外的世界を自分なりに意味づけようとする活動が活発化するのがこの時期の特徴である。幼児前期の自律性は環境に対する積極的な身体的探索であったのに対して，幼児後期の「自発性（initiative：積極性とも訳される）」は外界に対する積極的な概念的探索であり，概念化によって外的世界を意味づけ，自分の支配下に置こうとする試みと考えられている。そうした意味において，自発性（積極性）とは知的好奇心の発揮と言い換えることもできる。しかし，こうした自発性（積極性）は肯定されるばかりではなく，文化や社会には子どもがふれてはならないとされる領域もある。自発性（積極性）がそうした領域にまで及ぶときには禁止や罰せられることになるが，こうした体験が積み重なれば，心理社会的危機の否定的な解決によって「罪悪感」が身につくことも起こってくる。

　d　**児童期（6～12歳頃）**　エリクソンは，この段階を「私は学ぶ存在である」という表現によって特徴づけている。遊びが中心の幼児期とは異なり，この段階になると学校教育という制度のなかで基礎的な文化的価値や技能を学

ぶことが求められるようになる。近年,「小1プロブレム」ということばを耳にするが,これは遊び中心の幼稚園や保育園の段階から,さまざまな規則に従うことが求められる小学校段階への移行がうまくいかない1つの例であろう。児童期の発達課題である「勤勉性（industry）」とは,自分のもてる力を発揮して意味ある課題を遂行しようとする意欲,言い換えるならば文化社会的な期待に応えようとする意欲ということができる。もしも,求められる課題や技能の習得がうまくいかないことが続き,他者と比較して自分が劣るとする自己評価が定着するならば,「劣等感」という否定的な特性が身につくことも起こるとされている。

　e　青年期（12〜20歳頃）　青年期はそれまでの自分を見直し,新しく自己を確立する時期である。ルソー（Rousseau, J.J.）は,これを「第二の誕生」としてとらえ,青年期の重要性について説いている。この時期の発達課題である「アイデンティティ（identity）」（「同一性」とも訳される）とは,過去,現在,未来という時間的な流れのなかでの,自分の連続性,不変性,単一性,独自性とそうした感覚にもとづく自信を意味するものとされるが,これは社会とのかかわりのなかで,期待される役割や価値観の達成をとおして獲得された自己価値についての確信と言い換えることもできる。既述のように,青年期にはそれまでの「〜としての自分」を見直し,過去の自分を統合することで,新しく自分を確立することが求められるが,それまでの多面的な自分を1本の糸にまとめあげることをとおして獲得される自分についての確信がアイデンティティである。自分がどういう人間であり,何のために生きていくのかを明確にすることは容易なことではないが,こうしたアイデンティティの獲得に失敗すると,否定的な特性としての「アイデンティティの拡散」に陥ることもある。

　f　成人前期（20〜30歳頃）　乳児期から青年期までの発達課題は自分を中心としたものであったが,成人前期には他者との関係性の問題へとそのテーマが移っていくことになる。この段階の発達課題は「親密性（intimacy）」の獲得にある。親密性とは何かを失いつつあるのではないかというおそれなしに,自分のアイデンティティとほかの誰かのアイデンティティとを融合する能力とされている。この時期には,就職や結婚といった,その後の人生を左右する大きな出来事が待っている。信頼する異性と出会い,家庭を築くことは親密性

の1つのかたちではあるが，良好な人間関係を保ちながら職業生活を送ることも親密性なしには不可能である。親密性の獲得にはアイデンティティの確立が前提とされ，それが不十分な場合には他者との関係形成に困難を生じ，否定的な特性である「孤立」に陥ると考えられている。

　g　成人中期（30〜65歳頃）　成人中期の発達課題は，包括的な意味において「産み出す」ことの役割を担い，それを果たしていくこととされる。エリクソンはこの段階の発達課題を「生殖性（generativity）」（「世代性」とも訳される）としているが，その意味は次の世代を導くことへの関心のことである。それは子どもをはじめ，知識や技術，思想や芸術などのさまざまなものを産み出し，次の世代に引き継いでいくという責任感や関心と考えられている。また生殖性（世代性）の獲得に失敗すると，心理的成長が滞った状態である「停滞」に陥ることもあるが，具体的には職場での業績の不振やうまくいかない人間関係などの否定的な経験からもたらされる無力感や，肉体的，精神的な面での衰えからくる挫折感などがこれに当たるとされている。

　h　成人後期（65歳〜）　この段階は，体力や健康への不安，退職にともなう寂寥感，経済的不安，親しい人との別れ，やがて訪れる死への意識など，さまざまな困難に直面する時期である。成人後期の発達課題は「統合性（integrity）」とされ，これまでの人生を振り返り，納得し，1回きりの人生を受け入れ，統合していくことが求められている。自我の統合が達成されれば，与えられた生の期間を充実感をもって生き抜くことができるが，もしもこれに失敗すると，自らの人生を否定したり悔やむなどの「絶望」の状態で人生の終末を迎えることにもなりかねない。なお，エリクソンは成人後期を成熟がもたらされる実りの時期としてとらえており，人生周期の最終段階の意義について高く評価している点もその考え方の特徴の1つである。

引用・参考文献

Ainsworth, M.D.S., Blehar, M.C., Waters, E. & Wall, S. 1978. *Patterns of attachment: A psychological study of the StrangeSituation.* Erlbaum.

Erikson, E.H. 1963. *Childhood and society. 2nd ed.* New York: Norton. 仁科弥生（訳）（1977・1980）『幼児期と社会』1・2　みすず書房

Evans, R.I. Ed. 1967. *Dialogue with E.H. Erikson,* NewYork: Harper and Row.

内山喜久雄他（監修）　島田照三・黒川新二（編）（1988）『母性喪失（メンタルヘルス・シリーズ）』同朋舎
エヴァンズ（著）岡堂哲雄・中園正身（訳）（1971）『エリクソンとの対話』北望社
遠藤辰雄（編）（1981）『アイデンティティの心理学』ナカニシヤ出版
遠藤利彦（1995）「人の中への誕生と成長」無藤　隆・久保ゆかり・遠藤利彦『現代心理学入門2　発達心理学』岩波書店　pp.38-56.
岡本夏木・清水御代明・村井潤一（監修）（1995）『発達心理学辞典』ミネルヴァ書房
小口忠彦（編）（1983）『人間の発達過程――ライフ・サイクルの心理』明治図書
児玉典子（1992）「行動遺伝学からの示唆」東　洋・繁多　進・田島信元（編）『発達心理学ハンドブック』福村出版　pp.291-304.
二宮克美他（1999）『エッセンシャルズ　教育心理・生徒指導・教育相談』福村出版
繁多　進（1987）『愛着の発達――母と子の結びつき』大日本図書
繁多　進（1992）「愛着理論」東　洋・繁多　進・田島信元（編）『発達心理学ハンドブック』福村出版　pp.138-152.
山本多喜司（監修）（1991）『発達心理学用語辞典』北大路書房
依田　新（監修）（1979）『新・教育心理学事典（普及版）』金子書房
ラター．M.（著）　北見芳雄・佐藤紀子・辻　祥子（訳）（1979）『母親剝奪理論の功罪――マターナル・デプリベーションの再検討』誠信書房

第3章
学習の基礎

はじめに
　系統発生的に最高次にある人間は高度に中枢神経系が発達しており，適応行動に占める学習の割合は高い。つまり，経験によって獲得した学習行動が適応に重要な意味をもっているのである。またその学習はことばの概念を仲立ちにして状況が把握され，保持されていくところに特徴があり，学校での読み書きが始まると，言語を介した学習が中心になる。そこでは具体的な出来事や事象の背後にある一般的で抽象的な概念，法則を学ぶことが求められる。つまり脱文脈的にことばを使用することができるようになるとともに，学び手が自分の認知や学習活動を自分で制御できるようになるのである。自らの思考や行動をモニターしてコントロールすることを「メタ認知」とよぶが，この自己制御の働きが活性化されることで，私たちの学習や問題解決のプロセスは主体的で積極的なものになる。学校や家庭での教育実践の大きな目的の1つは，このような自己制御の力を育てることにあるが，本章では，まず学習活動の基礎としての学習理論，記憶について説明し，次いで学びにおける自己制御として，メタ認知の問題を取り上げてみたい。

第1節　学習メカニズムの基礎

1　経験から学ぶ──学習理論の基本的考え方
　学習とは，先行経験によって比較的永続的な行動や思考，認識のパターンの変化が起こることをいう。これは大脳活動のレベルでいえば，脳にある反応が引き起こされ，その反応に永続性があると，習慣（行動，思考方法など）が形

成されたことになる。普通，何回か同じ事態を経験しないと習慣は成立しないが，脳にとって即座に対応できる経験であれば，1回でその回路は活性化して習慣になりやすい（一回学習）。またいろいろな反応を自発しているうちに，ある反応，行動に限って，好ましい結果が引き続き得られたり，不快な事態が避けられたりという経験を重ねると，その反応，行動の出現頻度が高くなる。さらにいったん学習が成立してしまうと，類似した刺激，状況に対して同じ反応が出るようになる（般化）。このような行動の変化の契機，反応の定着過程を説明する理論（学習理論）として，条件づけ理論や社会的学習理論がある。

2　条件づけの理論——刺激と反応の連合

a　パブロフ（Pavlov, I.P.）のレスポンデント条件づけ　図3-1に示すように，本来無関係なはずの2つの事象がいつも対になって経験されると，その2つが結び付いた回路が形成される。刺激と反応の新たな連合（条件刺激-条件反応）は本能的な反射行動とは異なるものである。また条件づけられる反応は自律神経系によってコントロールされる情緒的反応（不安，恐怖，いらいら等）や生理的反応であり，いったん条件づけが成立すると，もとの条件刺激と近似した刺激に対しても条件反応が生じることになる。条件刺激となる刺激と無条件刺激とを呈示することを「対呈示」とよび，この手続きを「強化（reinforcement）」とよぶ。条件反応は刺激によって強制的に生起させられたもので，その習慣（刺激と反応の連合）は受動的に形成されている

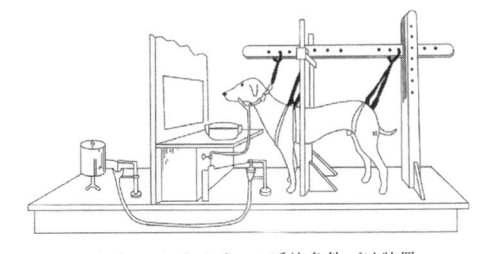

パブロフによるイヌの唾液条件づけ装置

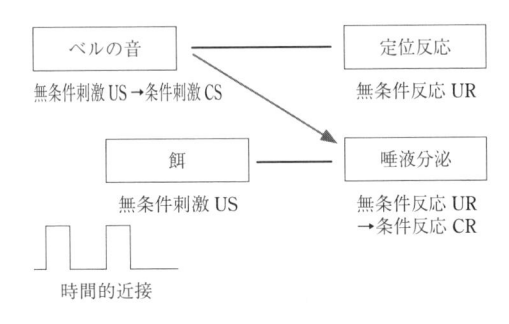

ベルの音　　　　　　　　　　定位反応
無条件刺激 US→条件刺激 CS　　無条件反応 UR

餌　　　　　　　　　　　　　唾液分泌
無条件刺激 US　　　　　　　　無条件反応 UR
　　　　　　　　　　　　　　→条件反応 CR

時間的近接

＊ CS：Conditional Stimulus，CR：Conditional Response，
　US：Unconditional Stimulus，UR：Unconditional Response

図3-1　レスポンデント条件づけ
（藤永・柏木，1999に加筆）

ことから，「レスポンデント（respondent）条件づけ」とよばれる。

　b　系統的脱感作　不安や恐怖を引き起こす状況であっても，リラックスできるようにすることで，不安や恐怖が緩和することを「逆制止」とよぶが，ウォルピ（Wolpe, J.）はこの原理にもとづく系統的脱感作法を開発している。それは不安階層表に従い，緊張，不安，恐怖の低いレベルからしだいに高いレベルへと刺激事態を変化させて，最終的には目標とするレベルでも不安や緊張を感じないように訓練し，慣らしていく（脱感作）のである。不安に拮抗する弛緩反応として，リラクゼーション，自律訓練などによる弛緩反応を利用し，各レベルでの刺激事態と対呈示していくという方法がとられる（図3-2）。

　c　スキナー（Skinner, B.F.）のオペラント条件づけ　図3-3に示すような装置（スキナー箱）が用いられており，レバーを押すと，餌が出る仕組みになっている。空腹のネズミを箱のなかに入れると，そのネズミは空腹という動因を満たすために箱のなかを探索し，そのうち偶然にレバーを押し，そのたびに餌が出てくるという状況が起こる。このような状況が繰り返されるうちに，

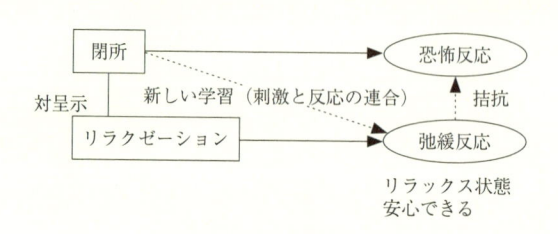

```
            閉所  ──────→  恐怖反応
     対呈示      新しい学習（刺激と反応の連合）   ↕ 拮抗
         リラクゼーション ──→  弛緩反応
                                   リラックス状態
                                   安心できる
```

　　　　　　　不安階層表（閉所恐怖症の例）
　　───────────────────────────
　　1. エレベーターに閉じ込められる（95）
　　2. 部屋に閉じ込められる（90）
　　3. 列車でトンネルを通過する（80）
　　4. 1人でエレベーターに乗る（70）
　　5. オペレーターといっしょにエレベーターに乗る（65）
　　6. 旅行に出る（60）
　　7. 窮屈な服を着る（50）
　　8. きつい指輪をはめる（40）
　　9. 訪問先から退出できない（30）
　　10. 誰かが拘束されたという話を聞く（25）
　　11. マニュキュアをしたものの除光液がない（10）
　　12. エレベーターで人が閉じ込められた記事を読む（5）

　　※（　）内は不安度。

　　　　　図3-2　閉所恐怖症の系統的脱感作
　　　　　　　（金久，1977に加筆）

ネズミはレバーを押すことと，餌が出てくることの関係に気づき，以降，ネズミのレバー押しの行動の頻度が急激に増加することになる。

この条件づけの特徴は，条件反応としてのレバー押しは，餌を食べるための道具，手段となっていることである。条件反応は偶然とはいえ，環境に対して自発的に出た操作的行動であることから，この一連の行動を「オペラント（operant）行動」とよぶ。このオペラント条件づけは，環境への新しい働きかけ方の形成過程であり，条件づけられる習慣，行動は随意的な反応・行動である。

ネズミ用スキナー箱（スキナー，1938）

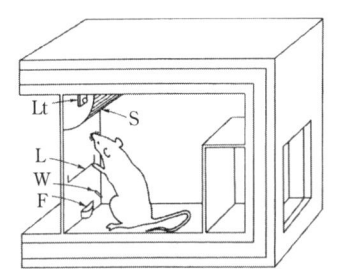

Lt：照明
L：レバー
W：水の出る口
F：食物皿
S：スクリーン

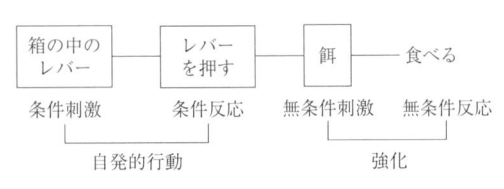

図3-3　オペラント条件づけ
（鎌原・竹綱，2009に加筆）

3　強化と随伴性

オペラント学習では，ネズミは特定の状況・刺激（スキナーボックスのなかのレバーを認識する／弁別刺激）に対しての特定の反応・行動（レバーを押す）をとると餌（報酬）がもらえることを学習したことになる。ある行動をとると，ほめる，報酬を与える（好子）ことで，特定の行動を増加させる手続きを「正の強化」という。一方特定の行動をとれば，叱ったり罰を与えたりすること（嫌子）をしないことで，その行動を増加させる手続きを「負の強化」という。たとえば勉強さえしていれば叱られなくてすむのでしているというのが，負の強化の好例である。強化とは別に，特定の行動を減じる，消去するために罰を与えることもあるし，報酬やご褒美となるようなものを与えないということもある。前者の場合が「正の罰」ならば，後者の場合は「負の罰」ということになる（図3-4）。これらの弁別刺激・状況―行動―強化子（好子・嫌子）の関係を「随伴性」といい，図3-4はそれらの関係を示したものである。この

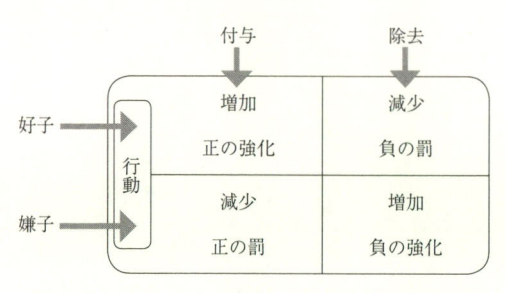

	付与	除去
好子	増加 正の強化	減少 負の罰
嫌子	減少 正の罰	増加 負の強化

図3-4　オペラント条件づけの4つの随伴性

ような強化，あるいは強化スケジュールを使って行動の形成をめざすことを「反応形成（shaping）」とよび，達成目標に向けて強化の基準を徐々に目的の行動に近づけていく遂次的接近法（method of successive approximation）は，スモールステップの原理に従うプログラム学習として学校教育のなかに取り入れられている。

4　強化とやる気

すぐにあきらめるか，粘り強くやり続けるかといったことは，その行動がどのように強化されたかということと強く関係している。たとえば，正の強化によって行動が学習されて維持されている場合，その行動にはおもしろさや楽しさを感じる傾向がある。好子によって生み出された快感は，その原因となったオペラント行動を強化するだけではなく，ほかの行動に転移し，行動そのものが快感を生み出すようになるからである。強化された行動そのものが好きになり，その行動を自主的に実行していくのである。

正の強化であれ負の強化であれ，それが続いているあいだは行動に差はないが，一度強化され学習された行動でもそれに随伴しないことが多いと，その行動はしだいに減少していく（消去）。また何らかの事情で，強化がなくなると，負の強化の場合，正の強化よりも消去抵抗が弱く，行動が消去されやすいといわれる。さらに好子を与えられれば，やる気が出るというものではなく，好子の効果はそれを手に入れるための努力と比例するもので，やる気が生まれるには，ある程度の努力をともなう行動が，きちんとした随伴性のもとで強化されなければならないし，内発的に動機づけられた行動に余計な好子を与えると，かえって行動を減じることにもなりやすい。楽しくてしていることに，好子を与えると，それはやらないとほめられないからするという状況に変わる可能性があるからである。

一方，叱られたくないからしているとか，叱られるからしないでおくという罰の効果は長続きしない。また負の強化によって行動が生じても，そのとき生じる不快感は容易にその与え主に転移するであろう。叱られたり，体罰されたりすることによって，行動をコントロールしようとすると，親や教師に対して反感をもち，嫌うようになるのがその好例である。がんばっても正の強化が得られないと（負の罰）やる気をなくすが，がんばらないと罰が与えられるような状況（正の罰）もやる気は持続しないであろう。

5　新行動主義の立場

　以上の条件づけの理論では，刺激と反応の直接的なつながり（連合）を学習の原理としているが（行動主義），はたして刺激と反応との連合は直接的なものだろうか。

　先のパブロフの犬にしても，ベルの音（刺激）－唾液分泌（反応）であるが，犬はベルの音に対して，餌がもらえるという期待を形成したのではないかとも考えられるのである。またスキナーのネズミは，ある手段（レバーを押す）をとれば，餌が食べられるという認識がネズミの頭のなかで成立していたと考えることができる。ある行動をとれば，目的が達成されるという認識が成立しているということであり，餌そのものが，ネズミにとって誘引となるものかどうか，少なくとも空腹のネズミでないと学習は成立しにくいし，ネズミの学習能力において個体差があることも明らかである。

　このことからすると，動物レベルでの学習行動においても，学習する主体の認識過程や内的状況を無視することはできないのであるが，このような学習者の認知過程を重視した学習理論，とくに対人関係など社会的な場面における学習に注目したのがバンデュラ（Bandura, A.）による「社会的学習理論」である。

6　社会的学習理論

　直接経験によらなくても，代理のモデルの行動を観察するだけで，学習が成立する過程を観察学習とよぶが，これは先の条件づけの学習とは異なり，外からの直接的な強化を必要としないこと，モデルが示範行動をとり，学習者に同様の行動を獲得させるところに特徴がある（図3-5）。とくに他者の行動をモ

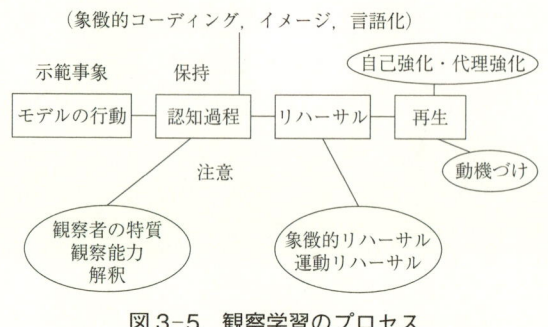

図3-5 観察学習のプロセス

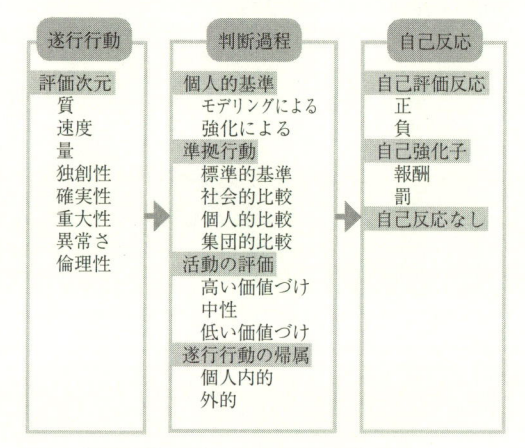

図3-6 自己調整モデル（鎌原・竹綱，2009より一部改変）

デルとして，学習が進むことから「社会的学習」とよばれ，学習されるのは刺激と反応の連合ではなく，モデルが示す行動の意味であるとされる。したがって学習する主体の内的な認知過程が学習行動に重要な役割を果たすのであり，モデルと同じ行動を実際に行ってみるとか，あるいは頭のなかで「ああいう場合は，こんなふうにすればよいのだな」と考えてみるというリハーサルやフィードバックが重要な概念になる。

7 自己強化

外から賞や罰を受けなくても，私たちは自分で自分の行動を強化して学習することができる。バンデュラは自ら設定した基準に達したとき，自ら統制でき

る報酬で行動を強めたり，維持したりすることを「自己強化」とよび，この過程に注目して，自己調整モデル（Bandura, 1977）を提出している（図3-6）。そして自分で自分をコントロールするための3要素として，「遂行行動（＝遂行結果）」「判断過程」「自己反応（物的報酬や罰のみならず，満足感，不満感や落ち込むといった自己反応も強化子になる）」をあげている。

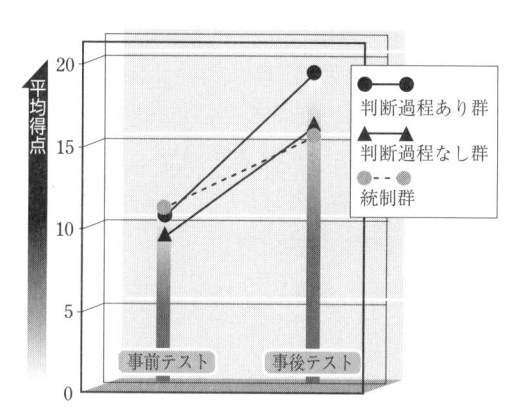

図3-7　自己調整学習モデルの検討
（鎌原・竹綱，2009）

図3-7は中学生の英単語学習における自律的学習についての研究（藤井・武綱，1989）であるが，学習の自律性を向上させるうえで，遂行行動の情報をもつこと，判断の機会をもつことの有効性が確認されている。

第2節　記憶と知識の獲得

1　学習の基盤としての記憶

a　短期記憶と長期記憶　「短期記憶（Short Term Memory：STM）」とは，ごく短い時間のみ情報を保持するような記憶のことである。ただ保持しておける情報の量（記憶容量：memory capacity）に制限があって，たとえば市外通話などで番号が少し長くなると途中でもう一度番号を見なければならなくなるといった事態が生じる。情報が保持される時間も，その時間中何をしているかによって違ってくるわけで，「リハーサル」といった作業，つまりその情報を何度も頭のなかで唱え続けることが可能であれば，長い時間保持することは可能である。しかし，リハーサルをしているときにほかの用事をしたり，誰かに話しかけられるなどすると忘れてしまうことからもわかるように，ほかの作業などをすることによってリハーサルが妨げられると，数秒から十数秒程度で情報

は忘却されてしまう。

一方,「長期記憶（Long Term Memory：LTM）」とは,数時間から数年以上にわたって,その内容が保持される記憶のことである。われわれは大切な記念日や自宅や職場などの電話番号などはメモなどを見ずに思い出すことができる。このような長期記憶は,何十年間も忘れない出来事もめずらしくないし,その情報量も膨大なものである。

b　記憶の2貯蔵庫モデル　　記憶には,長期記憶貯蔵庫と短期記憶貯蔵庫という2つの記憶貯蔵庫,あるいは2つの記憶システムが存在するといわれており,新しい事実・事柄を知って学んでいくというのは,情報が短期記憶から長期記憶へ転送されることを意味している。このことは,たとえば自由再生（free recall）課題の遂行過程を調べた研究で明らかにされている。この課題は十数個から数十個程度の項目（単語など）を被験者に提示して記憶してもらい,続いて順序は無視して単語を思い出していって（再生して）もらうというものであるが,このときに何番目に提示された項目がどのくらいの率で再生されたかをグラフで表すと,一般に図3-8に示したように,最初と最後の数項目の再生率が高くなる。これを「系列位置効果（serial position effect）」とよび,最初の部分の再生率が高くなることを「初頭効果（primary effect）」,最後の部分の再生率が高くなることを「新近効果（recency effect）」という。

このうち新近効果が生じる理由としていわれていることは,系列の最後の数項目以外は短期記憶からは消失していて,長期記憶から再生されるのに対して,最後の数項目は短期記憶からも再生されるということである。また自由再生課題において,全体としての再生率に影響を与えるようないくつかの実験条件を設定すると,新近部分（最後の数

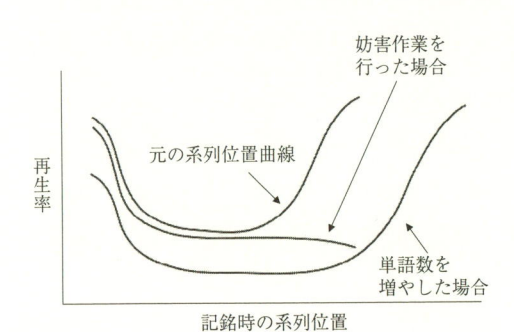

単語を提示した後に妨害作業を行わせると新近効果が消失するが,そのほかの部分に変化はない。単語数を増やすと新近項目の再生率は変わらず,そのほかの部分の再生率のみ減少する。

図3-8　記銘時の系列位置効果
（子安・田中・南風原・伊藤,1992）

項目）とそのほかの項目の再生率に異なった効果をもつことも明らかにされている。たとえば，記憶項目を提示し終わって，次に再生するまでのあいだに暗算などの妨害作業を行うと，新近効果は消失し，最後の数項目の再生率は中間の部分よりやや低くなる。一方，初頭項目と中間部の項目の再生率は妨害作業を入れなかった場合とほとんど変わらない。逆に，記憶項目の数を増やしていくと全体として再生率は低くなるが，新近項目の再生率に変化はなくほぼ一定であることが明らかにされている。

2 長期記憶と意味づけ

情報を機械的に暗記する場合であっても，単に箱のなかにものを投げ込むように情報を記憶貯蔵庫に格納するだけではない。情報を短期記憶から長期記憶へ送るリハーサルにおいては，すでにもっているほかの知識との関連づけが必要である。

a 自己準拠効果 ロジャーズら（Rogers, et al., 1977）の実験によると記憶したいことは，なるべく自分自身と関係づけて覚えるのがよいことが示唆されている。彼らは「あかるい」という単語について，形態についての質問と意味についての質問をした。形態についての質問とは「これはひらがなですか，かたかなですか？」であり，意味的な質問とは，「これは明朗と同じ意味ですか？」であったが，後でどんな単語があったかと聞かれると，意味的な質問をされた場合のほうが，よく記憶されていた（図3-9）。単に形はどうかという表面的な浅い処理を受けた場合より，意味的な深い処理を受けた情報のほうが記憶されやすく，その単語について，「あなたにあてはまりますか」という質問をしたときには，もっとよく記憶されていた。

b 意味的なまとまりをもって記憶される ものを見ると

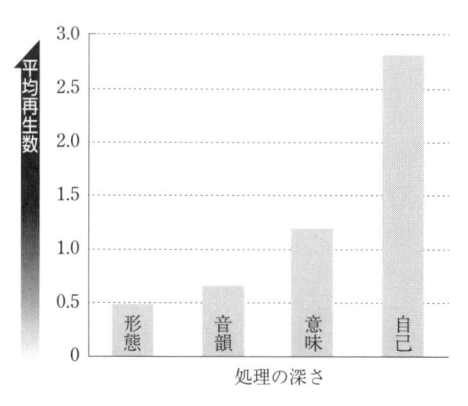

図3-9 処理による再生率の違い
（鎌原・竹綱，2009）

きには，意味的なまとまりをもったものとして見る傾向があるが，記憶においても同様のことが認められている。

　c　知識の関連づけの重要性　　九九を暗記する場合などは関連づけの役割が非常に小さいが，多くの学習対象で知識の関連づけはより重要な役割を果たしている。ブランスフォードら（Bransford, et al., 1982）の実験では，記憶にとって情報の適切な関連づけが重要であることが示されている。

　この実験は小学生に，特殊な目的のために作られたロボットの説明文を記憶させるものであった。説明文は2種類あって，一方はロボットの機能といくつかの構造的な特徴が書かれているだけであるが，他方はそれぞれの構造的特徴がロボットの機能に関連づけられて書かれている。「その足には（壁を上るのに便利なように）吸盤がついていて，頭には（水を運ぶための）バケツがついている。（動きまわれるように）モーターは電池で駆動され，手は（大きな窓を掃除できるように）大きなスポンジでできている……」。

　この記述のかっこ内が関連づけの部分で，一方の説明文にのみ書かれていた内容である。子どもたちは学業成績のよい子どもグループ（高成績群）と学業成績がよくない子どもグループ（低成績群）に分けられており，2つのグループの子どもたちはその2つの説明文をよく覚えるように教示された。結果，低成績群の子どもたちでは，適切な関連づけが書かれた説明文の記憶成績は，関連づけが書かれていない説明文より高かったのに対し，高成績群の子どもたちはどちらの説明文に対しても高い記憶成績を示したのである。この結果は，学業成績のすぐれた子どもはそうでない子どもよりも，記憶に際して適切な関連づけを自発的に行う傾向（能力）が高いことを示唆している。

　d　大意をつかみとるという作業　　文章を記憶する際に，文と文の関連づけのほかに，文章の大意をつかみとるという作業もする。長い文章を記憶する場合に，暗唱するといった特殊な場合を除いて，われわれは文章全体の重要な部分だけを要約的に選び出し，記憶している。このような要約作業は，読んだ（あるいは，聞いた）ばかりの情報を一次的に短期記憶に保存し，その情報を用いて行われる。このような作業に用いられるひとまとまりの一般的知識を「スキーマ（schema，あるいは「シェマ」）」，とくに繰り返し起こるような定型的な出来事に関する知識を「スクリプト（script）」とよぶ。これらの知識は，文章

を理解し，記憶する際に，また思い出す際に重要な役割を果たしている。

3 知識獲得としての学習

a 宣言的知識と手続き的知識　「宣言的知識」とは事象，あるいは事実についての知識のことであり，たとえば「アメリカの首都はワシントン」「地球は丸い」といったことである。「アメリカの首都はどこか？」「地球の形は？」という質問に対して答え方を知っているというより，これらの事実を知っているということである。主として「命題のネットワーク（propositional network）」というかたちで記憶内に蓄えられる。命題とは，真か偽かの判断をことばで表したものであり，いくつかのことば（概念）が何らかの関係で結びついていて，通常，想起することで，ことばで表現することが可能になる。

「手続き的知識」とは，やり方についての知識のことであり，私たちは携帯電話の使い方を知っているという場合，携帯電話の使い方という事象を知っているというのではなく，実際にその使い方を知識としてもっているということになる。そしてこの手続き的知識は，プロダクション（production），あるいはプロダクション・ルールとよばれる「IF（もし）……THEN（ならば）……」というかたちのルールの集合として表される。

手続き的知識は，宣言的知識と異なり，言語化したり意図的に想起したりすることが難しいといわれることが多い。たとえば，非常に使い慣れた機械，道具を操作する場合，意図的にその操作法を思い出さなくても操作することができるが，人からその使い方を尋ねられたときには答えることができないといったことを経験することがあるだろう。これは，その機械を操作する手続き的知識はもってはいても，宣言的知識として操作方法を意識していない（忘れてしまった）からだということになる。自転車に乗ることや車の運転なども同様で，ふだん無意識的にやっている運動や操作をことばで説明できないといったことも，手続き的知識が直接言語化されにくく，実際に行っている行為をあらためて意識して言語化する必要があることを意味している。

4 学習者の主体的現実構成

ピアジェ（Piaget, J.）の認知発達理論によれば，人間は自分がすでにもって

いる知識構造（シェマ）をとおして外界を観察し，働きかけながら，新しい知識構造，あるいは学習者自身の理論を構成していくとされる。子どもたちは小さな科学者として自分なりの理論や考え方をもち，その適用を試みようとするのであるが，現前の課題ができたとしても，そこでの既存の理論，考え方を，次の段階でも適用すると，達成に失敗するという事態も発生するのである。

　旧来教育では誤りはよくないもの，避けるべきとの考え方が強かったが，新しい学習観においては，誤りは必ずしも避けるべきものではなく，むしろ誤りが学習にとって積極的な役割を果たすことに注目するようになっている。教育的観点からすれば，問題解決の結果，誤りをおかし，それにより自分の思考（手続き的知識，既存の理論）の不具合に気づいて，それを修正する機会が大切で，誤りを起こすような状況，環境をあえて設定することに意義が見出される。学習者が既存知識を利用して，自分なりに整合性のとれた理論構成をしていく場合，既存知識や整合性のチェックの不十分さなどもあり，誤った理論構成をすることはむしろ自然なことである。このことからすると，誤りをおかさないよう教材やカリキュラムを計画することは，自発的・積極的な理論構成の機会を奪っているということになる。

　個々の学習の環境の問題として考えるべきことは，誤りに対するフィードバックが罰として機能するのではなく，つまり誤ることが罰せられるのではなく，誤りの背後にある学習者の構成過程がきちんと評価され，尊重されるような環境の整備である。

第3節　メタ認知と心の理論の獲得

1　メタ認知について

　「メタ認知」には，「メタ認知知識」と「メタ認知過程」という2つの側面がある。メタ認知知識とは，人の認知活動についての知識や方略，信念のことであり，たとえば，このようなときにはこうするのがよいとわかっていることである。一方，メタ認知過程とは，認知過程をモニタし，ガイドするオンラインでの制御過程のことである。つまり何が問題であるかを認識して，問題に取り組むために，適切な解決方略をプランニングする。パフォーマンスを予測し

第3章　学習の基礎

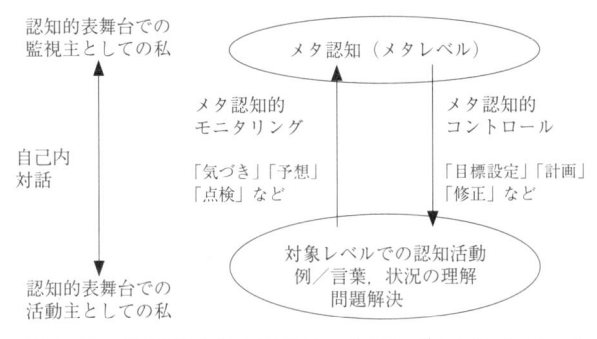

図3-10　知的営みの中でのモニタリングとコントロール
（丸野，2002）

[図中テキスト]
- 認知的表舞台での監視主としての私
- 自己内対話
- 認知的表舞台での活動主としての私
- メタ認知（メタレベル）
- メタ認知的モニタリング：「気づき」「予想」「点検」など
- メタ認知的コントロール：「目標設定」「計画」「修正」など
- 対象レベルでの認知活動　例/言葉，状況の理解　問題解決

たり，方向づける。オンゴーイングの認知活動をモニターし，評価し，調整するのである。

図3-10にあるように，メタ認知過程では，「モニタリング」と「コントロール」という働きが中心にある（丸野，2002）。前者のモニタリングは，メタレベルで意図したものと対象レベルに示される実際の結果とのズレをチェックして，「わからない」「この問題なら解けそうだ」「この表現でよいのだろうか」「納得がいくのか」といった問題解決場面での行動や思考（対象レベル）についての気づき，感覚，予測，点検，評価である。またコントロールは，解決場面でとるべき行動や思考をメタレベルで制御して，「自分なりに納得できるものにしよう」「わかるものから手をつけよう」「これまでとは違うやり方でやってみよう」といったように，対象レベルでの認知の目標設定，計画，修正などを行うことである。自分自身の考えや行動を絶えずオンラインでモニタリングしながら，そのときの状態に応じて，やり方を変化させているのである。それは対象レベルでの"活動主としての私"とメタレベルでの"監視主としての私"とが絶えず自己内対話を繰り返しながら知的営みを行っていることになる。この内的思考過程のなかでさまざまな機能を巧く操っているのがメタ認知であり，それは人間がまさに「内なる目」をもっているからこそできることである。

2　「内なる目」としてのメタ認知の芽生え

小学校中学年あたりになると，子どもは自分の思考過程を意識化したり，プ

ランを立てたりすることができるようになる。メタ認知にかかわる大きな発達変化であり，長島・寺田（1977）は，「9歳の壁」として，その転換期で子どもが獲得するのは，「具体的事物，事象に関連しながら，しかも具体物からは直接的には導かれない，より高いレベルでの一般化，概念化された思考」，言い換えれば具体的事象の概念化であるという。自らの思考過程をモニターして，最適な方略を探索することや，目的に応じた効率的なプランを立てることができるようになる。知能検査課題でいえば，鈴木ビネー検査の図形記憶課題（複雑な図形を一般化，法則化して記憶すること）や，「球探し」課題（草の生えた広い運動場を連想させて，そこに落としたボールを探す方法を考える課題）（計画性をもった探し方を行うこと）を通過することができるのである。

またこの頃になると，親しい人との間で状況を共有しながら用いていたことば（「一次的言葉」）に加えて，一般他者に向けて特定の文脈を離れて用いられる「二次的言葉」が獲得される（岡本，1985）。それによって，上位概念—下位概念という階層性をもつ知識構造が形成されたり，語彙の本質的特徴をとらえた判断ができたりする。二次的言葉の獲得過程は「内語（inner speech）」の成立と密接に関連する。二次的言葉は，不特定の一般他者に向けての言語活動であり，自分との内なる対話と表裏をなしている。二次的言葉の伝達形式は一方向的であり，相手からの直接的なフィードバックが得られないため，子どもは自らのなかに聞き手を想定し，その聞き手の立場から自己の発話行為を計画し調整しながら，話の文脈を構成しなければならない。一次的言葉での話し相手が自分のなかに取り入れられるとともに，それが自己を分化させ，そこに自分のなかで話し合うもう1人の自分を形成していく（岡本，1995）。以上のように，思考過程が意識化され，プランニングやモニタリングが行われるようになるという変化にはことばの面での内言の成立が関与しているようで，学校や家庭でのおとなからの方向づけが重要になってくる。

3　メタ認知を育む方法

メタ認知能力を養う方法については，これまでさまざまな領域で数多く提案されている。三宮（2008）は学習力を高めるメタ認知を促すための方法として「PIFS（practical intelligence for school）プロジェクト」で，文章を読んで理解す

ることの指導法である相互教授法，メタ認知的手がかりを与え，実践させる方法などをあげているが，まとめると以下のようなことになる。

①学ぶことが何を意味するのかを明らかにする。
②問題解決に有効なメタ認知的方略，手がかりの呈示。
③振り返りと修正，そのためのワークシートや特定の質問の用意。
④教え合うという生徒同士の共同学習。
⑤文脈化と脱文脈化を経験させる。
⑥考えの異なる他者と討論する。
⑦教師自身が教え方についての自らのメタ認知を高める。

　教師は学ぶことが何を意味するのかを明らかにするとともに，討論，課題，テストにおいて，省察（振り返り）と修正に時間を費やすことで，これらの活動のための構造を獲得させる。また文章理解においては，有効なメタ認知的方略を教師がモデルとして示すことが大切で，具体的には，「文章の内容を要約する」「主人公，取り組んでいる問題，問題解決の方法などを質問する」「学習した内容を他者にわかりやすく説明する」「今後の結果を予測する」といった方略を実践する。生徒たちには，交代でそれらのメタ認知的方略を練習する機会を与え，その方略を用いたことがどうであったかを話し合わせたり，小グループ単位で文章を読み，リーダーとなる生徒が文章の内容について質問し，その質問に答えるかたちでグループメンバーが討論するのである。このような共同学習のプロセスをとおして，読解に対するメタ認知的モニタリングが促進され，内容についての質問・要約・明確化・予想といった読解方略を児童・生徒が自ら獲得していく。

　表3-1は数学の文章題を解く際に与えたメタ認知的手がかりであるが，課

表3-1　数学の文章題を解く際に与えたメタ認知的手がかり（三宮，2008）

1) あなたが知る必要のあることを，あなた自身のことばで言ってみなさい。
2) 問題を解くために必要な数字はどれですか？
3) この問題を解くために，あなたがとらなければならない活動ステップはどのようなものですか？
4) 各ステップの後，問題解決においてさらに前進しているかを考えなさい。
5) あなたの結果をチェックしなさい。
6) 問いについての結論を引き出すことができますか？

題解決の方略を知っているにもかかわらず，自発的に使おうとしない場合には，このようなメタ認知的手がかりを教師が与えることも大切である。さらに抽象的な知識を与えられただけでは，その知識を具体的な場面に応用して役立てるという学習の転移は起こりにくいので，知識を具体的な状況・文脈と結びつけるという文脈化のプロセスと，事象の表面的な特徴に惑わされず本質的な構造を理解させる脱文脈化のプロセスを経験させることも大切である。

そのほか，自分の意見を他者の視点から再検討することは容易ではないので，考えの異なる他者との討論を経験することが効果をもつ。最後にメタ認知を育む学習支援法の前提となるものは，教え方に対する教師のメタ認知である。教師は授業に際して，必ずしも自分自身の教え方についてのメタ認知を働かせているとはかぎらない。教員養成の教育において学んだ，教え方についての知識がしばしば不活性なままであり，これらを教師が実際使っていないことが多い。教師が自分自身の教え方に対してメタ認知を十分に働かせることが鍵となる。

4 社会的場面でのメタ認知

a 状況，関係に開かれたメタ認知　　社会生活を営むためには，自分自身の思考過程のみならず，他者，相手が何を考え，何を望んでいるのか，その意図を理解して，今どのような行動をとるべきかについて適切に状況判断しなければならない。集団場面では，場の展開を読み取ったり，他者の思考状態を省察したり，その場の全体状況を俯瞰的にながめて方向づけるといった能力も必要になる。教室での生徒同士の会話や討論をとってみても，場の空気を読むとか，他者の心的状態を的確に把握して理解することが重要になってくる。

とくに児童期後期から青年期は，親への依存から仲間との相互依存の関係へと比重が移る時期である。当然，学校でのクラスや仲間との関係のなかに自分の居場所を見出せるかどうかは，自己意識の高揚とともに，彼らの適応を左右する大きな要因となってくる。自分の言動が他者にどのように映るか，他者からどのように評価されるかなど，状況のなかに埋め込まれている他者や自分の関係性を考えつつ，行動する力は，人を気遣い，むやみに傷つけず，関係を維持していくうえで必要な力といえる。

b メタ認知としての「心の理論」の獲得　　「心の理論」とは，他者の考

えていること，感情などを推し量る認知能力のことをさし，おおむね4歳頃に獲得され，発達する。相手に何かを頼むにせよ，今相手がどのように思っているか，その内容を知らなければ，相手を操作することはできないのであり，社会的場面でのやりとりにおいて，「心の理論」の獲得は必須のものであろう。このように現実場面で，相手の心・思惑を理解できるようになるということは，一方で自分自身のもつ信念が他者や以前の自分に対しては，必ずしも通用しないことを理解することでもあり，心の理論の獲得は，自分の信念に対する限定的かつ客観的な見方ができることを意味している。さらに，ある人に関する過去の言動から形成されたメタ認知的知識にもとづいて，その人の考えていることを推測する「メタ認知的制御」といったメタ認知活動へと発達していく。幼児期から児童期にかけて，この認知能力の発達は次のような誤信念課題の通過をとおして把握される。

第1次誤信念課題である「マクシとチョコレート課題（Wimmer & Perner, 1983）」では，ある人物がある場所にしまった物を，その人物の不在中に移動させたとき，戻ってきた人物がどの場所を探すかを尋ねるのであるが，実際に今ある場所ではなく自分がもとにしまった場所を探すということを4歳頃から推測できるようになる。つまり「AさんはXというものがYという場所にあると誤って信じている」ということが理解できている。次に，6～7歳になると，第2次の誤信念課題で「AさんはXというものがYという場所にあると思っていると，Bさんは誤って信じている」という関係が理解できる。「Sさんは，私がSさんに好意をもっていると誤って信じている」という関係が理解できるようになるのである。さらに9～11歳では，事実認識と当事者の感情という両方の理解を要求する軽率課題，社会的適切性課題（Stone, et al., 1998）といわれる第3次誤信念課題で，「秘密にしておかなくてはならない，または人を傷つけることになるから言ってはいけないようなことを意図せずに言ってしまう」という状況を理解することができるようになる。

c　**自閉症と心の理論**　バロン-コーエンらを中心とするロンドン大学MRCグループの研究では（Barron-Cohen, et al., 1985），自閉症児のことばの発達の遅れには個人差が大きいが，ことばの発達がかなり進んだ子どもでも，自分の気持ちを伝えたりまわりの人の気持ちを理解することが大変苦手であると

図3-11 絵画配列課題（子安，2000）

している。このような「人の心の理解」の欠如こそが，自閉症という障害の根幹をなす特徴であると考えるのである。健常児では4歳頃から解決可能となる先の誤信念課題に自閉症の子どもたちがなかなか通過できないことが明らかにされており，図3-11の4コマの絵を正しく配列し直す課題において，物理的因果事象（物につまずいて，ひざをけがする絵）や登場人物の願望を示す事象（アイスクリームを横取りされる絵）は理解できるが，登場人物の誤った信念に関する事象（そこにあると思っていた人形が知らないあいだになくなった絵）は理解困難であることが示されている。

　メタ認知の発達は，ともすれば個人の閉じた世界のなかでの知的営みの問題として扱われやすい認知発達の問題を，関係性の側面からとらえ直すうえで重要なテーマである。その力は「関係性のなかで拓かれる知」であり（丸野，2007），発達初期においては，相手の動きとの言語的・非言語的なコミュニケーションのなかで育まれるものなのかもしれない。また心理臨床的立場からは，自閉症児の場合などの療育的アプローチのみならず，児童期から青年期にかけて，不安や悩みをいかにかかえるのかという「不安や悩みをかかえる力」あるいは「悩む力」といった力の育成ともつながる問題といえる。

引用・参考文献

Bandura, A. 1977. *Social learning theory*. Prentice-Hall. バンデュラ，A.（著）原野広太郎（監訳）（1979）『社会的学習理論――人間理解と教育の基礎』金子書房

Baron-cohen, S., Leslie, A. & Fieth, U. 1985. Does the autistic child have a theory of mind? *Cognition*, 21. 37-46.

Beilock, S.L., Wierengu, S.A. & Curr, T.H. 2003. Memory and Expert: What Do Experienced Athletes Remember? J.L.Starkes & K.A. Eriesson edi. *ExpertPerfomance in Sport Expertise*.HumanKinetics, Champaign, 11.

Bransford, J.D., Stein, B., Vye, N., Franks, J., Auble, P.M., Merynski, K.L. & Perfetto, G.A. 1982. Differences in approaches to learning: An over-view. *Journal of Experimental Psychology: General*, 111. 390-398.

Rizzolatti, G., Fogssi, L. & Gallese, V. 2001. Neurophysiological mechanisms underlying the understanding and imitation of action. *Nature Reviews Neuroscience*, 2. pp.661-670.

Rogers, T.B., Kuiper, N.A. & Kirker, W.S. 1977. Self-reference and the enco-ding of personal information. *Journal of Personality and Social Psychology,* 35. 677-688.

Stone, V.E., Baron-Cohen, S. & Knight, R.T. 1998. Frontal lobes contribution to thepoy of mind. *Journal of Cognitive Neuroscience*, 10. 640-656.

Wimmer, H. & Perner, J. 1983. Beliefs about beliefs:representation and constraining function of wrong beliefs in young children's unders-tanding of deception. *Cognition*, 13. pp.103-128.

Wolpe, J. 1958. Psychitherapy by reciprocal inhibition. Stanford Univer-sity Press. ウォルピ，J.（著）金久卓也（監訳）（1977）『逆制止による心理療法』誠信書房

岡本夏木（1985）『ことばと発達』岩波書店

岡本夏木（1995）『小学生になる前後――五～七歳児を育てる　新版』岩波書店

鎌原真彦・竹網誠一郎（2009）『やさしい教育心理学　改訂版』有斐閣

子安増生（2000）『心の理論――心を読む心の科学』岩波書店

子安増生・田中俊也・南風原朝和・伊藤裕司（1992）『ベーシック現代心理学6　教育心理学』有斐閣

三宮真智子（2008）「学習におけるメタ認知と知能」三宮真智子（編）『メタ認知――学習力を支える高次認知機能』北大路書房　pp.17-33.

諏訪正樹（2005）「身体知獲得のツールとしてのいじめメタ認知的言語化」『人工知能学会誌』20（5）　pp.525-533.

長島瑞穂・寺田ひろ子（1977）「子どもの発達段階」秋葉英則他『小・中学生の発達と教育――子どものとらえ方』創元社

藤永　保・柏木惠子（1999）『エッセンシャル心理学――30章で学ぶこころの世界』ミネルヴァ書房

丸野俊一（2002）「知のコントロール」『教育と医学』50（10）　pp.52-59.

丸野俊一（2007）「適応的なメタ認知をどう育むか」『心理学評論』50（3）　pp.341-355.

コラム

自動化した身体知をことばにするのは難しい

　モノの操作やスキルに熟達すると，自分がその操作やスキルをどのようにこなしているかは意識（言語化）していない。これを「自動化（automaticity）」というが，操作の手続きを学習するときは意識的に行っていても，上達するとその操作は無意識的になる。つまり身体が技を憶え込んで無意識にこなすようになり，身体知を獲得したことになる。

　バイロックら（Beilock, et al., 2003）は，ゴルフのパットを例にして，素人とエキスパートの言語的意識の違いを指摘した。パットを打った直後に，自分が身体部位をどのように操作して打ったかを語らせると，プロの言語量は素人に比べてかなり少ない。しかし，奇形パター（写真）を使わせてパットを行った後に言語化させてみると，プロの言語量は著しく増加し，素人を遥かにしのぐという結果が得られた。バイロックらは，このことから，奇形パターの使用時はプロでさえも熟達状態ではないために言語化が行えるが，基本的に身体知を言語化することは難しいと結論づけたのだが，次のような意見もある。

　奇形パターを突然与えられたことは環境の劇的な変化を意味するもので，バイロックらの結果は，身体と環境の関係を再構築しようとする動的プロセスでは言語的意識が必要であることを示唆している。さらに，今まで成り立っていた身体と環境の関係が環境側の変化で崩れたときに，自分自身の身体的な動きを言語化することができるという能力こそが，プロと素人の違いであり，言語化の試みとその能力が熟達の漸進的なプロセスの原動力になるのではないか（諏訪，2005）。

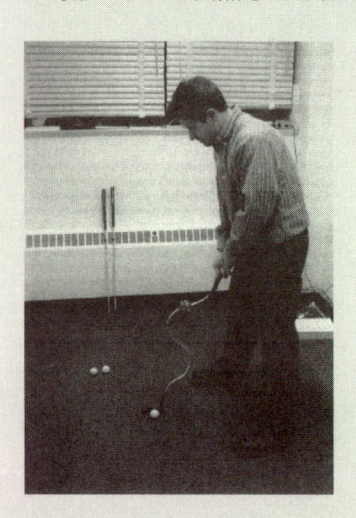

第4章
学習指導をめぐる諸問題

はじめに

　近年，学校教育では「生きる力」や「自己教育力」の育成が求められている。こうした能力が期待されるのは，情報化や国際化，また技術革新のめまぐるしい変化の激しい社会では，準備教育として身につけた一定の知識や技術だけを頼りに一生を過ごすことができにくくなっているからであろう。こうした社会では，学んだ知識や技術が急速に陳腐化していくために，準備教育の期間が終わっても，そのときどきの必要に応じて新しい知識や技術を身につけることが不可欠となる。換言すれば，新しい知識，情報や技術に遭遇したときに，それらを積極的かつ自主的に学習することが求められているといえる。こうした変化や新しい課題に自ら有効に働きかけるために必要とされる「主体的に学ぶ意志，能力や態度」が，いわゆる「自己教育力」であり，「自分で課題を見つけ，自ら考え，自ら問題を解決していく資質や能力」とされる「生きる力」ともども，今日あるいはこれからの生涯学習社会において個人に期待され，また必須とされる能力である。

　本章では，まず「学ぶ力」の発達の過程をピアジェとヴィゴツキーの理論を中心に考察する。次に学習意欲の諸問題を，とくに内発的動機づけを活かした授業実践という観点から考察し，学びにマイナスに作用し，最終的には学ぶという行為自体をあきらめさせる原因ともなる学習性無力感と原因帰属の関係についてみていくことにする。最後に，自律的な学習者の育成という観点から近年注目されている自己調整学習について考えてみたい。

第1節　知的能力の発達

1　ピアジェの発生的認識論

　もともと生物学者であったピアジェ（Piaget, J.）は，知能を生物的順応の一形式とし，知能以外の生体の順応形式と本質的には同じものであると考えている。そして，生物学者が生命の起源に関心を寄せるのと同様に，知能の起源と発達に注目し，その探究に生涯取り組んだのである。子どもの行動や思考は発達しつつある知能の産物であり，生まれたばかりの乳児であっても，生得的な「反射」を頼りに自発的に環境に働きかけるという行為はみられる。こうした反射をもとに，やがて指を吸う，動くものを目で追う，音源を探すなどの習慣が形成される。「習慣」とは反射から脱し，経験によって獲得された新しい運動的なまとまりのことである。さらに発達が進むと，隠された物をつかむためにシーツをめくるというように，目的と手段とが分化し，目的のために手段を選択するといった知的行動がみられるようになる。

　「知能」とは発生的には生得的反射や習慣を基礎として形成された行動様式であり，これは「シェマ（schème）」とよばれている。さらに発達が進み，経験したことを頭のなかでイメージとして思い描くという表象機能の出現によって，こうした行動様式が内面化したものが「操作（operation）」とよばれるものである。一般には，操作以前のものがシェマとよばれることが多いが，広義には操作もシェマという概念に含まれると考えられている。したがって，シェマ（操作を含む）とは，経験を意味づけ，世界を理解するための行動様式や心的構造，いわゆる「認知構造（cognitive structure）」を意味しており，知能の発達とは行動や思考の構造が漸次的に複合化され，精緻化していく過程ということができる。

　ここで，ピアジェが用いた独自の概念について整理をしておこう。知能には発達とともに変化する側面と，発達を通じて変化しない側面とがあるとされている。前者は構造であり，後者はその機能である。また，機能は「体制化」（身体的，心理的を問わず，その過程を一貫したシステムにまとめあげる傾向）と「順応」（すべての生体が生まれながらにしてもつ環境に適応しようとする傾向）に分類される。さらに，順応は既存の構造への情報の取り入れを意味する「同

化（assimilation）」と外的事象に応じての既存の構造の修正を意味する「調節（accommodation）」の2つの下位機能に分けられている。たとえば，乳児は生得的な吸乳反射によって乳を吸うが，そればかりでなくシーツや自分の指といったさまざまな対象に対しても吸うという行動様式を用いるようになる。これは同化の働きによるものである。また，乳を吸う場合でも，哺乳びんの吸い口の大きさや形状の違いにより，口の開け方や吸い方を変える必要も出てくる。こうした対象の変化に応じて，既存のシェマを変えていく過程は調節とよばれている。

同化と調節との関係は，同化がうまくいかないときには調節が起こり，新しいシェマが形成されるというように相補的なもので，両機能のバランスをとりながら新たな均衡状態を作り出していくのが「均衡化（equilibration）」とよばれる過程である。ところが，いったん均衡状態が形成されたとしても，新たな課題に直面するとそのバランスは崩されてしまい，より高次の均衡を求めてさらなる活動が開始されることになる。このように，ピアジェの理論では均衡化によって新しいシェマを獲得していく不断の過程が，知的能力の発達の重要な機序と考えられている。

知的能力は加齢とともに連続的に増大すると考えられがちであるが，ピアジェは質的に異なるいくつかの段階を経て発達するとしている。すでにみてきたように，どの発達段階にも共通してみられるのは同化と調節の働きによる均衡化の過程であり，その結果獲得される構造，すなわちシェマ（操作を含む）には何段階かの質的な構造の転換がみられるとされ，①感覚・運動的知能の段階（0～2歳），②前操作的思考の段階（2～6歳），③具体的操作の段階（6～11歳），④形式的操作の段階（11歳～）の4つの発達段階が考えられている。ただし，各段階を区切る年齢はあくまでもおおよその目安であり，個人や社会・文化的な環境の違いによって若干の変動がみられるとされている。

感覚・運動的知能の段階は言語が出現する以前の段階で，まだ表象機能が未発達であるため，眼前にないものを思い浮かべたり，関係づけたりすることはできない。したがって，この段階では感覚に運動で反応するという行為が認識の主な道具である。この段階は吸乳や把握などの生得的反射によって外界に適応していく段階から，表象機能の出現によって洞察的に新しい手段を見つけ出

すことができるようになる段階まで6つの下位段階に分けられている（表4-1参照）。

　前操作的思考の段階の大きな特徴は，遅延模倣（モデルがその場にいなくても，そのまねができる）や象徴的遊び（ごっこ遊び）にみられるように，心像や表象が生じるということである。こうした機能の出現により，この時期の子どもは経験したことを頭のなかで思い描くことができるようになる。そこで，この段階の思考は「表象的思考」ともよばれ，言語の獲得もこのような機能に支えられて進行すると考えられている。しかし，この段階での心像や表象は相互の関連づけがまだ十分にはなされておらず，子どもの興味や関心に左右されやすいのが特徴である。たとえば，形状の同じ2つのコップに同じ量のビーズを入れた後，一方のビーズを背が高く，幅が狭いコップに移し変えてみると，4,

表4-1　ピアジェの感覚運動的段階（武田，1990より一部抜粋）

段階	時　期	該当年齢	特　徴
感覚運動的段階	①生得的な反射の時期	生後1カ月まで	・活動のシェマ（schème）は，吸う，飲み込む，泣くなどの反射に限定される。 ・このシェマは環境との接触によって，わずかながら修正を受け，適応的になっていく。 ・均衡（equilibration）を形成する同化（assimilation）と調節（accommodation）の萌芽が見られる。
	②最初の適応行動の獲得と第一次循環反応成立の時期	1〜4カ月	・単純な習慣の形成。 ・同化と調節の分化。同化機能は調節機能より大。 ・目的と手段が未分化なため，活動そのものに興味が向けられた形での循環反応（circular reaction）が生じる。
	③興味ある光景を持続させる手続きと第二次循環反応成立の時期	4〜8カ月	・循環反応の原因が活動そのものから，活動によって生じた環境の変化に変わる。 ・興味ある環境の変化を求める目的志向性がある。 ・目的と手段の分化の萌芽が認められる。
	④二次的シェマの協調と，それの新しい事態への適用の時期	8〜12カ月	・過去に獲得されたシェマが，志向性をもった一つの新しい全体として統合される。 ・目的と手段の分化。 ・目的は手段に先行し，目的に適した手段の選択が可能。 ・進行中のできごとの結果の予測が可能。
	⑤能動的実験による新しい手段の発見と第三次循環反応成立の時期	1〜1.5歳	・単なる反応の繰り返しにとどまらず，反応の仕方を変えて，対象への影響を観察し，対象の性質を探索する。 ・シェマの修正に柔軟さが増す。 ・同化と調節の協調性が高まる。
	⑥シェマの協調による新しい手段の発明が可能な時期	1.5〜2歳	・試行錯誤的でなく，表象（representation）によって，新しい手段を発明できる。 ・洞察や突然の理解が可能。 ・次段階への移行期で，感覚運動的段階の完成を意味する。

5歳の子どもでは量が変わったと答えることが多い。高さだけに注意を向けると量は増えたと答えるし，幅だけに注意を向けた場合には量が減ったとするのである。これは，まだ「保存（conservation）」が獲得されていないからであり，思考が知覚の影響を受けやすいというこの段階の特徴の一例である。

次の具体的操作の段階では，具体的内容を扱っているかぎりにおいて論理的思考ができるようになる。たとえば，長さが異なる何本かの棒を長い順に並べるという配列問題を考えてみよう。棒という具体物の手がかりがあると，7歳くらいの子どもでも，最初に一番長い棒を取り出し，次に残った棒のなかで一番長いものを取り出すというように順序立てて配列することができる。しかし，「拓也は吾郎よりも背が高く，拓也は慎吾よりも背が低い。このなかで背が一番高いのはだれか」，さらには「AはBよりも大きく，AはCよりも小さい。ABCのうちもっとも大きいのは何か」というような形式的な問題では正答を得るのが難しくなるのである。こうした，ことばや記号だけを用いて論理的思考が無理なくできるようになるのは，次の形式的操作の段階になってからとされている。

形式的操作の段階では，具体的事物の手がかりがなくとも，ことばや記号だけを用いた論理的思考，とくに仮説演繹的思考ができるようになるのが特徴とされる。「もしこうならば，こうである」というように，自ら問いかけ（仮説の形成），それにもとづいて推論することが可能になる。したがって，この段階では実際にはありえないようなことであっても，それを前提として論理的に思考することができるようになるのである。

2　ヴィゴツキーの発達理論

ピアジェは認知発達は社会・文化の違いを超えて普遍的であり，その発達段階の順序も一定しており，形式的操作の段階を発達の到達点と考えていた。しかし，教え方を工夫すれば2～3歳児でも具体的操作段階の能力がみられたり（Gelman, 1979），青年期に達していなくても形式的操作が可能であったり（Siegler & Liebert, 1975），文化の違いによって発達に差がみられる（Cole & Cole, 1989）など，ピアジェ理論に対するさまざまな反証が報告されてきた。そこで，近年注目されているのが，認知能力は社会的相互交渉過程を通じて社

会・文化的に構成される（認知発達の社会的起源性）とし，環境と子どもの活動の媒介過程として，おとなの支え（教育）の重要性を強調したヴィゴツキー（Vygotsky, L.）の理論である。

　ヴィゴツキーは教授・学習とは無関係に認知発達をとらえようとするピアジェを批判し，「教育は発達に続いて進むだけでなく，発達と歩調を1つにするだけでなく，発達の前を進み，発達を前へ進めたり，発達のなかに新しい形成を呼び起こすことができる」（Vygotsky, 1934）としている。子どもはもともと社会的存在であり，おとなとの社会的相互交渉を通じて文化獲得を行う（精神間機能）。やがて，おとなとの関係のなかで機能していた精神活動はしだいに内面化され，おとなという媒体がなくても子どもだけで行われるようになる（精神内機能）。このように，認知発達には精神間機能から精神内機能への転換という一般的発生原理がみられ，こうした過程を支えるのが教育的活動であると考えられている。

　こうした見解を背景に，子どもの発達を促す教育的活動のあり方について示されたのが「最近接発達領域理論（ZPD理論）」である。もともとは，成熟と学習の相互依存関係を示すモデルとして考えられたもので，子どもの発達を2つの水準でとらえる理論である。1つは「現在の発達水準」とよばれ，すでに成熟した精神機能を表し，子どもが独力で解決することができる水準である。もう1つは「明日の発達水準」とよばれ，潜在的に発達が可能な水準であって，おとなの助けや友だちとの協力によって解決することが可能な水準を示している。ヴィゴツキーは，この2つの発達水準の狭間を最近接発達領域（zone of proximal development）とよび，教育的働きかけが必要とされるのはまさにこの領域であると主張したのである（図4-1参照）。

　ここで，ヴィゴツキーとピアジェの教育や社会的支援についての考え方の違いについて整理してみよう。ピアジェは均衡化による認知構造の発達は，内的な成熟が前提であるとして既述の4つの発達段階を考えていた。つまり，ほかの面での発達と同様に，認知発達も系統発生的な生物学的特徴からの制約を免れないと考えていたのである。発達の基盤は成熟にあるとするピアジェの考え方からすれば，教育的な働きかけの前には一定の機能が成熟することが不可欠となり，発達はつねに教育に先行し，教育は発達の後追いをするか，せいぜい

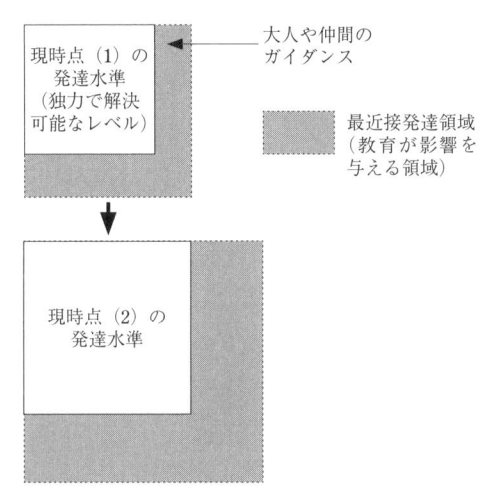

図4-1 最近接発達領域の発展 (田島, 2002)

発達を確かなものへと定着させる営みでしかないことになる。

一方，発達の社会的起源性を強調するヴィゴツキーは，教育の本質は子どもの成熟しつつある領域（最近接発達領域）に働きかけることにあり，そうすることで発達可能な水準が現時点での発達水準に変化するとともに，次に発達可能な水準が新たに広がっていくと考えている。このように，ヴィゴツキーは，教育は成熟に依存しながらも成熟の後を追うものではなく，発達を先導し，発達を前へ進めたり，発達のなかに新しい形成を呼び起こすことができるとするのである。

第2節　学ぶ力と動機づけ

1　動機づけ理論の変遷

「動機づけ」とは，行動を引き起こし，それを一定の目標に方向づけ，持続させる働きやその過程を意味する。従来，学習心理学では，ある刺激に対して特定の反応（行動）が出現した際に，「強化子（reinforcer）」を随伴させることにより，刺激と反応の連合の強度を増し，反応の再起傾向を高めるといった，いわゆる「オペラント条件づけ（operant conditioning）」の枠組みのなかで動機

づけの問題は取り扱われてきた。たとえば、強化子として報酬や罰を与えることにより、特定の反応の出現率を高めることなどがこれにあたる。

学習事態における賞罰の効果については、ハーロック（Hurlock, E.B., 1925）の古典的研究が代表的なものであろう。ハーロックは小学生を対象に、加算作業を課題とした実験を行い、教師の賞賛や叱責が成績にどのような効果を及ぼすかについて検討を行っている。この結果、課題の出来不出来にかかわりなく、つねに賞賛を受けた児童の成績はしだいに向上し、つねに叱責を受けた児童、何の賞賛も叱責も受けなかった児童に比べ、もっとも好成績を示した。このような結果から、教師の賞罰、とくに賞賛は学習への動機づけに効力をもつことが知られている。しかし、その後実施された実験では、被験者の年齢、能力、性格などの要因によって、その効果に違いがみられることも報告されている。

初等・中等教育の場では、学習への動機づけを高める手段として、ほめたり、奮起を促すという意味で叱ったりすることがしばしばなされている。そのほかにも、生徒同士を競わせるというようなことも行われているであろう。いずれにしても、他者からの承認や競争に勝つことによる名誉といった外的報酬が目標や誘因として設定されている。このように、外在する目標や誘因によって動機づけられることを「外発的動機づけ（extrinsic motivation）」とよんでいる。一方、パズルを解いたり、わからないことばが出てきたときに、すすんで辞書で調べるなど、そのこと自体を目標として行動が生じる場合には「内発的動機づけ（intrinsic motivation）」とよばれる。

ところで、学習における外発的動機づけには、これまでに多くの批判的見解が提出されてきた。たとえば、ブルーナー（Bruner, J.S.）は、賞罰の安易な使用は親や教師からの承認などの外的報酬に導くとされるものだけを遂行しようとする型に子どもをはめこむことになるとして、外発的動機づけからの解放を主張している。また、デシ（Deci, E.L.）らは、外的報酬と内発的動機づけとの関係について一連の実験を行い、外的報酬が与えられることによって内発的動機づけは弱められ、その程度は外的報酬が大きければ大きいほど高いことを見出している。これは、動機づけにおいて外的報酬が効力をもたないということを意味するものではない。外的報酬を用いることによって、学習が促進されて

成績の向上がもたらされることもあるが，それは同時に内発的動機づけを低下させやすいとするのである。とりあえずよい結果を出そうという場合は別であるが，考えることやわかること自体の喜びや満足感といった自己報酬によって主体的に学習していく能力や習慣の形成を期待するのであれば，外的報酬の導入はマイナスに作用すると考えられているのである。

　ここで，内発的動機づけの代表的なものとして，認知的動機づけについてみていくことにする。ヘッブ（Hebb, D.O.）が行った感覚遮断実験の結果からも明らかなように，人間は見たり，聞いたり，ふれたりすることがまったくできないとしたら，通常2，3日も耐えることができない。人間には適度の刺激や情報が不可欠である。このように，われわれは外界について知りたい，理解したいという欲求によって内発的に動機づけられている。これが「認知的動機づけ」とよばれるものである。こうした動機づけに関する代表的な研究者であるバーライン（Berlyne, D.E.）は，人間は適度の不確かさ（uncertainty）を求めるように動機づけられていると同時に，不確かさに遭遇した場合には，それを低減しようという欲求によっても動機づけられているとしている。そして，前者によって引き起こされる探索行動を「拡散的探索（diversive exploration）」，また後者によって引き起こされる探索行動を「特殊的探索（specific exploration）」とよんでいる。

　不確かさに遭遇したときには，「あれ，おかしいな」「なぜなんだろう」という疑問や矛盾，あるいは驚きや当惑などの，いわゆる「認知的葛藤（cognitive conflict）」（概念的葛藤ともいう）が生じる。そこで知的好奇心が喚起され，そうした葛藤を解消するために必要な情報を集めるといった特殊的探索が行われるとするのである。また，対象が新奇である，驚きを呼び起こす，多義的である，変化する，つじつまが合わない，部分的に隠されているなどの場合には認知的葛藤が起こりやすいとされ，これらは「照合的特性（collative property）」とよばれている。こうしたことからすれば，照合的特性を備えた刺激を活用することにより，問題意識を喚起し，学習者をその解決に向けて内発的に動機づけることも可能である。

2　内発的動機づけを取り入れた学習指導

　授業の導入部における教材提示のあり方は，それが授業の成否を決定づけるといわれるほど大きな意味をもつとされている。この段階で，学習目標の明確化や学習内容への興味づけが十分になされているかどうかは，その後の学習過程に多大な影響を及ぼすのである。何を目標として学習するのか，それが単元のなかでどのように位置づけられ，ほかの内容とどのように関連するのかなどの学習目標の明確化は，学習活動を方向づけるのに不可欠な要素と考えられる。したがって，授業の導入部で学習目標のもつ意義を，学習者に十分に理解させることが必要となる。また，学習目標の設定に際し，その明確化ばかりでなく，学習への興味づけも求められている。

　学習への興味づけには，バーラインの認知的動機づけにみられるように，学習者の知的好奇心にうったえかける方法が有効である。たとえば，学習者の既有の知識や信念から生じる期待や予想とは違った考えや現象を提示することで，疑問や矛盾などの認知的葛藤を喚起し，問題意識を醸成することも可能である。しかし，あまりにも刺激が新奇すぎたり，既有の知識や信念とのずれが大きすぎる場合には知的好奇心を刺激しないばかりか，むしろ刺激に対して拒否的になることが知られていることから，その提示に際しては適度の不確かさを具備させるよう，その適合水準についての配慮が求められる。

　また，発問も知的好奇心を刺激し，学習行動を内発的に動機づけるのに有効な手段である。発問とよく似たことばに質問があるが，一般にこれは既知の事柄の再生や再認を目的として行われるものであって，学習者の答えの適否が問題とされる。一方，発問は答えとしての結果の適否ではなく，むしろ学習者に有意味な思考活動を促すことを目的としてなされる問いかけである。本来，発問は学習者の思考活動の活性化をめざして行われるものではあるが，とくに学習者に視点の限定を迫ることで思考活動を方向づけたり，2つの異なる視点を対比させたり，いったん考えや解釈を否定することによって学習者の認識や思考に内的矛盾を醸成し，より深い認識へと導くことも可能であろう。こうしたタイプの発問は，いずれも学習者に疑問や矛盾，あるいは驚きや当惑といった認知的葛藤を喚起することによって知的好奇心を刺激し，より質の高い認識へと学習者を動機づけるものである。しかし，こうした発問もその場の思いつ

きで無計画に用いられるべきではない。安易な使用は学習者を心理的に圧迫し，かえって混乱させることにもなりかねない。あくまでも，授業全体を見わたした発問計画のなかに，適切に位置づけられたものでなければならないと考えられている。

第3節　学ぶ力と原因帰属

1　学習性無力感

　セリグマン（Seligman, M.E.P.）らは，どうやっても回避することのできない条件下で，犬に数十回，電気ショック（嫌悪刺激）を与えた後，一定の操作をすれば回避できるように条件を変更した場合にも，犬にはショックから逃れようとする回避行動がみられないことを見出した。こうした結果について，セリグマンらは，犬が先行する条件において行動と結果とのあいだには何の因果関係もないこと，すなわちどのように行動してもショックを回避することができないということ（統制不可能性の認知），さらには同様の場面でも同じように回避することができないであろうということ（統制不可能性の予期）を学習してしまったからではないかとし，これを「学習性無力感（learned helplessness）」とよんでいる。

　先行する課題で自分がいかなる効力をももちえないという認知が，後発する課題への取り組みにマイナスに作用し，動機づけを低下させてしまうというこの事実は，学習に持続性が期待されることを考えると大きな問題といえる。一般に，失敗経験が積み重なれば同様の課題に対する成功への期待は減少し，意欲を喪失し，課題を回避するようになるし，逆に成功経験が積み重なれば期待は増大し，意欲は高まると考えられる。しかし，単純に成功すれば期待は高まり，失敗すれば低まるというわけではない。たとえば，試験がうまくいった場合を考えてみよう。点数がよかったのは自分に能力があるし，努力もしたからだと考える人もいれば，前日にたまたま勉強したところから出題されたからだとか，どうも問題がやさしすぎたからだと考える人もいるように，その原因についてのとらえ方はさまざまである。

2　原因帰属

　行動の結果がどのような原因によるものかについての認知は「原因帰属（causal attribution）」とよばれている。一般に，原因帰属は後発する学習や課題の遂行に大きな影響を及ぼすことが知られている。学業面での原因帰属について最初に理論化を行ったのはワイナー（Weiner, B.）である。この理論では，帰属要因として努力，能力，課題の困難度，運の4要因があげられている。さらに，これらの要因は「統制の位置（locus of control）」と「安定性（stability）」の2つの次元に分類されている。この2次元，4要因をまとめたものが表4-2である。ここで，統制の位置とは行動の結果をもたらした原因が努力や能力のように自分の内側にあるとするか（内的統制），課題の困難度や運のように自分の外側にあるとするか（外的統制）を示している。また，安定性とは原因が能力や課題の困難度のように安定していて変動しにくいものか（安定），努力や運のようにそのときどきで変動しやすいものか（不安定）を示している。

　ワイナーによれば，この2つの次元上の位置によって特定の心理的効果がもたらされるとされ，統制の位置は「自尊感情（self-esteem）」に，安定性は期待のあり方に影響を及ぼすと考えられている。たとえば失敗した場合に，その原因を努力不足に帰属させるならば，それは内的統制要因であるので自尊感情の低下がみられる。また，それは不安定要因であるために後発する学習への期待が低下することはなく，「次はがんばっていい結果を出そう」と考えることができる。一方，失敗の原因を能力不足に帰属させると，自尊心の低下がみられると同時に，それは安定要因であるために後発する学習への期待も低下し，「どうせだめなんだ」という無力感が生じることになる。

　セリグマンらは，前述のワイナーらの帰属理論を援用しながら，学習性無力感理論を発展させている。この理論では，内在性（ワイナーらの理論では統制の位置の次元とよばれる）と安定性のほかに一般性の次元が新たに加えられてい

表4-2　達成行動における原因の分類
(Weiner, B. et al., 1972：宮本，1979)

	内的統制	外的統制
安定	能力	課題の困難度
不安定	努力	運

第4章　学習指導をめぐる諸問題

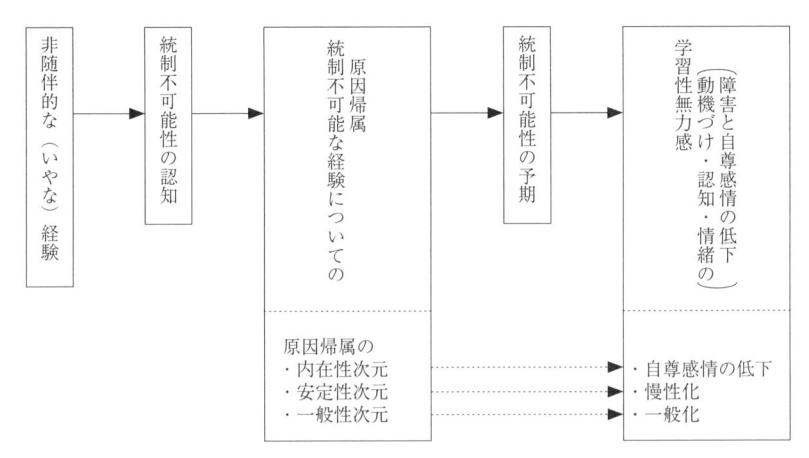

```
[非随伴的な（いやな）経験] → [統制不可能性の認知] → [原因帰属　統制不可能な経験についての] → [統制不可能性の予期] → [学習性無力感（障害と自尊感情の低下・動機づけ・認知・情緒の）]

　　　　　　　　　　　　　　　　　原因帰属の　　　　　　　　　・自尊感情の低下
　　　　　　　　　　　　　　　　　・内在性次元　　　　　　　　・慢性化
　　　　　　　　　　　　　　　　　・安定性次元　　　　　　　　・一般化
　　　　　　　　　　　　　　　　　・一般性次元
```

図4-2　改訂学習性無力感理論（桜井，1995a）

る。一般性とは，原因がそのことに限られたものなのか（特殊性），それともほかにも影響を及ぼす一般的なものなのかを示す次元である。たとえば，数学の試験での失敗を自分の能力に原因があると考えたとしても，それが「数学の能力」（特殊的）に限られるとするのと，「知的能力全般にわたる」（一般的）とするのとでは，後発する学習への期待はまったく異なってくる。今の自分は数学の能力が劣ると考えたとしても，ほかの教科でがんばることは可能であり，無力感が生じることは少ないであろう。しかし，知的能力全般が劣っているとするならば，より無力感が生じやすくなると考えられている。

桜井（1995a）は無気力が生じる心理的メカニズムを図4-2のようにまとめている。この図からもわかるように，失敗や嫌悪事態の原因が内在的であるほど，自尊感情が低下して無気力が起こりやすくなるし，それが安定的であるとみなすほど，後発する課題遂行に期待がもてずに無気力が慢性化してしまう。また，一般的ととらえるほど，無気力は一般化してしまうのである。

第4節　自己調整学習

1　自己調整学習と循環的段階

「自己調整学習（self-regulated learning：SRL）」に関しては，認知とメタ認知，

動機づけ，臨床的領域での行動コントロール，発達などの複数の観点から関心が寄せられてきたが，それらの統合をめざした研究は1980年代半ばに始まったとされる。自己調整とは，「教育目標の達成をめざして学習者自らが創り出す思考，感情，行為」（Zimmerman, 1989）であり，変化の急速な社会において自律的な学習者であるために必要とされる自発的な学習過程を意味している。こうした社会を生きるうえで効果的な学習者であるには，学習目標の設定や学習方略の選択ばかりでなく，学習意欲の持続に関連した動機づけや，学習の経過を適切にモニターし修正を行うといったメタ認知，さらには学習結果の自己評価などの問題に適切に対処することが必要となる。自己調整学習とは，動機づけ，メタ認知，行動面での自己調整の機能をうまく働かせながら自らが学習を進めていくあり方のことであり，自律的な学習者であることが求められる生涯学習社会において，その重要性にさらなる関心が寄せられている。

　この領域を代表する研究者であるジマーマン（Zimmerman, B.J.）は自己調整学習には「予見」「遂行」「自己内省」という3つの循環的段階があり，これらのフィードバック・ループを通じてより効果的な学習が可能となるとしている。これらの関係を図示したものが図4-3である。

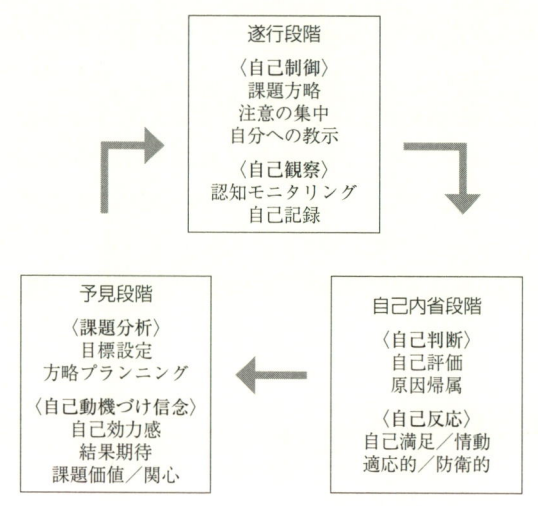

図4-3　自己調整の諸段階と諸過程
（Schunk & Zimmerman, 2008；塚野, 2009）

「予見段階」は学習への準備段階であり，学習目標を設定し学習方略を選択することや，学習を進めるための原動力となる「自己効力感（self-efficacy）」，さらには「おもしろそう」「やってみたい」という興味や関心などがこの段階を構成する重要な要素となる。なお自己効力感とは，バンデューラ（Bandura, 1977）が唱えた期待に関する概念で，その課題に対して個人がもつ「やれそうだ」「できそうだ」という肯定的な見通しや信念を意味している。

　「遂行段階」は学習の遂行過程で自らの行動を調整し，効果的な学習行動を促進したり，非効果的なそれを抑制するなどの段階である。自分の思考や行動をモニタリングし，教材や課題の重要な部分に注意を焦点化したり，必要とされる方略にしたがって課題の解決に段階的にとり組むなどがこれにあたる。図に示されている課題方略には，時間管理，学習環境の整備などの環境構成，文章情報の図示やフロー・チャート化によって学習や記憶を促進するイメージ化などの一般的な方略も含まれるが，課題方略の基本は複合した課題を必須の部分にまで減らし，それを体系的遂行の順番に再編するための方法と考えられている（Zimmerman, 2008）。

　「自己内省段階」は課題遂行後に生じる過程であり，達成結果の自己評価や，その原因を推論する原因帰属，さらには結果への満足や不満足などの自己反応を含んでいる。ここで自己反応についてみていくと，図中の自己満足あるいは情動とは，自己判断（自己評価と原因帰属）に対する認知的，情動的反応と考えられており，学習者には満足をもたらす学習活動を好み，不安といった不満足やマイナスの感情をもたらす学習活動を避ける傾向がみられる。また，適応的決定とは学習者が方略使用の修正や継続によって学習サイクルをさらに進展させることを意味し，防衛的決定とは無力感，遅延，課題回避など，不満足やいやな情動から身を守るために学習サイクルを回避したり途絶させたりすることである。これらの自己反応は自己判断からもたらされるもので，適切な自己評価と制御可能な原因への帰属は，満足感の増大と学習努力の継続へと導くと考えられている。このように，自己内省段階での自己反応は，循環して予見段階に影響を及ぼし，肯定的な自己反応は学習スキルの習得に関する自己効力を高めるなど，次の課題における課題分析や動機づけにもプラスに作用するのである。

2　学習者による自己調整過程の違い

　ここで，初歩の学習者と上達した学習者の自己調整過程の違いについて考えてみよう。表4-3に両者の違いがまとめられている。

　予見段階では，目標設定や目標志向性，自己効力感，課題への興味に関して両者に違いがみられる。目標設定では，初歩の学習者が一般的で遠い目標をもつのに対して，上達した学習者は具体的で順序性のある階層的な目標をもつことが知られている。こうした，具体的で階層的な目標設定は，自己効力感や課題への興味にも影響し，表に示されているような違いが両者にみられるのである。また，遂行への目標志向性をもつ初歩の学習者は，他者との比較によって自分を評価するのに対して，習得への目標志向性をもつとされる上達した学習者は，学習を通じて自分の能力を向上させることに意味を見出すとされている。

　遂行段階では，上達した学習者は注意を集中でき，イメージ化や自己指導を活用して課題に取り組むのに対して，初歩の学習者は自分の情動や周囲の状況に引きずられやすく，セルフ・ハンディキャッピング方略を用いやすいとされている。自己指導とは遂行過程で用いている方略を自ら言語化することなどによって学習を方向づけしていくことで，セルフ・ハンディキャッピング方略とはわざと努力をしなかったり，課題の遂行を遅らせるなどによって意図的に障害を作り出すことである。なお，その目的は結果の能力不足への帰属を回避し，自分にとって都合がいい自己反応を維持するためであるとされている。また，

表4-3　初歩の学習者と上達した学習者の自己調整の下位過程
（Schunk & Zimmerman, 1998；塚野, 2007）

自己調整の段階	自己調整学習者の区分	
	初歩の自己調整者	上達した自己調整者
予見（計画）	一般的な遠い目標 遂行目標志向性 低い自己効力感 興味がない	特定の階層目標 学習目標志向性 高い自己効力感 内発的な興味
遂行／意思的制御	定まらないプラン セルフ・ハンディキャッピング方略 結果の自己モニタリング	遂行に集中 自己指導／イメージ 過程の自己モニタリング
自己内省	自己評価を避ける 能力帰属 マイナスの自己反応 不適応	自己評価を求める 方略／練習帰属 プラスの自己反応 適応

自己モニタリングにも違いがみられ，上達した学習者は遂行過程を組織的にモニターすることができるのに対して，初歩の学習者はその制御を外的結果や断片的情報に委ねると考えられている。

自己内省段階では，自己評価，原因帰属，自己反応などの面で違いがみられる。上達した学習者は学習への努力を自己評価する機会を求め，うまくいかなかったのは用いられた方略や学習方法に問題があったり，練習が不十分であったからだと考えることから，不適切な自己反応を回避することができ，次の課題に対して期待をもつことができる。一方，初歩の学習者は自己評価を避け，失敗の原因を能力に帰属することから，マイナスの自己反応が生じ，次の課題への期待ももてずに，学習サイクルを回避したり，途絶するようになると考えられている。

では，自己調整のできる上達した学習者を育てるにはどうすればよいのであろうか。自己調整の知識やスキルを育てるには，モデリング，ことばによる指導，協同学習や相互教授などの多様な方法が試みられている。いずれにせよ，まずは教師や仲間の行動を観察，模倣したり，直接指示を受けたりする段階から，知識やスキルを内面化して自己調整ができる段階へと進んでいくようになるとされている（Zimmerman, 2001）。しかし，自己調整学習の知識やスキルは，あらかじめ決められた教育内容を，教師の指示に従って受動的に学習していくといった従来の学習指導のあり方では身につけることは難しいと考えられる。教科指導のすべてを自己調整学習的な方法で行うことには無理があるが，その一部にこうした方法を導入したり，総合的な学習の時間を活用して児童や生徒が自らの学習過程を振り返り，学習目標の設定や学習方略，セルフ・モニタリングのあり方などを学ぶ機会を設けるなどによって，自律的な学習者を育てる指導が教育の場において広く展開されることが求められている。

引用・参考文献

Berlyne, D.E. 1965. *Structure and direction in thinking*. John Wiley & Sons. バーライン，D.E.（著） 橋本七重・小杉洋子（訳）（1970）『思考の構造と方向』明治図書出版
Bruner, J.S. 1962. *On knowing:Essays for the left hand*. Harvard University Press. ブルーナー，J.S.（著） 橋爪貞雄（訳）（1969）『直感・創造・学習』黎明書房
Cole, M. & Cole, S.R. 1989. *The development of children*. New York: Freeman.

Deci, E.L. 1975. *Intrinsic motivation.* Plenum Publishing Co. デシ，E.D.（著） 安藤延男・石田梅男（訳）(1980)『内発的動機づけ――実験社会心理学的アプローチ』誠信書房

Gelman, R. 1979. Preschool thought. *American Psychologist,* 34. 10. 子安増生（訳）(1981)「就学前児の思考」波多野誼余夫（監訳）『現代児童心理学3 子どもの知的発達』金子書房

Schunk, D.H. & Zimmerman, B.J.（Eds）. 1998. *Self-regulated learning: From teaching to self-reflective practice.* New York: The Guilford Press. シャンク，D.H. & ジマーマン，B.J.（編著） 塚野州一（編訳）(2007)『自己調整学習の実践』北大路書房

Schunk, D.H. & Zimmerman, B.J.（Eds）. 2008. *Motivation and self-regulated Learning: Theory, research, and applications.* Lawrence Erlbaum Associates. シャンク，D.H. & ジマーマン，B.J.（編著） 塚野州一（編訳）(2009)『自己調整学習の動機づけ』北大路書房

Siegler, R.S. & Liebert, R.M. 1975. Acquisition of formal scientific reasoning by 10- and 13-year olds: Designing a factorial experiment. *Developmental Psychology,* 11. 401-402.

Vygotsky, L.S. 1934. ヴィゴツキー，L.S.（著） 柴田義松（訳）(1962)『思考と言語（上・下）』明治図書

Vygotsky, L.S. 1935. ヴィゴツキー，L.S.（著） 土井捷三・神谷栄司（訳）(2003)『「発達の最近接領域」の理論――教授・学習過程における子どもの発達』三学出版

Zimmerman, B.J. & Schunk, D.H.（Eds）. 2001. *Self-regulated learning and academic achievement: Theoretical perspective.* New Jersey: Lawrence Erlbaum Associates. ジマーマン，B.J. & シャンク，D.H.（編著） 塚野州一（編訳）(2006)『自己調整学習の理論』北大路書房

岩本隆茂・高橋憲男（1983）『現代学習心理学――その基礎過程と研究の展開』川島書店

上淵　寿（編著）(2004)『動機づけ研究の最前線』北大路書房

桜井茂男（1997）『学習意欲の心理学――自ら学ぶ子どもを育てる』誠信書房

自己調整学習研究会（編）(2012)『自己調整学習――理論と実践の新たな展開へ』北大路書房

善明宣夫（1994）「学習指導の基礎理論」篠置昭男（監修）脇坂義郎（編）『教育実践の探究――現代教育方法基礎論』昭和堂

滝沢武久・山内光哉・落合正行・芳賀　純（1980）『ピアジェ　知能の心理学』有斐閣

武田俊昭（1990）「人間形成の基礎」篠置昭男・乾原　正（編者）『学校教育心理学』福村出版

田島信元（2002）「認知の発生」田島信元・子安増生・森永良子・前川久男・菅野　敦（編）『臨床発達心理学2　認知発達とその支援』ミネルヴァ書房

宮本美沙子（編著）(1979)『達成動機の心理学』金子書房

山下政俊「発問の本質」吉本　均（編）(1977)『講座現代教育学5　現代教授学』福村出版

第5章
適応

はじめに

　教師の仕事は教科指導ばかりではない。一人ひとりの児童・生徒が個性の伸長を図りながら，同時に社会的資質や能力，態度を身につけるとともに，将来自己実現ができるように支援することも，教師が担うべき大きな役割の1つである。こうした，児童・生徒一人ひとりの人格を尊重し，個性の伸長を図りながら，社会的資質や行動力を高めることをめざして行われる教育活動は「生徒指導」とよばれている。生徒指導は，教育課程内にとどまらず，休み時間や放課後など，あらゆる教育機会を活用して実践されるべき活動とされているが，その基本を心理学的に考えるならば児童・生徒一人ひとりに対して，よりよい適応が図られるよう支援することにほかならない。

　こうしたことから，本章では生徒指導の基本を理解するために，児童・生徒にとっての適応ということの意味について考える。まず，適応と適応機制，ストレスと不適応という観点からその意味について理解を深めた後，児童・生徒にみられやすい学校不適応の例として，いじめ，不登校，非行の問題を取り上げ，その現状や心理機制，指導や支援のあり方についてみていくことにしたい。

第1節　適応

　生体をめぐる環境には自然的，物理的環境や他者との関係を含む社会的環境など，さまざまなものがある。生物の進化の過程に目をやると，自然的・物理的環境に適合する生物だけが生き残ることができるという自然淘汰の考えを基礎に，系統発生におけるその形態や機能の変化について説明がなされてき

た。こうした進化論的立場からの環境への適合は「順応（adaptation）」とよばれ，心理学の領域においても自然的・物理的環境への適合として用いられることがある。たとえば，暗いところから明るみに出たときには，初めはまぶしくて見えにくいが，数分後には見えやすくなる。これは「明順応」とされ，この逆は「暗順応」とよばれている。

　一方，人が適合しなければならない環境は自然的，物理的環境ばかりではない。人が集団で社会生活を営む以上，社会組織や社会制度，さらには組織のなかでの他者との人間関係を含む社会的環境への適合も不可欠となる。自然的，物理的環境への身体的，生理的反応としての適合ではなく，こうした社会的環境への全人格的反応としての適合をいう場合には，「適応（adjustment）」という用語が用いられることが多い。さらにいえば，身体的，生理的反応としての順応が受動的で自動的な過程であるのに対して，適応は環境に応じた行動を学習するという側面ばかりでなく，自己に適合するように環境に働きかけて変化をもたらすといった能動的で積極的な側面を含んでいる。

　適応を考えるとき，外的適応と内的適応の2つの面からみていくと理解しやすい。人は集団で社会生活を営む以上，社会の側からの要請や期待に応え，他者と協調して行動することが求められる。こうした，法律や慣習などを含む社会的，文化的基準に適合した行動がとれていることを「外的適応」とよんでいる。また，個人に目を向けると，度を超えた不安や葛藤，心理的緊張をいだき続けることなく，自己の諸欲求を満たすことで心理的安定感や満足感，幸福感等が感じられているかどうかも人が生きるうえで大切な要素となる。こうした，個人の内面に注目した適応の一側面が「内的適応」である。このように，適応には2つの側面があり，客観的には社会的，文化的基準や要請に適切に応えながら，主観的には心理的安定感や満足感，幸福感等が感じられている状態を適応という。

　ここで，適応の2つの側面から近年注目されている過剰適応について考えてみる。過剰適応とは，対人関係を含む社会的環境への適応の仕方において，必要以上に過度に適合した状態のことである。心身症や一部の不登校にもこうした適応のあり方がみられるとされるが，自己の欲求や感情を抑えて周囲の期待に応えようと過剰な努力を払いすぎるあまり，不安や葛藤，心理的緊張をい

だき続けることになり，心身症を患ったり，不登校に陥る場合もある。これは，外的適応に必要以上に力を注ぐあまり，内的適応がおろそかにされた結果と考えられている。

第2節　適応機制

　程度の問題はあるにせよ，不安や葛藤，心理的緊張をいだき続けることは心理的不快をもたらすことから，人はそれらのより少ない状態，いわゆる適応状態を求めようとする。この適応状態を求める意識的，無意識的な働きを「適応機制（adjustment mechanism）」という。人は社会的，文化的基準や要請に適切に対処しながら，同時に自己の諸欲求を満たすために環境に対してさまざまな働きかけをしている。この際，状況を冷静に判断し，問題解決に向けて適切な行動がとられる場合もある。本来，適応機制とはこうした問題解決に向けての意識的，合理的な適応行動をさしていたが，今日では不安や葛藤，心理的緊張を一時的に回避したり，低減したりするために，無意識的に心的世界に操作を加えるといった「防衛機制（defense mechanism）」なども，その目的性から適応機制に含めて考えるのが一般的である。

　環境に対する働きかけがうまくいって欲求が満たされればよいが，欲求充足に失敗した場合には「欲求不満（frustration）」が生じる。こうした欲求不満に耐える力は「欲求不満耐性（frustration tolerance）」とよばれ，しつけや経験をとおして誰しもが身につけているものである。しかし，それが十分に育っていなかったり，自分の耐性を超えるような困難に遭遇したりした場合には，多様な行動がみられるようになる。一般に，欲求不満の解消に向けての適応機制には「逃避的適応機制」「攻撃的適応機制」「防衛的適応機制（防衛機制）」が考えられているが，それぞれが単独で機能することは少なく，複合的なかたちをとることが多い。

　「逃避的適応機制」とは，社会やそこでの人間関係を回避し閉じこもることを意味し，孤立や内閉のほかに，依存や甘え，すねるなどの退行的行動もこれに含まれるとされる。

　「攻撃的適応機制」とは，欲求が満たされない原因を外部に求め，それを攻

撃することで心理的安定を得ようとするもので，暴力などの身体的攻撃やことばや態度による心理的攻撃がこれにあたる。また，虚言や盗みなどの反社会的行動も攻撃的適応機制の一種と考えられている。

次に「防衛的適応機制」であるが，これはフロイト（Freud, S.）の創始した精神分析の中心的理論概念の1つである防衛機制を用いて一時的に精神内界の安定を保とうとする心理機制のことである。その基本は「抑圧（repression）」とされ，これは意識には受け入れがたい観念表象や記憶，それに関連した情動や衝動を意識から締め出し，無意識に押し込めようとする自我の働きを意味している。防衛機制に関しては，フロイトの見出した神経症的防衛機制に加えて，クライン（Klein, M.）らの対象関係論の立場からも多様な防衛機制について解

表5-1 防衛機制（乾原他，1998を修正）

1.	神経症性防衛	
	抑圧	受け入れがたい観念表象や記憶などを意識から締め出す。
	合理化	自分の失敗などを，もっともらしい理由をつけて正当化する。
	置き換え	特定の対象や表象に向けられた感情を，別の対象や表象に向け変える。
	反動形成	本来の欲求や衝動とは正反対の態度や行動をとる。
	知性化	感情や欲求を意識したり解放したりする代わりに，知的活動に置き換える。
	隔離（分離）	思考と感情，あるいは感情と行動や態度とを切り離す。
	否定	ある衝動や思考，感情が存在するにもかかわらず，それを否定する。
	自己への反転	特定の対象に向かう感情を自己へ向け変える。
2.	精神病性または自己愛性防衛	
	妄想性投影	自分の妄想的な衝動や不安を対象（相手）に投影する。
	否認（精神病性）	外的現実などを認めずに，その事実を認知しない。
	歪曲	内的欲求に装いをつけて外的現実を作り出す。
3.	未熟性防衛	
	投影	自分の願望や欲動を対象（相手）のもののように認知する。
	投影性同一視	自分の願望や欲動を対象に投影し，あたかも対象がそうした願望や欲動をいだいているかのように認知する。
	分裂	よい自己と悪い自己，よい対象と悪い対象を別のものとして認知する。
	行動化	衝動や不安などを，行動することによって解消する。
	理想化	対象を「すべてよいもの」とみなす。
	脱価値化	対象を「すべて悪いもの」とみなす。
	躁的防衛	抑うつにともなう悲哀や罪悪感を，意気高揚，過剰な活動などによって回避する。
	解離	強い不安などから身を守るために，意識の統合性を一時的に失う。
4.	成熟性防衛	
	愛他主義	願望を他者に投影して，その幸せを自分のことのように感じる。
	ユーモア	直接的では好ましくないことを，冗談や洒落に置き換えて表現する。
	抑制	好ましくない情動の葛藤などを意識的にコントロールする。
	期待	欲求不満を生じるような事態を，悲観せずに耐えて待つ。
	昇華	社会的には好ましくない欲求を，社会的により価値の高いとされる目標や欲求に置き換えて満たす。

明が進んでおり，代表的な防衛機制に関しては表5-1にまとめてある。

以上，問題解決に向けての意識的，合理的な適応行動のほかに，一時的に心の安定を図ろうとする逃避的適応機制，攻撃的適応機制，防衛的適応機制（防衛機制）についてみてきたが，ある行動がどの適応機制に該当するかについて明確に分類することは難しい。たとえば，八つ当たりを例にあげると，逃避的適応機制の退行的行動ともとれるし，攻撃的適応機制とも考えられる。また，防衛的適応機制の「置き換え（displacement）」という心理機制も働いており，いずれかに分類することは困難である。これらの分類は一応の目安であり，実際の行動については複合的な視点からとらえる必要がある。

第3節　ストレスと不適応

心身の負担になる刺激や出来事によって生体内部に生じた緊張状態は「ストレス（stress）」といわれ，ストレスをもたらすような外部からの刺激は「ストレッサー（stressor）」，または「ストレス作因」とよばれる。この概念の提唱者であるセリエ（Selye, H.）は，生体に有害な刺激が加わると，①副腎の肥大（視床下部―脳下垂体―副腎皮質系反応），②胃と十二指腸の潰瘍（胃腸管反応），③胸腺とリンパ腺の委縮（免疫系反応）という一連の反応が共通にみられることを指摘し，これを「非特異的反応（stereotyped response）」とよんだ。セリエがこの非特異的反応をストレスと定義したことから，本来ストレスとは身体的，生理的状態を意味するものであったが，今日では不安や恐怖，緊張などの心理的状態を含む，より広い意味で用いられている。

ストレスの原因となるストレッサーには，温度，湿度，騒音，化学物質などの物理的・化学的ストレッサーや，不安や恐怖，緊張などを生じさせる心理的・社会的ストレッサーが考えられている。物理的・化学的ストレッサーはそれがなくなればストレス反応は解消するが，心理的・社会的ストレッサーの場合にはストレッサーがなくなっても依然として記憶的ストレッサーとして機能し続けることがある。たとえば，「外傷後ストレス障害（PTSD：Post Traumatic Stress Disorder）」では，虐待やいじめなどの恐怖体験の記憶が意識にたびたび侵入し，その結果慢性ストレス状態に陥るという事例がみられる。

このように，心理的・社会的ストレッサーの場合には，個人がそのことをどうとらえるかといった認知過程が大きく関与しており，認知にともなって喚起される情動がストレス反応を引き起こす原因となっているのが特徴である。

家族の病気や死，転職や退職，引っ越しなどの人生における比較的大きな出来事（life event）は，悲しみや不安，心理的緊張をもたらすことからストレッサーとなる。また，こうしたライフイベントは誰しもが体験する可能性が高いことから，日常生活におけるストレスの程度を知る１つの指標と考えることができる。ホームズとレイ（Holmes, T.H. & Rahe, R.H.）は，さまざまなライフイベントについて点数法による数量化を行い，表５-２に示すような「社会的再適応評価尺度（Social Readjustment Rating Scale）」を作成している。この尺度の得点（LCU：Life Change Unit Score）はストレス状態から再び適応するのに必要なエネルギーに比例すると考えられており，１年間にLCUの合計が1466点中200〜299点なら約50％，300点を超えるならば約80％の人が，その翌年に何らかの心身の疾患に罹患するとされている。

表５-２　社会的再適応評価尺度
（Holmes & Rahe, 1967；乾原他, 1998）

出来事	LCU	出来事	LCU
配偶者の死	100	息子や娘が家を離れる	29
離婚	73	婚姻のトラブル	29
配偶者との離別	65	自分の特別な成功	28
拘禁	63	妻が働きはじめる，仕事をやめる	26
親密な家族やメンバーの死	63	学校に行きはじめる，やめる	26
自分のけがや病気	53	生活条件の変化	25
結婚	50	個人的な習慣の変化	24
失業（解雇）	47	上役（ボス）とのトラブル	23
婚姻上の和解	45	労働時間や労働条件の変化	20
（定年）退職	45	住居の変化	20
家族メンバーの健康上の変化	44	学校の変化	20
妊娠	40	気晴らしの変化	19
性的な障害	39	宗教活動の変化	19
新しい家族メンバーの獲得	39	社会活動の変化	19
ビジネスの再調整	39	１万ドル以下の抵当やローン	17
経済状態の変化	38	睡眠習慣の変化	16
親密な友人の死	37	同居の家族数の変化	15
転職	36	食習慣の変化	15
配偶者との口論の数の変化	35	休暇	13
１万ドル以上の借金（抵当）	31	クリスマス	12
借金やローンでの抵当流れ	30	軽微な法律違反	11
職場での責任の変化	29		

第4節　学校不適応

「学校不適応」とは，学校場面でみられる児童・生徒の不適応現象全般を意味する包括的な用語であるが，具体的には学校の生活時間やきまりへの不適応，学習不適応，友人や教師との人間関係における不適応などがこれに含まれる。学習の問題に関しては別の章で取り上げることから，本節ではそれ以外の面，とくに「いじめ」「不登校」「非行」に焦点をあて，その実態や心理機制，指導や支援上の留意点についてみていくことにする。

1　いじめ

「いじめ（school bullying）」は今に始まったわけではなく，日本固有の現象でもないことは今日ではよく知られたことである。子ども同士のいざこざというのは昔からあったし，それは子どもの世界の問題であり，おとなが口をはさむような問題ではないという言い方もなされてきた。日本でいじめが社会問題化したのは，1980年代に入ってからとされる。とくに1985（昭和60）年には複数の小・中学生がいじめを苦に自殺するという痛ましい事件が起こり，マスメディアによる大々的な報道もあって，一般の関心や不安がそれまでにない高まりをみせたことから，この時期にいじめが解決を要する新たな課題として社会問題化したとされている。文部科学省（以下，文科省と略，当時は文部省）は1985年度から「児童生徒の問題行動等生徒指導上の諸問題に関する調査」のなかで，毎年全国の小・中・高等学校を対象にいじめに関する実態調査を実施しているが，発生件数や認知件数には公表に際してのバイアスが大きく，実態に即したものではないという批判もみられるのが現状である。

　　a　いじめの態様　　いじめはさまざまな行動として顕在化するが，2007（平成19）年に改訂された文科省の「いじめの態様区分」には，①「冷やかしやからかい，悪口や脅し文句，嫌なことを言われる」，②「仲間はずれ，集団による無視をされる」，③「軽くぶつかられたり，遊ぶふりをして叩かれたり，蹴られたりする」，④「ひどくぶつかられたり，叩かれたり，蹴られたりする」，⑤「金品をたかられる」，⑥「金品を隠されたり，盗まれたり，壊されたり，捨てられたりする」，⑦「嫌なことや恥ずかしいこと，危険なことをされたり，

させられたりする」，⑧「パソコンや携帯電話等で，誹謗(ひぼう)中傷や嫌なことをされる」などが載せられている。2011（平成23）年度の文科省統計によれば，全体でもっとも多かったのが「冷やかしやからかい，悪口や脅し文句，嫌なことを言われる」（65.9％，複数回答可）で，次に「軽くぶつかられたり，遊ぶふりをして叩かれたり，蹴られたりする」（22.3％，同上），「仲間はずれ，集団による無視をされる」（19.7％，同上）と続いており，残りの項目はすべて10％以下となっている。この結果をみると，いじめの手口のなかでもっとも多いのはことばによる攻撃で，続いて多いのが軽い身体的攻撃と仲間外れや無視という心理的攻撃ということになる。

b　いじめの定義　現在では世界の多くの国でいじめ問題が関心を集めるようになったが，ノルウェーのオルヴェウス（Olweus, D.）によれば，いじめが社会問題化し，その対策にいち早く着手したのはスカンジナビア諸国とされている。早い時期からいじめ研究に取り組み，各国での調査や研究で引用されることの多いオルヴェウスは，「ある生徒が，繰り返し，長期にわたって，1人または複数の生徒による拒否的行動にさらされている場合，その生徒はいじめられている」と定義している。この際，拒否的行動とは，意図的に攻撃を加えたり，加えようとしたり，けがをさせたり，不安を与えたりすること，つまり基本的には攻撃的行動の定義に含意されているもので，1回きりのひどいいやがらせでも，いじめとみなされることもあるが，基本的にはこうした拒否的行動が繰り返し，長期にわたって行われることが重要であって，偶発的で深刻でない拒否的行動はいじめには含まれないとしている。さらに，いじめには「力のアンバランス（非対称的な力関係）」がなければならず，拒否的行動にさらされている生徒は，相手から自分を守ることが難しく，相手に対して無力な状態にあるのが特徴であるとしている。

森田（2010）は，オルヴェウスに代表される諸外国の定義と，日本の研究者や行政による定義には共通する要素がみられるとして，いじめの構成要件として，①力関係のアンバランスとその乱用，②被害性の存在，③継続性ないしは反復性の3点を指摘している。しかし，継続性ないしは反復性に関しては，回数ではなく被害を受けた側の被害感を優先させるべきであるとしてこれを除外し，いじめを「同一集団内の相互作用過程において優位にたつ一方が，意識的

に，あるいは集合的に，他方にたいして精神的，身体的苦痛をあたえること」と定義している。また，2006（平成18）年度に改訂された文科省の定義でも，「当該児童生徒が，一定の人間関係のある者から，心理的，物理的な攻撃を受けたことにより，精神的な苦痛を感じているもの」とされ，継続性ないし反復性にはふれられていない。

　c　いじめの心理機制　いじめの心理機制に関しては，これまでにいくつかの仮説がみられるが，その1つにダラード（Dollard, J.）らの「欲求不満―攻撃仮説（frustration-aggression hypothesis）」を援用した解釈がある。この仮説を要約すると，①目標達成が阻止され，欲求充足ができないような心理状態に置かれると攻撃行動が発現する。この場合，攻撃の強さは欲求不満の強さに比例する，②攻撃性の抑制は，予想される罰，失敗，愛する対象の傷害に比例する，③攻撃性は欲求不満の起因者にもっとも強く向けられるが，それが阻止された場合，阻止による欲求不満がもとの欲求不満に付加・強化され，攻撃形式を変えたり，攻撃対象を置き換えて攻撃がなされる，④攻撃行動は欲求不満の量を減少させ，攻撃性を低下させる，となる。ここで注目されるのは，攻撃対象の置き換えの問題である。

　いじめは，校内暴力が峠を越え収束に向かった1980年代に社会問題として取り上げられるようになった。周知のように，対教師暴力を含む校内暴力は権威・服従関係の強化によって鎮静化に向かったとされるが，学校や教師という権威に対する直接的な攻撃や反抗が力によって抑えこまれたとき，そこでの敵意や不満，攻撃性が陰湿なかたちで仲間に振り向けられたのがいじめという現象と考えることもできる。小林（2003）は中学生の攻撃対象の移り変わりについて，その対象が時代とともに外側から内側へ，校外から校内，校内から学級内へと変化し，1980年代になるとその対象が強者から弱者へ転換すると指摘している。

　また，いじめをユング心理学を援用して解釈すると，「影（shadow）」の投影という心理機制が考えられる。影は「その人によって生きられなかった心の半面」「認めたくない心の部分」とされ，一般に貪欲，傲慢，不道徳などの否定的な特性や行動様式がこれに含まれると考えられている。こうした，個人や集団にとって異質と感じられるような要素は文化や時代によって異なり，今日の

学校文化では「KY」や「ジコチュー」などが影とみなされるのであろう。影は誰しもがもっているが、それが否定的で異質と受けとめられるがゆえに、人はその存在を認めることをできるだけ避けようとする。そこで用いられるのが、自分の影を他者に投げかけ、影を背負わされた個人や集団を非難して攻撃することで心の安定を得ようとする影の投影という心理機制である。ここで注意しなければならないのは、投影に際し、個人的な影は人類が共通に影とみなして排斥する普遍的影にまで拡大されやすく、影を背負わされた対象を絶対的な悪として拒否しがちになるという点である。こうなると、非難や攻撃の正当性が増幅されてしまい、陰湿ないじめが長期にわたって繰り返されることにもつながってしまう。

　d　いじめの集団化　　今日のいじめは学級集団全体を巻き込んだものが多く、とくに中学校ではその傾向が顕著であるとされている。図5-1に示すように、いじめの集団化では学級に被害者、加害者ばかりでなく、それをとりまく観衆や傍観者を含む4層構造がみられるようになる。観衆とは自らは手を下さないが、いじめをはやし立ておもしろがって見ている層（積極的是認）で、傍観者は自分に害が及ぶのを恐れ、見てみぬふりをしている層（暗黙的支持）である。図に示されているように、傍観者のなかから仲裁者が現れ、いじめの抑止につながるような否定的反作用がみられることが期待されるが、立場の入れ替わりなどによって自分に害が及ぶのを恐れることから、実際には歯止めにはならないことが多いとされている。

　さらに、森田（1985）や正高（1998）は、学級内の傍観者の数といじめ被害の発生件数には相関がみられ、傍観者が多いほどいじめは起きやすいことを指摘している。また、日本とイギリス、オランダの小学5年生から中学3年生を対象とした国際比較では、傍観者の出現率は学年が進むにつれてどの国も増加するが、イギリスとオランダでは

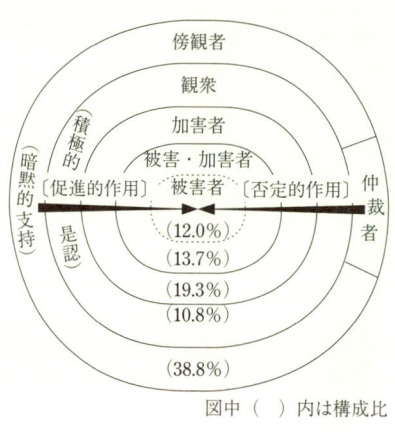

図5-1　いじめの4層構造
（森田・清水，1986）

図中（　）内は構成比

傍観者　(38.8%)
観衆　(10.8%)
加害者　(19.3%)
被害・加害者　(13.7%)
被害者　(12.0%)
〔促進的作用〕〔否定的作用〕
（暗黙的支持）（積極的是認）仲裁者

中学生になると減少傾向が認められる一方、日本では直線的に増加し、中学3年生になるとその比率が6割を超えることが報告されている。こうしたことからも、日本の場合には加害者への厳しい対応もさることながら、傍観者にどう働きかけるか、傍観者を仲裁者に変えることができるかどうかが、いじめの抑止に向けての大きな鍵となる。

　e　いじめへの対応　「児童生徒の問題行動等に関する調査研究協力者会議」(1996)は、いじめ問題に取り組むに当たっての基本的認識として、①「弱い者をいじめることは人間として絶対に許されない」との強い認識に立つこと、②いじめられている子どもの立場に立った親身の指導を行うこと、③いじめは家庭教育のあり方に大きなかかわりを有していること、④いじめの問題は、教師の児童生徒観や指導のあり方が問われる問題であること、⑤家庭、学校、地域社会などすべての関係者がそれぞれの役割を果たし、一体となって真剣に取り組むことが必要であること、をあげている。

　こうしたことからも、加害者に対しては、いじめの非人間性や、それが人権を侵す行為であることに気づかせるとともに、他者の痛みを理解できるように指導することが必要となる。また、被害者に対しては、そのことばに徹底的に耳を傾け、心の痛みを共感する姿勢が強く求められている。理解者の存在は被害者の気持ちを安定させ、いじめへの抵抗力や対抗力を引き出すことにもつながる。さらに、いじめの集団化の問題からすれば、観衆や傍観者に対しても、そうした姿勢や態度は本質的には加害者と同じであるということに気づかせるような指導も必要となる。今日のいじめについて、その陰湿さや非行との接点、傍観者の役割等を考えると、学校だけで対処することは難しく、その解決には家庭や地域社会との連携・協力が不可欠である。いじめはどこにでもみられる現象であり、いつ起こっても不思議ではないとの認識に立ち、これを学級や学校の問題として囲い込むことなく、学校、家庭、地域社会が一体となって取り組むことが、問題解決に向けての第一歩である。

2　不登校

　a　不登校の定義と現状　文科省は、「不登校（non-attendance at school）」を「何らかの心理的、情緒的、身体的、あるいは社会的要因・背景により、児

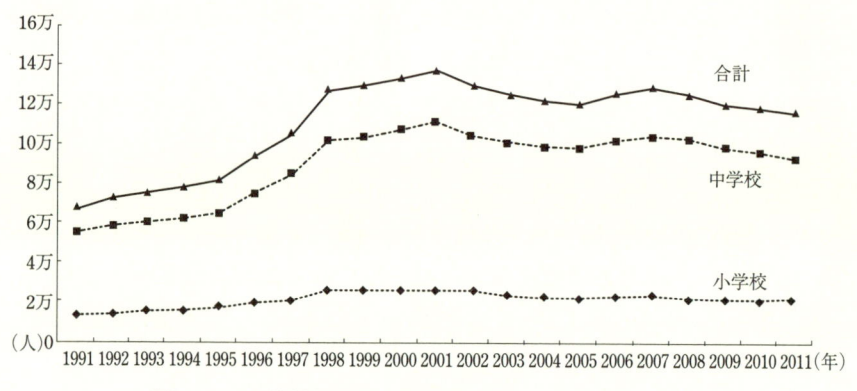

図 5-2　不登校児童・生徒数の推移（文部科学省，2012）

童生徒が登校しない，あるいはしたくともできない状況にあること（ただし，病気や経済的な理由によるものを除く）」と定義し，毎年全国の小・中・高等学校を対象にその実数について調査を行っている（図 5-2）。不登校児童・生徒数は 2001（平成 13）年度をピークに漸減傾向が認められるが，近年でも小・中学校を合わせて 11 万人台の後半であり，調査が開始された 1966（昭和 41）年度の 1 万 6716 人（小学校 4430 人，中学校 1 万 2286 人）に比べると，その数は 7 倍を超えている。2011（平成 23）年度に年間 30 日以上欠席した児童・生徒数は，前年度に比べて若干の減少傾向がみられるものの，小・中学校（中等教育学校前期課程を含む）を合わせて 11 万 7458 人（小学校 2 万 2622 人，中学校 9 万 4836 人）となり，小学校では 304 人に 1 人，中学校では 38 人に 1 人の割合となる。また，高等学校については 2004（平成 16）年度から調査が始まったが，2011 年度は 5 万 6292 人という結果が報告されている。

　教育の場での効果的な対応を図るという観点から，文科省（1988 年，当時は文部省）は不登校児童・生徒を類型化し，表 5-3 のように分類を行っている。これは，教育の場での判定に主眼が置かれたもので，精神疾患の初期症状としての不登校などを含む従来の精神医学的観点からの分類とは異なっている。また不登校の定義が，学校へ行けない，あるいは行かない状態を基準としたものであるため，この分類には怠学系（遊び・非行型）の不登校や意図的な拒否のタイプも含まれている。

表 5-3 不登校の態様区分（文部科学省，2012 より作成）

区分	区分の説明
学校生活に起因する型	いやがらせをする生徒の存在や，教師との人間関係等，明らかにそれと理解できる学校生活上の原因から登校せず，その原因を除去することが指導の中心となると考えられる型。
遊び・非行型	遊ぶために非行グループに入るなどして登校しない型。
無気力型	無気力で何となく登校しない型。登校しないことへの罪悪感が少なく，迎えに行ったり強く催促したりすると登校するが長続きしない。
不安など情緒的混乱の型	登校の意志はあるが身体の不調を訴え登校できない，漠然とした不安を訴え登校しない等，不安を中心とした情緒的な混乱によって登校しない型。
複合型	登校拒否の態様が複合していていずれが主であるかを決めがたい型。
意図的な拒否の型	学校に行く意義を認めず，自分の好きな方向を選んで登校しない型。
その他	上記のいずれにも該当しない型。

b 不登校に関する用語の変遷　ここで，不登校に関する用語の移り変わりについてみていくことにしたい。この問題が最初に注目されたのはアメリカとされる。1932 年にブロードウィン（Broadwin, I.T.）は，怠学（truancy）が主流であった当時の不登校のなかに，それとは異なる神経症的タイプがみられることを学会誌上で公表しているが，これが明確な問題意識のもとに書かれた不登校に関する最初の報告であったとされている。その後，ジョンソン（Johnson, A.M., 1941）らが，「分離不安（separation anxiety）」を基調とした不安や恐怖のために登校することのできない子どもたちについて，「学校恐怖症（school phobia）」という名称で報告を行っている。しかし，こうした子どもたちを恐怖症という，いわゆる神経症のカテゴリーでとらえることには当初から異論もみられたことや，分離不安は母親と離れることへの不安であって，学校自体が不安や恐怖の対象ではないということなどから，こうした名称への疑問もみられるようになり，やがて「登校拒否（school refusal）」という用語が使われるようになっていく。就学への義務感や不登校への罪悪感がみられるにもかかわらず，登校できない状態を登校拒否とよぶことには問題が残るようにも思われるが，もともと「refusal」という原語には「障害を前に立ちすくむ」という意味が含まれるとされている（藤岡，2005）。

日本で不登校の問題が注目され始めたのは，1950 年代の後半である。それまで怠学としての認識しかもたれていなかったものが，強い不安や恐怖のため

に学校に行くことができない児童や生徒に対して，欧米で用いられていた学校恐怖症という名称で，その症状や成因などについて関心が向けられるようになった。その後，欧米での用語の移り変わりにともなって登校拒否という名称が用いられ，1970年代には登校拒否症，神経症的登校拒否という用語が広く使用されるようになっていく。さらに，1980年代になると，数的増加や多様化によって従来の概念ではとらえきれない事例が数多くみられるようになるが，それらを含めて登校拒否としてまとめられることが多く，本来の概念自体が曖昧になっていった。そこで1980年代後半から，広く学校に行けない，あるいは行かない状態をさす用語として不登校が用いられるようになり，1998（平成10）年度からは文科省（当時は文部省）の学校基本調査においても不登校に名称変更がなされたこともあって，現在では一般にこの用語が使用されている。

c 不登校の心理機制　不登校の心理機制についてはいくつかの成因論がみられるが，ここでは代表的なものとして，「分離不安説」と「自己像説」を中心にみていくことにしたい。なお，ここでいう不登校とは，文科省の類型にみられる「不安など情緒的混乱の型」（従来の登校拒否）のことである。

「分離不安説」はジョンソンやアイゼンバーグ（Eisenberg, L., 1958）らによって唱えられたもので，母親との分離不安をその成因とするものである。要約すれば，まず不安が強く両価的傾向をもった母親によって過保護─過依存的な母子関係が作られる。こうした子どもの過依存的態度は母親の自由を束縛することになり，結果的に子どもに対する意識下の敵意が生まれる。一般に，こうした敵意は受け入れがたく，その代償または罪責感から，母親はいっそう過保護的態度をつのらせていくことになる。こうした母子関係を背景に，学校での出来事が引き金となって不安が生じると，母親からの安定した支持が得られないことから，子どもの不安はさらに増幅されるが，それがまた母親の不安を煽ることになり，子どもに対する無意識のかかえこみが生じる。こうしたかかえこみの結果として子どもは不登校に陥るとするのである。

不登校が分離不安と関連の深い幼年期に限らないことや，対象が学校に限定されており，生活の全域でみられるわけではないことなどへの疑問から，レーベンタールとシルズ（Leventhal, T. & Sills, M., 1964）によって提唱されたのが「自己像説」である。親の過剰期待，過剰評価によって，不登校に陥る子ど

もは自分を過大評価し，非現実的な「自己像（self-image）」をもつようになる。しかし，現実の学校状況ではそうした自己像を維持することは難しいことも多い。たとえば，学習面での失敗や人間関係でのトラブルが原因で自己像が脅威にさらされると，自己愛的に非現実的な自己像を維持しようとして，学校から退避し，許容的な家へ閉じこもるようになると考える説である。

これと類似した考え方に，鑪（1963）の自己理論からの仮説がある。ロジャーズ（Rogers, C.R.）の提唱した自己理論では，不適応は自己の経験間の不一致が原因であると考えられている。不登校の子どもたちは，学校での諸経験を「自己概念（self-concept）」にとっては受け入れがたいものとして体験しており，そうした経験間の不一致を回避するという意味で登校を拒否するようになるとする説である。このほかに，不登校を「思春期内閉症候群（juvenile seclusion syndrome）」として，その特徴である内閉（自閉とは区別される）に積極的意味を見出そうとする山中（1978）の視点も，この問題を考えるうえで示唆に富むものである。

　d　不登校の経過と予後　　不登校は学校に行けない，あるいは行かない状態をさす用語であることから，その範疇に含まれるものは多様であり，経過や予後，援助のあり方もひとくくりにできないのが現状である。また，発症年齢によっても違いがみられ，小学校低学年では比較的早期に学校復帰が可能とされるが，中学生以降になると2〜3年，場合によってはそれ以上の時間を要することもまれではない。比較的長期にわたる不登校（この場合は登校拒否）の回復までの経過は，佐藤・黒田（1994）によって表5-4のようにまとめられている。

　その予後についても関心は高く，内外において数多くの調査がなされてきた。齊藤（1999）は日本での主要な予後調査をまとめ，不登校の半数以上（7割強程度）は社会的に良好な適応を示すようになるが，一部（2割強程度）には社会的適応の難しい不安定な状態にとどまるものがいるとしている。また，現代教育研究会（2001）が，1993（平成5）年に中学3年生で年間30日以上欠席した2万5992人全員を対象に，20歳時点での現状とそれまでの経過を追跡した悉皆調査でも，20歳時の不就労・不就学率は22.8％であり，齊藤の報告と近似した結果となっている。

表 5-4 登校拒否の回復過程 (佐藤・黒田, 1994)

	期	段階	状態
初期	I期	身体的愁訴の段階	子どもが頭痛や腹痛など,からだの不調を訴えている時期で,身体の調子が悪いと親も子どもも思い,まだ登校拒否の始まりと気づいていません。
	II期	不登校の合理化の段階	親や医師が,子どものからだの不調は,心理的なものからきていると思い始めて,不登校を疑います。子どもは学校について不満を述べ,学校に行けない責任は学校や友だちなどにあると言います。
中期	III期	不安,動揺の段階	子どもの言うことは言い逃れだと,親は子どもを責め,登校を求めます。家庭のなかに登校をめぐって緊張感がみなぎります。それにつれて子どもは情緒的に落ち着きをなくします。この時期に,親は援助を求めて病院や専門機関を訪れますし,家庭内暴力も起き始めることもあります。
	IV期	絶望,閉じこもりの段階	おどしたり,すかしたり,哀願したり,いろいろ試みても,事態は解決しないで悪化します。親も子も絶望感を覚えます。しかし,親はあきらめきれないで,子どもの具合のよいときをみはからって登校を促しますが,子どもは落ち着かず,家庭内暴力が続くこともあります。この時期には,子どもの部屋から学生服や教科書など学校に関係する物品が姿を消してしまいます。子どもの部屋は乱れます。そして,子どもは外に出ないで自宅に閉じこもり始めます。閉じこもりは2~3年間も続くことがあります。
	V期	あきらめ・自己探索の段階	絶望の時期を通りすぎて,親はあわててもしかたがない,1~2年休むのもよい,長い人生だと覚悟を決めると,家庭内の緊張がしだいになくなります。一方,子どもは好きなこと,たとえば,ファミコン,TVの視聴,小動物の飼育に熱中しながらも過去の自分を振り返りはじめ,「どうしてこんなことになったのか」と考えだします。
後期	VI期	回復の段階	子どもは,また一段と生活のなかで落ち着きを見せ始め,親やきょうだいが学校について触れても嫌がらず,ときには,その話に乗ってきます。乱れていた日常生活——起床,就寝時間,食事,室内の掃除,頭髪の手入れ,服の着脱——に活気とけじめが戻ってきます。隠していた学生服,本,ノートなどが少しずつ部屋のなかに姿をあらわすようになります。
	VII期	学校復帰の段階	4月,9月,1月などの学期始めや,修学旅行などの学校行事をきっかけに専門機関や学校のもとに復帰します。行ったり休んだりの散発的な登校からしだいに出席日数が増え,そして,完全に学校に復帰します。
	VIII期	完全な回復の段階	完全に不登校から脱して,健全な生活をするようになります。親も子どもも学校へ行けなくなるかもしれないという不安から解放されます。

　e　**不登校への対応**　かかわりや援助のあり方も,不登校のタイプ,発症年齢,経過の段階,援助者の立場などによって異なり一様ではない。従来の登校拒否では,親や周囲の過剰期待や過剰評価によって挫折に追い込まれた,就学への義務感や不登校への罪悪感が強い「優等生息切れ型」とよばれるタイプが典型とされてきた。ところが,近年では怠学と区別のつきにくい無気力型の増加が指摘されている。こうしたタイプではただ休ませるばかりでなく,周囲(たとえば担任教師)の積極的なかかわりが回復を促すことも報告されている。いずれにせよ,不登校の問題は教師のかかわりだけでは解決が難しく,家

庭やスクール・カウンセラー，スクール・ソーシャルワーカー，専門機関（児童相談所，教育相談機関等）との連携はもとより，近年基礎教育の学び直しや社会性の発達を促すための「中間的な居場所」として注目されている適応指導教室の活用などを視野に入れた総合的な支援が求められている。

3 非行

a 非行と少年法の改正 未成年が法律にふれるような反社会的，反道徳的行為をしたとき，成人の場合の犯罪と区別して「非行（delinquency）」または「少年非行」（法律的には男女を含める）とよんでいる。少年法では非行少年を，①犯罪少年（罪を犯した少年），②触法少年（14歳に満たないで刑罰法令にふれる行為をした少年），③虞犯(ぐはん)少年（その性格または環境に照らして，将来，罪を犯し，または刑罰法令にふれる行為をする虞(おそれ)のある少年）の3種類に区別し，これらの少年が家庭裁判所の審判に付されると規定している。日本の場合，刑法では刑事責任年齢が14歳以上と定められていることから，14歳未満の場合は罪を犯すのではなく，法にふれる行為をしたと解釈され，まずは児童相談所で処遇を受けることになる。

通常，未成年の場合には健全育成や更生・改善という観点から，成人と違って家庭裁判所で審判を受けるのが一般的であるが，少年法の改正により2001（平成13）年4月からは，14歳以上の犯罪少年のうち重大な犯罪を行った者は，家庭裁判所から検察庁へ送致し，成人と同じく地方裁判所で裁くことができるようになった。また，16歳以上の少年が故意の犯罪で被害者を死亡させた場合，原則として地方裁判所で裁かれるというように変更がなされた。これは，1990年代後半にみられた「少年犯罪の増加と凶悪化」という言説とそれに賛同する世論を背景に，既存の少年法では十分に対処できないということからの改正であったとされるが，こうした厳罰化の方向での改正には，事実認識などの問題から批判もみられている。

b 戦後の少年非行の変遷 ここで，少年法改正の背景とされる事実認識の問題を含め，戦後の少年非行の変遷についてみていくことにしたい（図5-3）。松本（1985）は，少年非行の特徴と社会変動に関する指標から，戦後を3つの時代に分けてその特徴をとらえている。第Ⅰ期は「戦後混乱―復興期」と

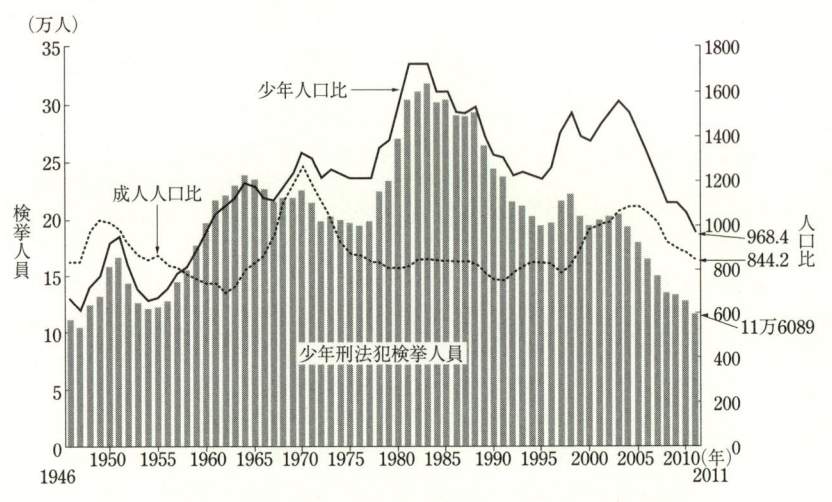

図5-3 少年刑法犯の検挙人員および人口比の推移
(法務省法務総合研究所, 2012より作成)

よばれ, 1945 (昭和20) 年から1959 (昭和34) 年までをさしている。1951 (昭和26) 年には, 検挙人数, 人口比 (10歳以上20歳未満の少年人口1000人当たりの検挙人数の比率) ともに急増した第一のピークがみられ, その内容をみると, 戦後の混乱と貧困のなかで生きていくためになされた窃盗や強盗などが多く, 年齢層は18歳, 19歳の年長少年が中心であったとされている。第Ⅱ期は「高度経済成長期」とよばれ, 1964 (昭和39) 年の第二のピークを挟んだ1960 (昭和35) 年から1972 (昭和47) 年までをいう。第Ⅱ期は, 戦後の混乱が収まり物質的に豊かになりつつある時代に, そうした社会変化から取り残された少年たちが起こした暴行, 傷害, 恐喝などの暴力的非行の増加が特徴とされ, 非行の中心層も16歳, 17歳といった中間少年へと移っていった。第Ⅲ期は1973 (昭和48) 年以降であり, 1983 (昭和58) 年には第三のピークを迎えることになる。非行の内容は万引, 自転車・バイクの窃盗などの初発型, 遊び型非行の占める割合が増大し, 家庭状況も中流以上が8割を超えたことから, この時期に非行の一般化が指摘されるようになった。また, 女子非行も増加し, 1983 (昭和58) 年には全体の20%に達しているのも特徴的である。非行の年齢層に関してもさらに低年齢化が進み, この時期には14歳, 15歳の年少少年がその

中心層を形成している。

　しかし，こうした解釈の基礎とされている公式統計は，そのときどきでの取り締まりの方針などの変化によって結果が大きく左右されることや，部分的で短期的な統計資料にもとづいて非行の現状やその解釈が公表されていることなど，注意すべき点も多いとされている。たとえば，1983（昭和58）年の第三のピークでは，「少年非行戦後最悪」という論調で新聞報道がなされたが，その大半は万引，自転車盗を中心とした窃盗であり，凶悪犯とされる殺人に関して年間検挙人数は50人とされ，戦後もっとも多かった1951年と1961年の年間448人に比べると激減しているのである（鮎川，2001）。また，広田（2001）は，「青少年の凶悪化」に関して，強盗，殺人などの凶悪犯や，暴行，傷害，脅迫，恐喝，凶器準備集合といった粗暴犯は減少しているにもかかわらず，成人の凶悪犯や粗暴犯が著しく減っていることから，成人と比べた場合に少年の比率が高まっているようにみえるが，公表や報道ではこうした事実にはふれられずに，少年の比率の高さだけが強調されすぎる点などを指摘し，「青少年の凶悪化」に疑問を投げかけている。

　c　非行への対応　　ここで非行傾向をもつ子どもへの教師の対応について考えてみたい。長年にわたって非行臨床に携わってきた萩原（2000）は，非行少年の立ち直りに必要なものとして，「愛着（attachment）」と「よい自己イメージの形成」の2点をあげている。ここでいう愛着とは，犯罪心理学者のハーシー（Hirschi, T.）がボンド理論のなかで提唱した抑止要因の1つで，「身近な人間に対していだく愛情や尊敬の念によって作られる絆」を意味している。この絆が多ければ多いほど，またその強度が強ければ強いほど非行は抑制されると考えられるが，非行少年の場合にはそうした絆が欠けている場合が多いとされる。

　また，非行少年の多くが自信や自尊感情をもつことができず，自分を否定的にしかとらえられていないことから，他者からの承認などの経験を通じて自分のよさに気づき，肯定的な自己イメージをもつように支援することが重要であるとしている。こうしたことからも，ことの善悪を身をもって伝え，要求すべきことはひるむことなく要求することはもちろんのこと，周囲との人間関係において他者や自分を大切に思うことができるような愛着の形成と，否定的な自

己イメージからの脱却を視野に入れた支援のあり方が求められる。いずれにせよ，彼らに対して，可能性を信じてかかわり続けるという信念と，そうした信念にもとづく親身のかかわりが，まず教師に求められているといえよう。

引用・参考文献

Olweus, D. 1993. *Bullying at school: What we know and what we can do.* Blackwell. オルウェーズ, D. (著) 松井賚夫・角山 剛・都築幸恵 (訳) (1995) 『いじめ：こうすれば防げる――ノルウェーにおける成功例』川島書店

鮎川 潤 (2001) 『少年犯罪――ほんとうに多発化・凶悪化しているのか』平凡社

稲村 博 (1994) 『不登校の研究』新曜社

乾原 正・中山信夫・西川隆蔵・善明宣夫・中澤 清・内野悌司 (1998) 『パーソナリティ・プロファイル』八千代出版

加藤正明・笠原 嘉・小此木啓吾・保崎秀夫・宮本忠雄 (編) (1993) 『新版 精神医学事典』弘文堂

河合隼雄 (1976) 『影の現象学』思索社

小林正幸 (2003) 『不登校児の理解と支援――問題解決と予防のコツ』金剛出版

齋藤万比古 (1999) 「不登校だった子どもたちのその後」『こころの科学』87 日本評論社

佐藤修策・黒田健次 (1994) 『あらためて登校拒否への教育的支援を考える』北大路書房

善明宣夫 (2005) 「不登校・いじめ」大石史博・西川隆蔵・中村義行 (編) 『発達臨床心理学ハンドブック』ナカニシヤ出版

鑪 幹八郎 (1963) 「学校恐怖症の研究 (Ⅰ) ――症状形成に関する分析的考察」日本児童青年精神医学会 (編) 『児童精神医学とその近接領域』4 日本児童青年精神医学会

萩原惠三 (編) (2000) 『現代の少年非行――理解と援助のために』大日本図書

広田照幸 (2001) 『教育言説の歴史社会学』名古屋大学出版会

藤岡孝志 (2005) 『不登校臨床の心理学』誠信書房

法務省法務総合研究所 (2012) 『犯罪白書 平成24年版』日経印刷

正高信男 (1998) 『いじめを許す心理』岩波書店

松本良夫 (1985) 「少年非行・戦後四〇年の変遷」青少年福祉センター・矯正福祉会 (編) 『犯罪と非行』65 日立みらい財団

森田洋司 (編著) (2003) 『不登校―その後――不登校経験者が語る心理と行動の軌跡』教育開発研究所

森田洋司 (2010) 『いじめとは何か――教室の問題、社会の問題』中央公論新社

森田洋司・清水賢二 (1986) 『いじめ――教室の病い』金子書房

山中康裕 (1978) 「思春期内閉――治療実践よりみた内閉神経症 (いわゆる学校恐怖症) の精神病理」中井久夫・山中康裕 (編) 『思春期の精神病理と治療』岩崎学術出版

コラム

教師ストレスとメンタルヘルス

　このコラムでは，教師の適応や心の健康について考えてみたい。日本に限らず多くの国では，教師はストレスの高い職業の代名詞とされている。教師の精神疾患による休職者の推移をみると，近年増加の一途をたどっており，こうしたことの背景には，教師をめぐる仕事上のストレスの高さが指摘されている。

　佐藤（1994）は教職の特徴として，①再帰性，②不確実性，③無境界性の3点をあげている。教師には児童や生徒に規範や道徳などさまざまな価値を伝えることが求められている。そうした公的要請に沿ってなされる児童や生徒，場合によっては保護者や同僚に対してなされる発言は，「自分はどうなのか」という問いかけとして自らに舞い戻ってくるが，これが「再帰性」の意味である。「不確実性」とは，これが正しいとするマニュアルがないことである。たとえば，授業を例にとってみても，ある教室でうまくいったやり方が，別の教室でうまくいくとは限らない。そこには，生徒集団，学級風土，1日のうちの時間帯，その日に起こった学級内での事件など，複雑な要因が絡んでくる。また，「無境界性」とは，職域と責任の境界が曖昧で，どこまでやればいいのかが不明確という点である。

　こうした教師の仕事の特徴は，役割葛藤や役割の曖昧さなどの役割ストレスを生み出しやすいとされている。こうした役割ストレスに，近年指摘される生徒の多様化や保護者の変化などが加われば，教師ストレスはさらに増幅され，教師を精神的に追い込むことにもなりかねない。教師ストレスをうまく乗り越え，健康であるためには，ソーシャルサポートを共有できるような，支持的で協力的な環境作りを自ら実践することが求められている。

佐藤　学（1994）「教師文化の構造──教育実践研究の立場から」稲垣忠彦・久冨善之
　　（編）『日本の教師文化』東京大学出版会

第 6 章
教育相談──学校での心理臨床活動

はじめに

今日，学校では，いじめ，いじめによる自殺，学級崩壊，学校内での破壊的・攻撃的な行動，反社会的行動，非行，無気力や引きこもり，高校生の中途退学など，種々さまざまな課題や問題をもつ生徒が増加している。

こうした何らかの課題や問題をもって不適応に陥っている生徒に適切にかかわり，指導をするとともに，一人ひとりの生徒が人として積極的・意欲的に学校生活を送り，心理的に健康に成長できるように働きかけるという学校教育の役割を考えると，学校での教育相談活動の意義は非常に大きなものになっているといえる。学校での教育相談は，教師が学校で行う教育実践として位置づけられるものであるが，本章では学校教育相談活動の基本ともいえる問題行動の理解や解決に向けての対処，アプローチについての基本的考え方を概観することにする。

第1節　学校教育相談とは

1　学校教育相談の成り立ち

教師はまず何よりも教科を教える専門家であることが期待される。しかし，生徒をとりまく社会や家庭環境の変化は，生徒個々の学校生活にも影響を及ぼしており，不適応に陥ったり問題行動を示したりする生徒も増加している現状では，すべての生徒が人として心理的により健康に成長できるように指導や援助をすることが求められるようになっている。このような背景から，学校での教職員による教育相談活動が盛んに展開されるようになってきた。

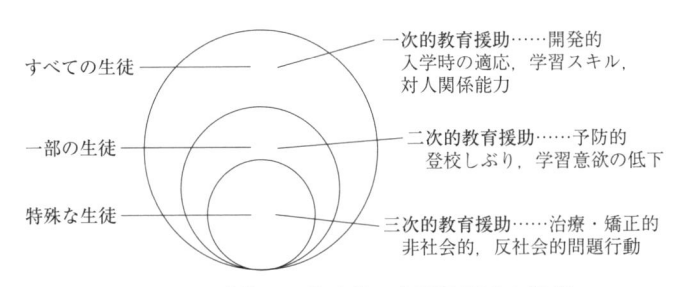

```
すべての生徒 ──┐        ┌── 一次的教育援助……開発的
               │        │     入学時の適応, 学習スキル,
               │        │     対人関係能力
一部の生徒 ────┤        ├── 二次的教育援助……予防的
               │        │     登校しぶり, 学習意欲の低下
特殊な生徒 ────┘        └── 三次的教育援助……治療・矯正的
                              非社会的, 反社会的問題行動
```

図6-1　学校での教育的・心理的援助の諸相

　学校教育相談は，生徒が生きがいをもって日々の生活を送り，将来を担う1人の社会人として成長できるように指導や援助を行う教育実践であるが，図6-1に示すように，学校での教育的・心理的援助活動の守備範囲は広く，とくに不適応をきたす児童・生徒を援助するために，心理療法，カウンセリングの理論や技法，あるいはパーソナリティの発達や不適応に関する理論，人間観を取り入れようとしてきた。

　学校で教育相談活動が始められた頃は，カウンセリングをそのまま学校で実践しようとする動きもあったが，それは学校での教育実践からは遊離したものとなってしまい，その結果，学校という場，教師という立場や役割が十分に活かされることがなく，期待された成果が出ないことも多かった。そのために，教師間に対立や混乱が生じることもあり，学校教育相談としては定着しなかった。このようなことから，学校教育相談は，教師がカウンセラーになるのではなく，あくまでも教師が行う教育実践として位置づけられ展開されるようになった。

2　教育相談とカウンセリング

　学校での教育相談は，これまで不適応問題や精神病理への心理学的援助の方法としてのカウンセリングを学校現場で活かそうとしてきた。このためにしばしば学校教育相談は学校カウンセリング，教育相談を担当する教師は教師カウンセラーとよばれてきた。しかし教育相談活動とは，教師がカウンセラーとして，学校でカウンセリングを実践することではない。

　教育もカウンセリングもともに，児童・生徒が心理的に健康に成長できるよ

表6-1 教育とカウンセリングの主な違い（一丸・菅野，2002を修正）

	教育	カウンセリング
役割	教科を教えることによる知識の習得の援助と成績の評価が求められる。校則違反，逸脱行動，不適切な言動を指導し，必要に応じて処罰をする。	価値観にとらわれず，自由で中立的な立場から，クライエントを共感的に理解し，受容することに専念し，パーソナリティの成長を援助する。クライエントを評価したり，処罰することはない。
関係の特徴	それぞれに相手を選ぶ自由がなく，一定期間はその関係を絶つことができない（小学校では6年間，中学校，高等学校では3年以上の関係をもつことができない）。教師1人と複数の生徒との関係。	カウンセラーとクライエント相互の自由意志にもとづく関係であり，いつでも解消できるし，期限が限定されていない。またカウンセラーとクライエントは，1対1の関係。
場の特徴	学級，校内，校外，家庭といった開かれた時間の限定されていない場。	面接室や遊技療法室という決まった場で，時間も両者の合意によってあらかじめ決められた閉じられた場。
対象	大多数がほぼ健康な生徒	何らかの問題行動や不適応に陥っているクライエント

うに援助，指導するということでは目標は共通しているが，表6-1に示すように，その役割，両者の関係，実践される場，対象といったことに根本的な違いがある。その違いを認識しておくことは学校内外の職員，専門家との連携をはかっていくうえで大切である。

3 生徒指導と教育相談

　学校現場では，生徒指導の立場から，教育相談活動が生徒を甘やかすだけだという批判がなされたり，生徒指導とのあいだに対立が生じたりすることもあった。生徒が校則違反をしたり，社会的な決まりを守らなかったり，逸脱行動や不適切な言動などがあった場合，教師は生徒に注意や指導を行い，時には処罰しなければならないことはいうまでもない。一般的にこのような役割を，生徒指導とよんできたが，このような活動は表6-2に示すように，その役割や対応において教育相談とは相容れない対立的側面をもつものである。教育相談は個別的な働きかけを中心として，生徒理解を重視するし，その対応では共感，受容といった母性的機能が大切になる場合もある。それに対して生徒指導は善悪を教え，不適切な行動は制限し，必要ならば処罰するという父性的機能が欠かせない。しかし，生徒が健康に成長するためには，母性的機能と父性的機能の両者が必要であり，2つの機能は対立や矛盾をかかえてはいるけれども，

表6-2 生徒指導と教育相談の比較（菅野, 1995に加筆修正）

	生徒指導	教育相談
役割	しつけ不十分な子，人の迷惑がわからない子など，いわゆる社会的行動の未学習な生徒に現実原則にもとづく行動のあり方を教えていく。教師は，生徒の校則違反や約束違反，逸脱行為，不適切な言葉遣いなどを軽視せず，それらへの指導をとおして，生徒の人格の育成をはかるべきだと考える。	緊張や不安の強い子など，心理的不適応問題をかかえる子ども，生徒への心理的援助活動を行う。子どもの表面的な行動にとらわれることなく，背景にあるその子の資質や生育歴，家庭環境などを把握し問題行動の意味（そうならざるをえなかったのはなぜか？など）を明らかにしていく「生徒理解」を重視する。
対象	全校生徒を対象とする。個々の生徒への取り組みばかりでなく，生徒集団を対象とした指導を行う。	特殊な問題をもつ生徒を対象とする個別的な働きかけが中心である。
対応	緊急な問題へ迅速に対処する。即効性を求める。指導の際には，教師側のチームワークや結束を必要とする。地域社会との連携を重視する。	「人は頭でわかっていても，行動に移せないことがある」ことをふまえ，注意や説教といった働きかけよりも，自己洞察や自己成長が生徒の内面からわき起こるような働きかけを心がける。表面的行動の解決にとどまらず，その子の資質や生育歴，家庭状況などからくる固有の問題に取り組もうとするため，時間がかかることが多い。生徒（保護者）と相談担当者の2者関係で進めることが多い。

相互が補い合い，統合されねばならないものなのである（表6-2）。

4 児童・生徒との信頼関係の構築

　現代は学校，教師が一つひとつの教育実践の「質」，一人ひとりの生徒に対する働きかけの質をとおして，保護者の支持を得て，信頼関係をつくっていかなければならない時代である。また学校は先に述べたようにカウンセリングといった専門的な相談機能をもたない組織である以上，さまざまな不適応問題への対応を求められても，そこでの対応にさまざまな危惧が生じることはいうまでもない。

　しかし，その対応のありようは専門家の活動たるものである必要はなく，大切なのは日頃の教育実践のなかで培われている「児童・生徒，あるいは家庭との関係」の見直しである。児童・生徒の個の尊重という新しい教育テーマが掲げられ，個を尊重するためには，一人ひとりの子どもの保護者との連携を密にする必要がある。保護者の協力なしには，学校という集団のなかでは，「個の尊重」もありえないし，また親・家庭は生徒の問題解決のための重要な資源

ともいえる。

　ただ，教師が陥りやすい問題は，児童・生徒やその保護者との信頼関係はすでにできているから，相談関係も容易に形成できると考えてしまうことである。自分が担任するクラスの児童・生徒であっても，相談を行うための関係と日常的な学校生活での信頼関係は，類似しながらも基本的に異なるところがあり，相談活動の効果が上がらないとき，その大きな要因として，相談にふさわしい関係が成立していないことへの認識が乏しいということがある。先に述べたカウンセリングであれ，教育相談であれ，いずれの方法論であっても，その方法を最大限に効果的にするための前提が信頼関係の成立である。具体的な方法がどのように有効なものであったとしても，その方法が効果的になるためには，基本的な信頼関係を形成する努力が最優先される（吉川，1998）。

第2節　学校教育相談の担い手

1　担任による教育相談

　a　問題の早期発見と対応　　不登校，神経症的問題，非行，傷害事件など，今日，指導や援助が必要な生徒は，急激に増加してきており，こうした生徒への指導や対応が求められるようになってきている。また児童期・青年期にある生徒は，心身の両面において急激な成長変化の時期にあるので，学校や家庭での生活に適応している生徒であっても一時的な悩みや葛藤をもつものである。担任は，こうした生徒への援助をもっとも適切に行える立場にあり，児童・生徒の問題に早く気がつき，適切な対応をすることは，担任にしかできない学校教育相談の重要な役割である。また，同年齢の生徒で構成された学級を受け持っていることからすると，その年齢で期待される平均的な行動や成長のスタンダードから，生徒の状態を理解する力が必要であるし，また「学校鍼黙（かんもく）」のように，学級という集団において顕在化することの多い問題行動や不適応に対して，実際にどのように指導や援助を進めていけばよいのかといったことについて学んでいかなければならない。

　b　相談内容による限界設定　　担任として相談にあたる場合は，課題や問題をもったすべての生徒へ対応ができるわけではないことを自覚しておかなけ

ればならない。担任としての立場や役割から、不適応に陥っている生徒や問題行動のある生徒への個別的な指導や援助は非常に限られている。担任が自分で対応できるかどうかは、「長く続けられるかどうか」、また「腹の底から（その生徒が）わかるかどうか」ということから判断すべきであり、「『やれないこと』を本当に自分で受け入れることができるかどうか」と、自分の限界を知っていることが大切である（桑原，1999）。不適応や問題行動をもつ生徒のなかには、精神科医や小児科医、スクール・カウンセラー、臨床心理士といった学内や学外の専門家による治療やカウンセリングが必要な者も少なくない。しかし、そのような生徒もクラスの一員であり、主な生活の場は学校にあるので、教師はこうした専門家と連携しながら学校での教育に責任をもって当たらなければならない。

c 保護者への対応　子どもは、家族関係、親子のコミュニケーションのありように強く影響されるので、保護者への対応は重要な役割を果たしている。その際、担任は、まず保護者のそれまでの努力を労うことが大切である。担任からすれば保護者の養育がどのように不適切なものに思われようとも、保護者にすれば精一杯の努力をしてきたものかもしれないし、自分の子どもの問題に対して少なからず責任、罪責感を感じているものである。担任は、数年間という期間の限定されたかかわりであるが、親と子どものかかわりは一生続くものであること、そのためにも担任は保護者の意向や決定を尊重することが求められる。

d 活動の振り返りと引き継ぎ　通常、担任期間には限定があるため、教育相談活動の成果が出ないまま担任期間の終わりを迎えたり、時には無力感に陥ることもある。たとえば不登校の生徒へ熱心にかかわっても、再登校には至らず、担任を替わらなければならないこともある。そのような場合に、再登校できたかどうかだけにこだわらず、登校できなかったとしても、明るくなった、外出するようになった、熱中するものができたといったように、その生徒の生活全体をながめて細かな変化に目を向けることが大切である。次の担任への引き継ぎをする場合、どのような生徒であり、どのようなかかわりをし、どのように変化し、次の課題は何かといったように、それまでの指導や援助をまとめて、次の担任に伝えることが重要である。それまでのかかわりを振り返ること

で，新しく気づくことがあったり，学ぶことも多い。

2 教育相談担当者の役割

a 担任へのサポート　教育相談担当，あるいは学校コーディネーターとよばれる教師の大切な役割は，日々生徒への指導や援助に取り組んで苦労し，悩んでいる担任をサポートし，よき助言者となることである。そのため，生徒や親，担任，さらにそこでの関係（直面している問題）をよく理解し，担任の役に立つような助言・コンサルテーションをすることが求められる。たとえば，担任が行っている相談内容をある程度把握することで，生徒のもつ問題や課題を理解し，担任だけでの対応が困難であるか否かの判断を行うことも必要になる。また担任への助言，コンサルテーションにおいて大切なことは，その担任のエンパワーメントであり，方法論的アドバイスに偏ったものになったり，相談に対する危惧や不要な心配を助長するものであってはならない。

b 援助的学校システムの構築　精神科医，小児科医といった学校外の専門家，専門機関，あるいは児童・生徒とかかわる学内の養護教諭をはじめとする教職員，スクール・カウンセラーといった人たちへの協力を要請し，相談体制を作りあげる役割を担うことになる。生徒が専門家の治療やカウンセリングを受けている場合は，常時，専門家と連絡をとりながら，助言を受け，その生徒に応じた指導や援助を担任とともに工夫していくことになる。このようなことから，教育相談担当の教師は，臨床心理学，カウンセリング，精神医学などについて基礎的知識を備えていることが求められる。

　教職員間の連携を組織化するうえでは，教職員の生徒指導・教育相談の力量を把握することが必要であり，組織化のためのキーマンとして細かな打ち合わせなどの場所・時間を提供することが大切である（吉川，1998）。そのほか，保護者を対象としたコンサルテーションを行うことも仕事の1つであるし，臨床心理士などほかの専門家を講師に招いての校内事例検討会を行うことも大切な役割といえる。

3 養護教諭の役割

　養護教諭はさまざまな役割を重複して期待される存在で，医療的な援助や情

報の窓口としての役割のみならず,母親的な意味での保護的な役割や,教職員の相談のコンサルタント的役割などもある。身体的な問題への対応が中心的課題となるように思われがちであるが,近年,いじめ,不登校,性の逸脱行動,薬物乱用等の問題行動の増加により,非社会的,あるいは反社会的不適応児童・生徒への対応が増えている。彼らにすれば養護教諭が唯一の理解者に,保健室が唯一の居場所になりうる可能性を期待されることも少なくない。

　保健室を訪れる生徒のなかには,最初は身体面での訴えで来室しても,しだいに学習面,友人関係,家庭事情などの悩み,問題へと訴えが拡がる者も相当数いる。内的な悩みや葛藤をことばで表現せずに,身体的な不調として訴えている場合が少なくないのである。さらに登校してきても授業には出席せずに,保健室で時を過ごすいわゆる「保健室登校」という現象も目立ってきている。このように保健室は家庭と教室との中間にある「心の居場所」であり,児童・生徒にとって,安らぎの場,1人でいてもおかしくない場,クラスの枠を超えて交われる場,評価されずに話ができる場として機能している。そして心の問題の予防と早期発見の場として,養護教諭は児童・生徒の悩みに耳を傾け,身体的な不調の背景に目を向けることで,生徒の発するさまざまなサインに気づくことが大切になる。

　しかし,仕事の場が保健室という特別な空間であるがゆえに,ほかの教職員との連携が困難になる場合もあり,またそれぞれの事例ごとにとるべき役割が大幅に異なるため,結果的に校内での立場も微妙に揺れることがある。

　保健室では,児童・生徒は学校の教職員や生徒だけでなく,親にも見せない自分の内面を表出することもあるだけに,彼らには慎重に対応しなければならない。また内容によっては担任に話しづらいこともあり,個別に援助しなければならないこともある。そして,それぞれの担任の活動を直接的に援助しうる立場であるがゆえに,個々の事例ごとの役割分担として,父性的役割と母性的役割のそれぞれを使いこなす必要が出てくる。もちろん,養護教諭という立場は,その活動が学校システムのなかで特別なものであると認識されていることが多いため,担う役割は多様である。個々の養護教諭の持ち味がそこに活かされることで活動は効果的になるといえるが,その場合もほかの教職員との連携をはかりつつ,コンセンサス作りの場に積極的に参加することが必要である。

第3節　問題の理解と心理アセスメント

1　正常・異常の診断

　どこまでが正常の範囲であり，どこまでいくとそれは異常なのかといったことの弁別が大切である。それぞれの個性のなかでそれなりに生活しているという意味では，多くの生徒は正常な範囲にいることになる。それが障害，あるいは学習不振とよばれるような問題として取り上げられるに至る限界がどこかにあるはずであり，それを個別的に知っていかなければならない。児童期なら児童期における大ざっぱな発達的傾向やそれぞれの低学年，中学年，高学年における傾向というものを知る必要がある。もとよりそれには個人差が大きいので，平均的な傾向，正常の範囲を心得ているからこそ，逸脱にも気づくことができるのである。

2　問題の多面的理解

　不適応状態にある生徒に適切な心理的援助，指導（心理的援助と環境調整を含めた処遇）を行うためには，まず生徒，問題を理解することが必要である。得られた情報を統合しながら，彼ら自身の利益のために適切に情報を活用していくのである。

　a　問題の経過についての情報を集める　家庭環境（家族関係），養育環境などを含めて，問題の経過についての情報を集めることが大切である。とくに誤った行動を指導，矯正しようとしてとっている対応や指導がうまくいかず，問題として事例化していることが多いので，それまでとってきた対応や指導方法を含めて，アセスメントをすることが大切である。

　b　原因究明にこだわらない　不適応症状と原因との関係は複雑であり，不適応症状は特定の原因に対応して1対1の関係で生じるものではない。ある不適応症状が，ただちに特定の原因に対応することはないし，ある原因が必ずしも同じ症状を引き起こすとはいえない。たとえば，学校で暴力をふるう生徒の場合，家庭のしつけが不十分なために自分をコントロールできないかもしれないし，あるいは，男らしさとは暴力をふるうことだという価値観を身につけていたり，家庭や学校で自分の存在が不当に無視されているという不満や怒り

の代償であったり，知能が低く成績が悪いことを補償して自己顕示的になろうとしていたりすることの現れかもしれない。心にかかわる事象では，あまり原因の特定にこだわらないほうがよく，教育相談は未来志向の援助活動であると心得ておくことが大切である。

　c　健康な部分や変化に目を向ける　　アセスメントにおいては，児童・生徒に欠けているものの判定にとどまらず，その個人がもつ能力，人間関係，趣味，興味など，積極的価値をも含めて多面的に情報を得ることが大切である。それらが，問題解決に向けての内的・外的資源になるからである。また彼らの状態を固定的・静態的にとらえず，つねに変化発達しているものとして把握することが大切である。

　d　関係・文脈からながめてみる　　問題行動という場合，問題にしている誰かが存在している。問題行動の性格は，児童・生徒と問題にする「誰か」とのあいだで決定されてくるということも視点に入れなければならない。問題行動は，時と場面が違えば，普通の行動であるとみなされることもあり，同じ行動でも，相手の違いによって問題行動になることもある。学校場面においては教師側の要因が大きな比重を占めることになり，教師が何を問題として取り上げるのかということが大きな要因となる。学校現場においては，担任が替わると，同じ生徒の問題が消えたり現れたりするといったことがある。

3　行動の意味を考える

　a　個人的主観的な意味を大切にする　　生徒一人ひとりが独自な性格をもち，ものの見方，考え方，感じ方がそれぞれに違っていることをつねに念頭においておかなければならない。客観的には同一の環境に置かれていても，その環境に対する生徒一人ひとりの見方や感じ方は異なっているのであり，それぞれに独自の意味をもった心理的環境が存在していることに留意していなければならないからである。児童・生徒が生きる現実とは，そのような心理的環境であるともいえる。

　b　成長過程のなかに位置づける　　学校教育相談は発達援助が大きな目標となる。しかし，その発達は一次関数的なかたちとしては表れないところに意味がある。つまり発達ということばには，「前進する」とか「上位の段階に移

行する」などのプラスのイメージが付与されている場合がほとんどであるが，決して直線的に，一方向的に進むものではなく，逆戻りすることや行きつ戻りつすることもあり，むしろそのことが重要な意味をもつこともあるということを知っておく必要がある。進歩が停滞したり，退行したり，悪化したりするときこそが，児童・生徒の発達にとっての重要な結節点であり，次なる成長に向けての教育的介入を考えなければならない時期かもしれないからである。また発達には個人差があり，一般的に期待されるような発達段階をたどることばかりを期待すべきではないということも十分認識しておくことが重要である。

　c　肯定的な意味を見つける　　一見否定的に評価しがちな行動，たとえば「不登校，引きこもり」などについて，どのように考えればよいのだろうか。山中（1978）は引きこもっているあいだ，彼らの心的エネルギーは内に向かって，内界の活動に費やされ，このあいだ，外的には一種の不適応状態になるが，内では青年期の大きなテーマであるアイデンティティの形成が行われ，それが確立されるとエネルギーは再び外に向かい始めるという。このときの外的不適応は，成長・発達していくためにはむしろ必要なものなのである。また河合（1980）は，思春期を蝶のさなぎにたとえ，子どもとしての幼虫時代が終わり，おとなとしての成虫になる前のさなぎが思春期にあたるとし，外からはじっとして動かないようにみえるが，なかではものすごい変容が起こっているのだと述べている。両者に共通しているのは，「思春期・青年期の引きこもり」のもつ肯定的な意味に注目し，それを保障していくことが，周囲のおとながかかわっていく際に重要だと指摘している点である。否定的にみえるものには，発達途上で観察されるさまざまな現象のみならず，不適応とされる現象でも，そこには成長の芽，可能性が隠されているということにわれわれは注意しておかなければならない。

4　全体的な視点からの理解

　学級や学校での不適応については，個人内の欠陥，個人の適応能力，適応過程だけに関心が払われやすい。そうなると治療，矯正の対象となるのは，その個人ということになり，その生徒の関係的な側面が剝ぎ落とされ，個人の能力，個人内の問題のみを問題としてしまいやすい。心は行動を媒介にして，社会や

他者と相互に関連し合うことで成立している。生徒の問題は，生徒を含む家族，クラス，地域のなかの関係全体において，また行動の文脈のなかでとらえ直してその意味を考えてみることが大切である。

第4節　家庭との連携，家族への介入

1　家庭との連携

　問題解決のためには，児童・生徒の保護者を援助し，積極的で豊かな人間関係を築くことが大切である。家庭との連携を作ることが，子どもに対しての間接援助であると同時に，保護者の問題に対する直接援助でもある。保護者は親であると同時に，1人の人間でもある。子どもの問題で親として自信がもてず，自分を見失っている場合もあれば，自身の苦難が大きすぎて，親の役割を適切に演じる余裕を失っている場合もある。保護者との面接の留意点として，次のようなことをあげることができる。

　まず第一は，誰が必要と感じて，面接をするのかということである。たとえば，教師が理由があって呼び出す場合などは，呼び出されたことをどのように受けとめているのか，保護者の気持ちをくみとる必要がある。また子どもの意に沿い，保護者と面接する場合は子どもの気持ちをよく確認しておき，子どものためにと熱心なあまり保護者を責めないように気をつける必要がある。保護者からの要請の場合は，保護者が援助を求める場合と保護者からの苦情の場合がある。どちらにせよ，保護者も苦悩し躊躇したうえでのことが多く，その気持ちを受容し，場合によっては，専門機関との適切な連携を検討することが大切である。また保護者の訴えを聞き，気持ちのレベルを受容したうえで，原因探しより子どものためにこれからどうするのが一番よいのか，協力して考えることが大切である。

　第二に，保護者面接をするときの基本的な留意点として，次のようなことをあげることができる。①敬意を表する，②決して責めない，③見捨てない，④よさを見つける，⑤一緒に考える，⑥保護者のつらさや苦悩に共感する，⑦プライバシーに配慮する。

2 母親面接の意味

家庭との連携において、重要な役割を果たすのが母親であり、現実的に母親と担任との面接がもっとも実現しやすいものである。橋本（1994）は、母親が語る子どもの話は文字どおり子どもの事実を語っているほかに、「子どもの話」をとおして母親自身が語られていると述べているが、母親との面接では「語られる子どもの問題」に母親自身の未解決な問題が重なって語られていることがある。実際、「なかなか子どものことはよくならないけれど、話を聞いていただけるだけでも私は助かります」と述べる母親は意外と多く、母親自身が「語る場」としての面接を必要としているのである。

母親は子どもの問題の解決のために学校を訪れ、担任教師を相手に語る場を与えられたことになる。先の橋本（1996）は、女性は母親になるプロセスで、いったん個としての自分を壊し、子どもと一体化して胎外に産み出すことで母親になると指摘しているが、母親は長く続く子育ての過程で子どもとの関係に埋没し、個としての視点を失っていくのであろう。母親面接は母親が子どものことを語ることをとおして、個の視点を取り戻す場となるのである。母親がそのような子どもとの一体的な世界を、担任に向かってことばを探し語ることは、母親の能動的な行為であり、個としての営為となる。子どもとの一体化した世界を語っていても、担任が1対1で母親の話を聴くという対話の場そのものが、母親の語りを保証し、内面化の作業を可能にするといえる。

3 心理教育的な家族面接

心理教育とは、「精神障害や身体的な慢性疾患、家庭内暴力やひきこもり、不登校などに代表されるような継続した問題をかかえる人たち、家族に対する教育的側面を含んだ一連の援助法」のことをいい、知識・情報の共有、日常的なストレスへの対処技能の増大、集団で行う場合は、「参加者同士のサポートを基本とするもので、どう体験しているか、どう対処しているかに配慮しつつ行う教育的プログラムの総称」とされる（後藤、1998）。このアプローチは今日の家族療法の考え方、つまり家族そのものの問題解決能力を信じ、それを発揮させるよう援助するという流れのなかに位置づけられており、この定義にも示唆されているとおり、学校現場にも応用できる発達援助的な家族支援の方法で

ある。

図6-2は，2つの援助形態の比較であるが，Aはいわゆる助言モデルである。専門家がリードして指導，教育，治療を行う形態であり，緊急事態あるいは医療では救急のモデルがこれにあたる。しかし，問題が継続してくると，Bの協同モデルが有効で，この2つの形態がタイムリーに使い分けられるのがよいとされる。ただ心理教育の重要な部分は，知識や情報の伝達と教育的部分であるが，どうしても助言モデルのようになりやすい場合，協同モデルを意識して行うのである。

A. 助言モデル

B. 協同モデル

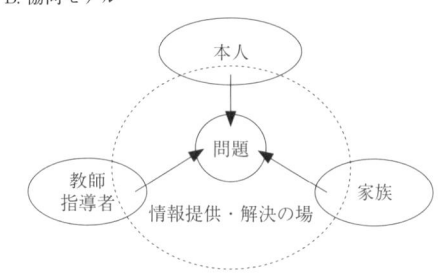

図6-2 助言モデルと協同モデル

この心理教育では，本人や家族から情報を得ると同時に専門家からも情報が提供され，情報の共有にもとづいて，本人や家族のもつ解決能力を確認しつつ，家族を支援していくというのが基本的プロセスである。このような心理教育の考え方を基本にした家族面接では，以下のような段階で進められる。

　a　**歓迎とオリエンテーション**　温かい歓迎の態度が大切で，次いで相談者がリラックスできるような雰囲気のもとでオリエンテーションを行う。その際，家族に対しては，家族のせいや育て方で病気になったわけではないこと，障害をもった人を身内にもって生活していくことは，どんな人にとっても簡単なことではないから，サポートが必要であること，適切な知識と情報があれば，家族は病気の経過に大きな影響を与えることができることを伝える。また「どう体験しているか」ということに配慮しつつ情報提供し，問題に関しての全体像を共有する。さらに，「どう受け取られているか」という家族からのフィードバックが必要で，家族が気軽に質問ができるような支持的な態度をとる。

　b　**問題と対処法に関する知識の共有**　本人，家族の体験と治療者（助言者）や専門家の一般的客観的知識を総合して，問題とそれへの対処についての

全体像を共通にする。問題に関して話してもらう場合には，たいがい困った場面や行動についてのことが必然的に多くなるが，そのとき改善したことや，どういう場面で少しはよくなるのか，どういうことがあるとその問題が少しよくなるのかなど，プラス面も聞く。

　c　解決可能，実行可能なことを一緒に考える　　前のステップで，全体像の共有がうまくいっていると，過大な期待や非現実的な要求，過剰な自責感などは少し軽減しているので，次に来るときまでに，解決可能な小さな目標を立てることが可能になる。たいがいは，今までの対処行動のリストのなかから選んで続けてみるということになる。

　d　親の会・家族教室などを開く　　家族の今までの努力や現在の問題への対処法を聞いて，それを肯定的に評価する。解決すべき問題があれば，具体的な問題，行動レベルの問題に絞る。その問題について参加者全員と検討して当面の解決法を考える。

引用・参考文献

一丸藤太郎・菅野信夫（編）（2002）『MINERVA教職講座　学校教育相談』ミネルヴァ書房
氏原　寛・谷口正巳・東山弘子（編）（1991）『学校カウンセリング』ミネルヴァ書房
岡村達也・加藤美智子・八巻甲一（編）（1995）『思春期の心理臨床——学校現場に学ぶ「居場所」づくり』日本評論社
河合隼雄（1983）『子どもと教育を考える2　大人になることのむずかしさ——青年期の問題』岩波書店
桑原知子（1999）『教室で生かすカウンセリング・マインド——教師の立場でできるカウンセリングとは』日本評論社
後藤雅博（編）（1998）『家族教室のすすめ方——心理教育的アプローチによる家族援助の実際』金剛出版
菅野　純（1995）『教師のためのカウンセリング・ゼミナール』実務教育出版
橋本やよい（1995）「母親面接の導き手としての『子ども』」山中康裕・岡田康信（編）『身体像とこころの癒し』岩崎学術出版
宮田敬一（編）（1998）『学校におけるブリーフセラピー』金剛出版
山中康裕（1978）「思春期内閉論」中井久男・山中康裕（編）『思春期の精神病理と治療』岩崎学術出版社
吉川　悟（1998）「協同的学校システムのあり方——教育相談への効果的な学校システムの形成に向けて」宮田敬一（編）『学校におけるブリーフセラピー』金剛出版

第7章
学級集団と教師

はじめに

　学級は教師と児童・生徒からなる社会集団であり，学校教育におけるもっとも基本的な集団である。児童・生徒からすれば，学級はそこでの9～12年にも及ぶ長い学習や生活体験を経て社会に巣立っていく，いわゆる「育ちの場」でもある。近年，少子化，インターネットなどの通信機器の普及，塾や習事の一般化による子どもの放課後の生活の変化などから，地域社会での仲間集団の崩壊が指摘されて久しい。日々報道される青少年の問題行動を見聞きすると，かつて社会的つながりや社会的訓練の場として自然に機能していた仲間集団の喪失が，今の子どもの人間的成長や心の健康に大きな影を落としているようにも思われる。こうした意味からも，児童・生徒が1日の生活の多くの時間を費やす学級は，単なる学習集団としてだけではなく，人とのつながりや社会性を身につける場としてさらに見直される必要がある。

　そこで，本章では学級の誕生とその今日的意義について考察したのち，学級の適正規模やほかの集団と異なる学級集団の特徴について理解を深めるとともに，学級集団に対する教師のかかわりの問題を，学級集団の発達と教師のリーダーシップという側面から考えてみる。次に，児童・生徒評価や理解を歪め，教師の公平性に影を落とす原因ともなりかねない教師の期待効果などの対人認知の歪みの問題についてみていくことにしたい。

第1節　学級の誕生とその意義

1　学習集団としての学級

　教育の歴史を考えるとき，学級という集団を創り出したことがもっとも画期的な出来事であったといわれることもある。これは，効率的に多くの人間を教えることを可能にした学級という集団の創出が，教育の普及と発展にとって，きわめて大きな役割を果たしてきたことを意味する。1対1の個人教授が中心であった従来のやり方に対して，一斉教授の有効性が最初に説かれたのはコメニウス（Comenius, J.A.）の『大教授学』（1657）とされている。そこでは，初等段階の学習者を年齢別に，中等段階の学習者を教科別に組織し，教科書などを利用して同時に一斉に教授するほうが，従来のやり方にくらべてはるかに効率的で，教師の負担も軽減されることが主張された。その後，こうした方法はヨーロッパ各地に浸透していき，19世紀初頭のイギリスにおける「ベル・ランカスター法（Bell-Lancaster Method）」の確立と普及によって大きな発展を遂げることになる。

　この方法は別名，「助教法（Monitorial System）」ともよばれ，学習者をいくつかのグループに分けるとともに，各グループに年長で学力の優れた生徒を助教（monitor）として配置し，助教に授業を代行させるというものである。また，このシステムは助教のなかでとくに優れた者にほかの助教の指導，監督に当たる助教長の役割を担わせるという二重構造をもち，教師の仕事は助教長を指導し，授業全体の進行を管理することにあったとされている。

　こうした助教法の開発と普及を契機として，学習者のグループが固定されるようになり，しだいに集団を単位とした一斉教授の形態が整っていく。さらに，就学人口の増加や在学期間の延長，学習内容の複雑化，高度化にともない，助教では教授負担に耐えられないということから，やがて教師を中心とした，今日みられるような学級制度の雛形が作られていくのである。このように，その発展の歴史からして，学級は教授組織として，また立場を代えれば学習のための組織として，その効率をいかに高めるかという観点から考案され，発展を遂げてきたのである。

2 生活集団としての学級

このように，学級は本来，授業の効率を高めるための教授組織として生み出されたものではあるが，その発展の歴史において別の教育的機能を見出そうとする試みもみられる。その1つとして，20世紀初頭にパーカスト（Parkhurst, H.）が創案し，実施したドルトン・プラン（Dalton Plan）をあげることができる。ここでは地域社会での生活と同様に，学校においても集団としての生活を通して協同（co-operation）の精神を培うことの大切さ，さらにいえば学校が1つの共同体として児童・生徒の人間形成を図ることの重要性が強調されている。しかし，理念はともかくとして，実際には学習の面だけが強調されすぎ，生活集団としての学級という考えは十分に機能しなかったとされているが，学級を教授・学習集団としてだけではなく，生活集団という側面からもとらえ直したところに新しい学級を見る目があったといえる。

こうした，集団としての生活をとおして社会性を培い，ひいては市民社会で生きていくために必要とされる諸能力を身につけることが，教科の学習とならんで学級に求められるもう1つの重要な教育的機能である。とくに，日本では少子化，インターネットなどの通信機器の普及，塾や習事の一般化による放課後の子どもの生活の変化などにより，地域での子どもの仲間集団の崩壊が指摘されて久しい。かつて，社会的つながりや社会的訓練の場として自然に機能していた地域における仲間集団の喪失は，今や子どもの人間的成長や心の健康に大きな影を落としているように思われる。こうした意味からも，児童や生徒にとって，1日の生活の多くの時間を占める学級が単なる学習のための集団としてではなく，人とのつながりや社会性を培う場としてさらに見直され，そうした面により関心が向けられる必要がある。

第2節　学級編成と学級規模

1　学級規模の変遷と国際比較

これまでみてきたように，学級は学校におけるもっとも基本的な集団であり，学習面ばかりでなく，集団生活を通じての人間形成の場としても重要な意味をもっている。教師と児童・生徒で構成される学級は，学校教育の目的を達成す

るために意図的，人為的に編成された「公式集団（formal group）」であり，そこでの9〜12年にも及ぶ長い学習や生活体験を経て，社会に巣立っていく基本的な「育ちの場」でもある。

　学校教育において，教育目標を達成するために，一定の基準に従って児童・生徒を複数の集団に組織することを学級編成というが，日本における学級編成と学級規模の歴史をここで簡単に振り返ってみることにする。表7-1に示してあるとおり，日本で最初に学級編成の基準が定められたのは1886（明治19）年の小学校令にもとづいて制定された「小学校ノ学科及其程度」とされる。ここでの学級規模は，尋常小学校は80人以下，高等小学校では60人以下が標準とされている。その後，幾度かの改定がなされ，約120年を経た現行の学級編成の標準では小・中学校ともに40人以下と，1学級当たりの児童・生徒数は当初の半数にまで縮小されている（なお，2011〔平成23〕年4月より，小学校に関しては「第1学年の児童で編制される学級にあっては35人」とされ，第1学年だけではあるが，35人学級に法改正がなされている）。

　戦後に目を向けると，義務教育諸学校では1959（昭和34）年の第1次「学級編制及び教職員定数改善計画」を皮切りに，現在では第7次の改善計画が進められ，時代とともに学級規模や教員1人当たりの児童・生徒数に改善が加え

表7-1　学級規模（1学級当たりの児童・生徒数）の変遷（児島，1990より作成）

法令（年度）	学級規模
1886（明治19）年 「小学校ノ学科及其程度」	尋常小学校では80人以下 高等小学校では60人以下
1891（明治24）年 「学級編制等ニ関スル規則」	尋常小学校では70人未満 （70人以上100人未満まで許容） 高等小学校では60人未満 （80人未満まで許容）
1941（昭和16）年 「国民学校令施行規則」	初等科では60人以下 高等科では50人以下
1947（昭和22）年 「学校教育法施行規則」	小学校では50人以下 中学校では50人以下
1964（昭和39）年 「公立義務教育諸学校の学級編制および教職員定数の標準に関する法律」の一部改正の実施	小学校では45人 中学校では45人
1980（昭和55）年 「公立義務教育諸学校の学級編制および教職員定数の標準に関する法律」の一部改正の実施	小学校では40人 中学校では40人

表7-2 平均学級規模の国際比較（2008年）
（経済協力開発機構，2010）

国	初等教育	前期中等教育
アメリカ	23.8 人	23.2 人
イギリス	25.7 人	21.3 人
イタリア	18.6 人	20.9 人
ドイツ	21.9 人	24.7 人
フィンランド	19.8 人	20.0 人
フランス	22.7 人	24.1 人
OECD 各国平均	21.6 人	22.2 人
日本	28.0 人	33.0 人

表7-3 教員1人当たりの生徒数の国際比較（2008年）（経済協力開発機構，2010）

国	初等教育	前期中等教育
アメリカ	14.3 人	14.8 人
イギリス	20.2 人	15.0 人
イタリア	10.6 人	9.7 人
ドイツ	18.0 人	15.0 人
フィンランド	14.4 人	10.6 人
フランス	19.9 人	14.6 人
OECD 各国平均	16.4 人	13.7 人
日本	18.8 人	14.7 人

られてきた。現在（2008年度）の学級規模をみると，学級編成の標準は40人とはいえ，実質的には小学校28.0人，中学校33.0人と漸次縮小してきてはいるものの，この数値はOECD諸国の平均を上回り，もっとも高い国の1つとなっている（表7-2）。また教員1人当たりの児童・生徒数の国際比較をみても，小学校18.8人，中学校では14.7人となっており，依然としてOECD諸国の平均を上回っている（表7-3）。このように，1学級当たりの児童・生徒の人数や教員1人当たりの児童・生徒数をみると，改善は加えられてきたとはいえ，欧米などの主要先進国に比べて，日本の教育環境は依然として低い水準にあるのが現状である。

2 学級の適正規模

適正な学級規模，すなわち1学級の児童・生徒数は何人が適正であるのかという問題に関しては，現在のところ一定の見解が得られていないというのが現状であろう。数少ない資料のなかで，小学校5年生と中学校2年生を対象に学級規模と学力（算数・数学・理科），学習状況およびクラスでの生活を調べた高浦（2002）らの調査結果では，①小・中学校の算数・数学・理科の学力に関しては，20人以下がほかの学級よりも概して高得点ではあるが，学級規模間に有意差はみられない，②学習状況に関しては，20人以下の学級がより望ましいという状況がみられはするが，いずれの学級規模においても概して類似した実態がみられる，③クラスでの生活に関しては，いずれの学級規模においても

類似した実態にあるものの，20人以下の学級のほうがそのほかの学級よりも良好な状況が有意に多いことなどが指摘されてはいるが，明確な差異は見出されていない。一般に，学級規模が小さくなるほど教師の目が届きやすく，学習指導面でも生活の面でもよい結果が得られやすいと考えられるが，学級の適正規模については，さらに今後の研究を待つ必要がある。

さらにいえば，児島（1990）が指摘するように，学級に何を期待するかによって，その適正規模も変わってくる。たとえば，インファント・スクールを中心とするイギリスの初等学校では，学校の生活化が重視されていることから，児童間の相互作用による影響関係が保証されるような，ある程度の集団規模が望ましいと考えられているが，学習の個別化が重視されるアメリカでは，集団の小規模化による個別指導の徹底という方向が求められることになる。このように，学級の適正規模については，学級の意義や機能をどうとらえ，それに何を期待するかといった観点からも十分に論議が重ねられる必要がある。

第3節　学級集団の特徴とその発達

1　学級集団の特徴

学級集団には，①教育の目的を達成するために，意図的，人為的に編成された集団であり，②児童・生徒ばかりでなく，教育制度によって公的に認められた教師によって構成され，③通常は1～2年の周期で形成と解散が繰り返されるという特徴がある。

まず，学級集団の特徴の1つは，企業集団にみられる経済活動を通じての利潤の追求などとは異なり，集団での学習や生活を通じて児童・生徒の望ましい人格形成を図るといった，きわめて価値的で抽象度の高い目標が設定されている点にある。これまでみてきたように，学級集団は単なる授業のための単位集団にとどまらず，集団活動を通じて，自主的，主体的に社会生活を営むことのできる能力や態度を養うとともに，成員一人ひとりが個性を伸張し，自己実現を図ることが目標とされている。こうした意味において，学級集団は家庭と同様に「育ちの場」であって，集団活動を通じての児童・生徒一人ひとりの成長に主眼が置かれているといえる。

第二に，学級集団は児童・生徒だけで構成されているわけではない。そこには，ただ1人のおとなとして教師が存在する。学級は児童・生徒と教師からなる社会集団であり，そこでの諸活動は多かれ少なかれ教師の関与によって進められる。これまでに，学級の雰囲気や風土の形成に，教師の日常行動が大きな影響を及ぼすことが指摘されてきた。たとえば，ギッブ（Gibb, J.R.）は共有する問題を協同して解決しようとする態度，受容の感情，ほかの集団成員に対する共感，他人の意見の傾聴といった教師の行動は学級に支持的雰囲気をもたらし，子どもへの忠告，活動の制限，集団の歩調を維持するための罰，評価，検閲などは防衛的な雰囲気を促進するとし，とくに集団発達の初期段階ではその影響が大きいとしている。このように，教師の学級集団への影響力はきわめて大きく，教師の教育観，児童・生徒観，対人魅力，リーダーシップなどの多くの個人的要因が，集団発達や学級の雰囲気あるいは風土の形成に作用するのである。

　第三に，家族や企業集団とは異なり，学級は通常1〜2年の周期で形成と解散が繰り返される。家族はともかくとして，企業集団においても，こうした短期間に全員が入れ替わることはない。こうした「クラス替え」が定着した背景には，教育の機会均等という理念の影響が大きいとされている。そこでは，個性の違う教師や生徒との交流機会を拡げることで，質的な面での機会均等を図ることがめざされているのである。また，こうした時間的制約は学級集団に別の特徴をもたらすことにもなる。いわゆる家庭集団とは異なり，集団内の葛藤や問題の解決を自然の時間的経過に任せることができにくいという点がそれである。こうした特徴からも，学級集団の望ましい発達には，教師の積極的で計画的な介入が求められているといえる。

2　学級集団の発達

　すでにみてきたように，学級は教育の目的を達成するために意図的，人為的に編成された公式集団である。児童・生徒には学級への所属や担任の選択の自由が認められておらず，外的な力によってたまたま所属学級に振り分けられることになる。したがって，編成当初の学級は成員間の結びつきも薄く，いわばかたちだけの集団にすぎない。こうした学級を望ましい集団に作り上げていく

表7-4　学級集団の発達段階（根本, 1991より一部抜粋）

		生じる特徴的な行動や問題	教師との関係	次の段階への指導の要点
個人的な属性間の葛藤の段階	探索期	すでに形成されている友達関係を足場にしながら、手近な成員との表層的なつき合いを試みる。	不安解消のための「教師への依存」。	自由なコミュニケーションの保障と学級の基本的なルールの明確化による不安の軽減。
	小集団形成期	他成員との関係において「地」を出し始め、新たな友達関係ができ、優劣を決めるものとしてのケンカやこぜりあいが生じる。	成員間の安定した関係を築くための「教師への依存」。	公的要請に反する規範を持つ強固な下位集団の形成に対処すること。
公的要請と個人的属性との葛藤の段階	教師対子ども葛藤期	下位集団の中での安定を支えとして、教師の指導や諸活動に対し、あからさまな評価の表明や反抗が生じる。	子どもは教師との関係においても「地」を出すようになるので、「教師との葛藤」が多くなる。	子どもたちの信頼を獲得しながら、豊富な遊びなどを通して積極的に活動するリーダーを育てること。
	教師・子ども対子ども葛藤期	教師のみでなく、教師に支えられた積極的なリーダーが他成員に働きかける。ボス的な成員を中心にして、このリーダーシップに対抗する行動が生じる。	教師との葛藤が、リーダーと他成員との葛藤として現れる場面がでてくる（「教師からの自立」の芽生え）。	充実した楽しい集団活動により、自主的な集団活動の仕方を学習させ、主体的な活動に価値をおく規範を確立すること。このなかで、積極的にリーダーとして活動する成員をふやすこと。
	子ども集団対子ども集団葛藤期（前期）	教師が前面に出なくても、リーダー群が積極的に集団活動をリードする。リーダー群への感情的反発や学級活動への反抗・無視などが生じる。	教師との直接の葛藤として現れることは少なくなり、代わりにリーダー群とリーダーシップに反対する成員との葛藤が出現する（「教師からの自立」の進行）。	充実した楽しい集団活動により、価値ある目標を集団として追求する規範を確立すること。
公的要請内での葛藤の段階	子ども集団対子ども集団葛藤期（後期）	ほとんどすべての成員が公的要請に添って活動するようになる。ますます多くの成員が積極的にリーダーシップをとろうとする。より良い活動にするためのリーダーシップ争いなどが生じる。	教師との直接の葛藤として現れることはますます少なくなる。多くの学級活動は教師の直接の指導がなくても進行する（「教師からの自立」の進行）。	論理、個性を徹底的に重視しつつ、より高い価値を追求する規範の確立。
	個性的葛藤期	必要に応じ、あらゆる成員がリーダーシップをとる。対立は、認識の深浅、価値観、個性の違いによるもののみとなる。	学級活動は教師の指導なしに進行し、困難な場面にのみ教師が相談にのる。教師の指導は教科指導に集中される（「教師からの自立」の進行）。	

には、教師の積極的かつ計画的な介入が不可欠である。

　学級集団の発達に関しては、これまでに一般集団の発達理論から得られた知見をもとにした研究や、全国生活指導研究協議会などに代表される教育学的な

視点からの研究がなされてきたが，その後教師による教育指導の側面を重視したいくつかのモデルが提出されている。ここでは，そのなかで根本（1991）の理論を参考に，学級集団の発達についてみていくことにする。なお，その概略は表7-4に示してあるが，紙面の都合上，表にはその一部しか載せていないことを付記しておく。

　このモデルでは，学級集団には，児童・生徒に学習を促したり，規律を求めるといった公的要請に沿った力と，自分のやり方で要求を満たそうとする児童・生徒の個人的属性に根ざした力とが存在し，これらは多かれ少なかれ葛藤を引き起こすとともに，この2つの力のぶつかり合いによって学級集団のあり方が規定されるという考えが前提とされている。換言すれば，学級には公的要請と児童・生徒の多様な要求との間で絶えず対立や葛藤がみられ，そうした問題の解決を契機として学級集団の発達が進行すると考えられているのである。たとえば，編成当初の学級では，児童・生徒は慣れない場への不安から，教師やほかの児童・生徒，さらに教室での基本的な行動のルールを知ることに主要なエネルギーを向けざるをえなくなる。したがって，まだ教師との対立や葛藤はみられにくく，むしろお互いを知る過程での児童・生徒間のトラブルが中心となる。こうしたことから，この段階は「個人的な属性間の葛藤の段階」とよばれている。

　次に，下位集団で一定の安定を得た児童・生徒は，学級内で個人的諸欲求を満足させようと積極的に行動するようになる。それはまた，公的要請を果たそうとする力とぶつかり合うことにもなる。その結果，学級集団での主要な問題は公的要請に沿う力と，これに反する個人的欲求を満たそうとする力との葛藤として表出することから，この段階は「公的要請と個人的属性との葛藤の段階」とよばれる。

　学級集団がさらに発達し，大多数の児童・生徒が公的要請を受け入れるようになると，学級内での主要な葛藤は公的要請内での個人的属性間の葛藤，たとえば学校行事への取り組みをめぐっての修正案や対案の提出といった，より建設的な意味での個人的属性間の葛藤としてみられるようになり，これは「公的要請内での葛藤の段階」とよばれている。

　このように，学級集団の発達は3つの段階（計7期）を経るとされるが，

「各段階で生じる特徴的な行動や問題」「各段階での児童・生徒と教師との関係」「次の段階へ向けての指導の要点」，さらに表には記載されていないが「成員（児童・生徒）の主要な関心」「成員間の関係」「主導的な成員」などの観点から各段階の特徴が多面的にとらえられている。さらにいえば，このモデルでは教師を含む成員間の対立や葛藤に焦点が絞り込まれており，そうした意味において学級集団像が明確である点，また集団の構造的側面ばかりでなく，教師と児童・生徒，児童・生徒間の関係など学級全体の力動的関係がとらえられている点などから，教師が年度当初に「学級作り」を計画する際にも，また年度途中で学級の集団発達の状態を知り，次の段階へ向けての教育的介入を考える場合にも有効性が高いモデルと考えられる。

第4節　教師と学級集団

1　教師のリーダーシップと勢力資源

　学級は教師と児童・生徒からなる社会集団であり，そこでの諸活動は多かれ少なかれ教師の指導のもとに進められる。教師は学習目標を達成したり，学級での諸活動を通じて自主的，主体的に社会生活を営むことのできる能力を培うために，児童・生徒にさまざまな要求をする。また，一人ひとりが安心して学習し，生活することができるように，児童・生徒間，さらには児童・生徒とのコミュニケーションや人間関係にも気を配る必要がある。前項でもみてきたように，学級集団の発達では最終的に教師から生徒へのヘゲモニーの移譲がめざされるにしても，そこに至るまでの段階においては教師の積極的で計画的な介入が不可欠である。従来，集団内のある成員がほかの成員や集団活動に影響を与える過程やその影響力については，リーダーシップの問題として研究がなされてきた。

　ホワイトとリピット（White, R. & Lippitt, R., 1960）は「専制的」「民主的」「自由放任的」という3種のリーダーシップ行動が，子どもたちの集団活動や個人的行動にどのような影響を及ぼすかについて実験的に検討を行っている。その結果，民主的リーダーシップのもとでは，友好的な言動や集団志向的な発言が多くみられ，作業への動機づけも高かった。それに対して，専制的リー

ダーシップではリーダーへの敵意や攻撃性が強くみられると同時に，自主性に欠けた依存的行動も多くみられ，場合によっては攻撃性がスケープゴート（特定の児童や生徒）に置き換えられることもあった。さらに，民主的リーダーシップに比べ，自由放任的リーダーシップでは遊びの会話が多く，作業量も少なく，その質も劣っていたとされている。

　この実験でみられるような，「専制的」「民主的」などの慣用的概念は多義的で定義が曖昧になりやすいことから，リーダーの個人的特性をもとにした類型化とは別に，その機能という面に注目してリーダーシップ行動を類型化する試みもなされている。こうした観点から，三隅（1984）はリーダーシップの機能として「目標達成（performance）」と「集団維持（maintenance）」の2つの機能をあげている。一般に，これらは各々の頭文字をとって「P機能」と「M機能」とよばれる。P機能は集団における目標達成や課題解決に直接貢献する働きであり，M機能とは集団内での不必要な葛藤や対立を解消し成員の情緒的安定を図ったり，好ましい人間関係を築くなどの集団を維持し強化する働きとされる。さらに，これらの両機能を組み合わせることにより，「PM型（両機能優位）」「Pm型（P機能優位；P型）」「pM型（M機能優位；M型）」「pm型（両機能とも劣る）」といった4種のリーダーのタイプが設定されることになる（図7-1）。三隅らは，小学校の5年と6年生を対象に，教師のリーダーシップと児童のモラール（この場合は，学級の連帯意識，学習意欲，規範遵守，学校不満足度）との関係について検討を行っているが，調査結果では，PM型の教師の場合に児童のモラールがもっとも高く，つぎにM型，P型（ただし，規範遵守に関してはM型にくらべP型のほうが優っている）という順で続き，pm型の教師の場合にモラールがもっとも低いという結果が見出されている。

　これまでみてきたように，教師のリーダーシップとは児童・生徒に対する教師の影響過程ということができる。では，こうした影響力は教師のどのような特性によってもた

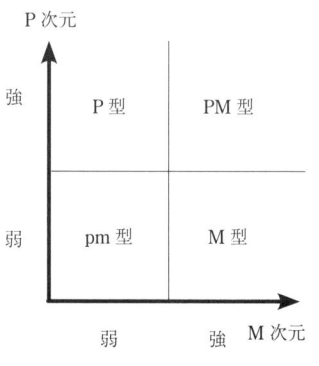

図7-1　リーダーシップ類型
（三隅，1984）

らされるものなのであろうか．影響力の背景となる個人的属性は「勢力資源（power resource）」とよばれており，これまでに教師の勢力資源を明らかにするためにいくつかの取り組みがなされてきた．田崎（1987）は小学生，中学生，高校生を対象に「先生の言うことに従うのはなぜですか」という意味の質問をし，その理由（120項目）について因子分析を行った結果，教師の勢力資源として，①親近・受容，②外見性，③正当性，④明朗性，⑤罰，⑥熟練性，⑦準拠性の7つの因子を見出している．

ここで，①親近・受容とは「よく話しかけてくれるから」「自分の気持ちをわかってくれるから」などの親近感や被受容感，②外見性は「スマートだから」「センスがいいから」などの教師の外見的容姿に対するポジティブな評価，③正当性は「先生の言うことは正しいと思うから」「先生の言うことはなるほどと思うから」などの教師の言動の正当性にもとづく受容，④明朗性は「明るいから」「おもしろいから」などの教師の性格面での明るさ，⑤罰は「うらまれるのがこわいから」「成績にひびくから」などの罰へのおそれ，⑥熟練性とは「興味ある話をしてくれるから」「経験が豊富だから」などの教師の熟練度，⑦準拠性は「先生のようになりたいから」「理想の人に似ているから」などの好ましい人物像や理想像としての教師への同一視にもとづく勢力である．

田崎は小学生，中学生，高校生を対象に，教師の勢力資源付与の分布や発達段階との関係について調査を行っている．その結果，小学生では外見性と正当性，中学生では明朗性と親近・受容性，高校生では罰，準拠性と親近・受容が上位にランクされており，発達段階によって勢力資源のとらえ方に違いがみられている．小学校では教師の外見的魅力や正当性の認知がその中心であり，中学生では明るい性格と生徒との親密で受容的な関係が重要視されている．また，高校生では罰へのおそれ，教師への同一視と親密で受容的な関係に重きが置かれており，この段階では現実的な問題と人間的魅力といった面から，より多面的に勢力資源の認知がなされていることが理解される．

2　児童・生徒評価の歪み

少し古い資料になるが，NHK世論調査部（1984）が行った「中学生が好きな先生」についての調査結果をみると，「ユーモアがある先生」（26.0％），「ど

の生徒にも公平に接する先生」(23.9％),「きびしいが根はあたたかい先生」(16.8％)が上位3位を占めている。ここで注目されるのは，第2位に「どの生徒にも公平に接する先生」があげられている点である。教師のえこひいきは児童・生徒の心を傷つけ，授業や学級運営に支障をきたすことは経験的にもよく知られたことであり，普通，教師は分けへだてなく児童・生徒に接しようと努めている。しかし，この調査結果からすれば，どの生徒にも公平に接するという教師として当然の姿勢や態度が，実際にはそうは受けとられていないことがうかがえる。

　こうした不公平感をもたらす原因は，児童・生徒の受けとり方にも，また教師の思い込みにもあると考えられるが，ここでは児童・生徒理解を歪める教師側の要因を中心に考えていくことしたい。従来，対人認知を歪める要因として「光背効果（halo effect）」や「寛大効果（leniency effect）」などの存在が指摘されてきた。光背効果とはある人にとくに目立った好ましい，もしくは好ましくない特徴があると，その人物のすべての特徴を不当に高く，あるいは不当に低く評価してしまう傾向である。たとえば，勉強のよくできる児童・生徒に対して，実際はそれほどでもないにもかかわらず，非常に思いやりがあり，周囲からの信頼も厚いと評価してしまう場合などである。寛大効果とは，ある人に好意的な感情をもつと，その人物の望ましい特徴をより以上に評価し，望ましくない特徴についてもつい大目にみてよい方向に評価してしまう傾向である。

　よく知られているように，「第一印象（first impression）」も対人認知を歪める要因の1つである。日常生活では，限定された場面での言動や外見，表情，しぐさなどのごくわずかな情報をもとに，ある人の全体像を思い描くことがよくある。こうした，他者に対する断片的な情報を統合して，ある人物に対するまとまりをもった全体像を作り上げる過程は「印象形成（impression formation）」とよばれている。アッシュ（Asch, S.E.）によれば，時間的に最初に与えられた情報が全体印象の形成に大きな影響力をもつとされ，これは「初頭効果（primacy effect）」といわれる。その意味は，最初に与えられた情報が全体像の基調となる枠組みを形成してしまうことであり，いわゆる第一印象とはこのことをさしている。いったん，第一印象によってある人物の全体像が方向づけられてしまうと，その後の情報はそうした印象に沿うように歪曲して受

けとられることが多いと考えられている。光背効果，寛大効果，初頭効果（第一印象）は，児童・生徒を評価したり，理解する際に教師の目をくもらせ，不公平感をもたらす要因ともなる。

　こうした効果のほかに，教師の「期待効果（teacher expectation effect）」にも配慮する必要がある。『教室のピグマリオン』（1968）のなかで，ローゼンサールとジェイコブソン（Rosenthal, R. & Jacobson, L.）は教師のいだく期待効果をギリシア神話に出てくるキプロスの王に喩えて「ピグマリオン効果（Pygmalion effect）」とよんでいる。期待とは，一般にある事柄が将来実際に起こると思い，待ちかまえることを意味しているが，ここでの期待とは教師の児童に対する学力の伸びへの期待である。ローゼンサールらは，翌年に小学校に入学を予定している園児と小学校の1年生から5年生までの児童に対して，学力の伸びを予測するテストという名目で一般的な知能検査を実施した。次に，新年度の初めに知能検査の結果とは無関係に数人の児童をリストアップし，各学級の担任に対して，テストの結果から，選ばれた児童は将来学力が伸びるはずであるという偽りの情報を与えた。そして，8カ月後に同じ知能検査を実施したところ，ほかの児童に比べ，期待が形成された児童（実験群）のほうが実際に知能の伸びが大きかったとしている（図7-2）。

　期待するかしないかによって知能の伸びに違いがみられるという，こうした

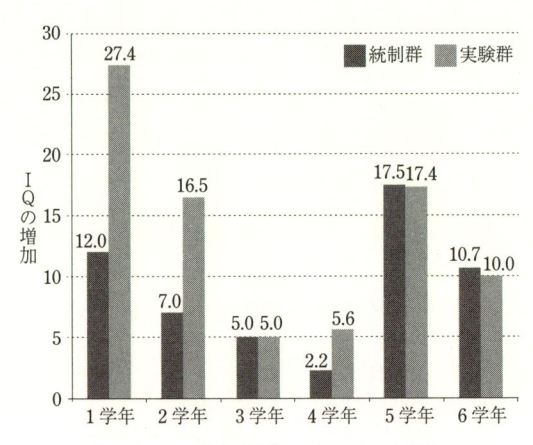

図7-2　教師期待によるIQの増加
（Rosenthal & Jacobson，1968；蘭・古城，1996より作成）

現象はなぜ起こるのであろうか。ブロフィとグッド（Brophy, J.E. & Good, T.L., 1974）は教師期待効果が生じる過程について、次のようなモデルを考案している。

①過去の記録や教室での相互作用をもとに、年度初めに教師は児童・生徒にさまざまな期待を形成する。
②教師は期待の違いに応じた処遇を各児童・生徒に行う。
③児童・生徒はそうした処遇に応じた反応をし始める。
④さらに進めば、教師の期待を強化したり、補完するような反応がみられるようになる。
⑤最終的に、児童・生徒の行動は教師の期待に沿ったものとなる。
⑥こうした相互作用が継続すれば、年度の終わりには教師の期待と一致するような結果がみられる。

ブロフィらは、このモデルを検証するために、実際に教室でみられる教師と児童との相互作用の観察を行っている。教師にはあらかじめ、学力面で期待できると思う順に児童を順位づけてもらい、その結果をもとに高期待児童群と低期待児童群を選び出した後、教室での両群に対する教師の行動を観察した。その結果、高期待群と低期待群とで、教師の処遇に大きな違いが見出された（表7-5）。低期待群に比べ、高期待群の児童は教師の質問に正答した場合により多く賞賛され、誤答の際にも叱責される割合は低かった。また、答えが間違っていても、教師から質問が繰り返されたり、言い換えられたり、ヒントが与え

表7-5 高期待群と低期待群に対する教師の対応
(Brophy & Good, 1974；浜名・蘭・天根, 1985)

測度	低期待群	高期待群
正答が賞賛された割合	5.88	12.08**
誤答が叱責された割合	18.77	6.46***
誤答に対して、質問が繰り返されたり、言い換えられたり、ヒントが与えられたりした割合	11.52	27.04*
読み方の困難性に対して、質問が繰り返されたり、言い換えられたり、ヒントが与えられたりした割合	38.37	67.05***
回答（正答でも誤答でも）に対して、なんらフィードバックが与えられなかった割合	14.75	3.33***

*$p<.10$ **$p<.05$ ***$p<.01$　　　　　　　　　　　　　　　　（数値は%）

られる割合は高かった。こうした傾向は,本読みのつまずきや誤りの場合にも認められた。さらに,生徒の答えに教師が何のフィードバックもしない割合は,高期待群に比べ,低期待群のほうが高かった。こうした結果から,適切な回答を引き出すための児童への働きかけに関しても,回答に対する強化に関しても,低期待群に比べ,高期待群のほうがより適切な教育的処遇を受けていることが理解される。

　しかし,期待効果は普遍的なものではなく,教師の個人差によってその現れ方に違いがみられることも知られている。極端で型にはまった期待をいだきやすく,期待に沿った対応がみられやすいタイプもあれば,児童・生徒との相互作用のパターンを調整し,一定の方向づけをしないように,柔軟に対応することのできる教師もいる。ミッシェル（Mischel, W.）が指摘するように,人間の情報処理能力には限界があるため,入力情報にラベルをつけたり,カテゴリー化によって単純化することがなければ,事実上終わりのない情報の洪水に対処することはできない。こうした意味からも,期待や推測は人間にとって不可避であり,それ自体は異常なものでも特別なものでもない。ただ,ここで問題なのは,誤った期待をかたくなにもち続けることである。これまでみてきたように,不正確な期待によって誤った構えが形成され,構えに沿った教育的処遇を通じて期待が暗黙裡（あんもくり）に児童や生徒に伝達されることもある。さらに,不適切な教育的処遇が続けば,期待や推測は最終的に「自己成就的予言（self-fulfilling prophecy）」として機能することにもなりかねない。こうした事実をふまえ,児童や生徒の隠された一面に目を向ける努力を惜しまないようにするとともに,教師自身が自分の対人認知のあり方について謙虚に自省し,洞察を深めるという姿勢が求められている。

引用・参考文献

Brophy, J.E. & Good, T.L. 1974. *Teacher-student relationships: Causes and consequences.* Holt, Rinehart and Winston. ブロフィ,J.E. & グッド,T.L.（著）浜名外喜男・蘭千壽・天根哲治（訳）(1985)『教師と生徒の人間関係——新しい教育指導の原点』北大路書房

Mischel, W. 1968. *Personality and assessment.* John Wiley & Sons. ミッシェル,W.（著）詫摩武俊（監訳）(1992)『パーソナリティの理論——状況主義的アプローチ』誠信書房

蘭　千壽・古城和敬（編）（1996）『教師と教育集団の心理』（対人行動学研究シリーズ2）誠信書房
稲越孝雄・岩垣　攝・根本橘夫（編著）（1991）『学級集団の理論と実践――教育学と教育心理学の統合的発展をめざして』福村出版
尾木直樹（1999）『「学級崩壊」をどうみるか』日本放送出版協会
狩野素朗・田崎敏昭（1990）『学級集団理解の社会心理学』ナカニシヤ出版
経済協力開発機構（2010）『図表でみる教育　OECDインディケータ（2010年版）』明石書店
児島邦宏（1990）『学校と学級の間――学級経営の創造』（シリーズ教育の間8）　ぎょうせい
齊藤　勇（編）（1987）『対人社会心理学重要研究集1　社会的勢力と集団組織の心理』誠信書房
前田嘉明・岸本元美（監修）（1986）『教師の心理〈1〉　教師の意識と行動』有斐閣
三隅二不二（1984）『リーダーシップ行動の科学　改訂版』有斐閣
高浦勝義（2002）「少人数指導と学力向上」『教育委員会月報 No.632』文部科学省

コラム

学級崩壊

　本章では学級集団と教師について考えてきたが，学級崩壊とはそうした教師の働きかけが機能しなくなる状態のことである。尾木（1999）は，学級崩壊を「小学校において，授業中，立ち歩きや私語，自己中心的な行動をとる児童によって，学級全体の授業が成立しない現象」と定義している。学級崩壊は中学校以上でもみられるとする見方もあるが，そうした授業機能の不全現象は授業崩壊であって，両者を混同すべきではないと考えられている。

　では，小学校と中学校以上との大きな違いは何なのであろうか。それは1人担任制と教科担任制の違いである。小学校では学級担任が全教科を担当する1人担任制であるが，教科担任制をとる中学校では，1人の教師の授業が成立しなくなったとしても，すべての教師の授業が不成立ということはまずありえない。尾木は，1人担任制の破綻が学級崩壊の大きな原因であるとしている。

　学級崩壊のプロセスをみると，①引き金になる児童の存在，②そのほかの児童の同調，③崩壊現象の継続，という一連の流れがみられる。ここで問題なのは，そのほかの児童の同調である。引き金になる児童は今も昔も存在したはずであるが，以前はそれが学級崩壊に発展することはなく，むしろそうした問題を契機として学級集団が発達するということもあったとされる。ところが今日では，その他大勢の児童の同調行動によって学級崩壊が起こると考えられている。さらに，尾木は小学校の低学年と高学年とでは，学級崩壊の特徴に違いがみられるとしている。低学年では悪気のない自己中心的で衝動的な行動による授業規律の崩壊が特徴的であるのに対して，高学年になると担任への不満や怒りなどの感情的反発が背景となることが多いとされている。

尾木直樹（1999）『「学級崩壊」をどうみるか』日本放送出版協会

第8章
特別支援教育

はじめに

　教育現場で喜びや苦悩とともに，各種の障害をもつ子どもたちと奮闘中の教師の姿はまばゆいばかりである。また教職をめざす若者が多く存在することは，学校で学びを進めるすべての子どもたちにとって喜ばしいことである。その実践のなかから問題や課題を見つけ，これからの取り組みに活かすことが，文部科学省（以下，文科省）による下記にうたわれていることの実現をさらに進めることになる。

　「我が国が目指すべき社会は，障害の有無にかかわらず，誰もが相互に人格と個性を尊重し支え合う共生社会である。……（中略）……学校教育は，障害者の自立と社会参加を見通した取組を含め，重要な役割を果たすことが求められている」（特別支援教育に関する中央教育審議会答申「特別支援教育を推進するための制度の在り方について」〔2005年12月8日発表〕の抜粋）（文科省，2013a）。

　筆者は公立病院の児童青年精神科における心理臨床に長年従事してきた。各種の障害・疾病とともに生きる子どもや家族との二人三脚と，保育所，小・中・高校の先生方との共働作業は欠くことができない重要なものであった。その経験をふまえて以下に，子どもたちのいくつかの状態像や特徴および通常学級・通級指導教室・特別支援学級を中心とした留意点や工夫について述べることにする。

第1節　特別支援教育について

　わが国の学校教育の流れのなかで「特別支援教育」の導入は画期的なことと

いえる。2007（平成19）年4月に開始されたが，一部の現場において十分に機能しているとはいいがたいという意見もある。当初から人材の養成・人や財源の支援・固有の指導の問題点が指摘されてきたが，国策と現場の努力によって改善されながら，現在も努力が積み重ねられている。

　文科省から全教育機関代表者宛に出された「特別支援教育の推進について（通知）」（2007年4月1日）には，「特別支援教育は，障害のある幼児児童生徒への教育にとどまらず，障害の有無やその他の個々の違いを認識しつつさまざまな人々が生き生きと活躍できる共生社会の形成の基礎となるものであり，我が国の現在及び将来の社会にとって重要な意味をもっている」（文科省，2013b）と記載されている。特別支援教育は，これまでの特殊教育の対象の障害だけでなく，知的な遅れのない発達障害も含めて，特別な支援を必要とする幼児・児童・生徒が在籍するすべての学校において実施されるものである。

　文科省によると，「『特別支援教育』とは，障害のある幼児児童生徒の自立や社会参加に向けた主体的な取組を支援するという視点に立ち，幼児児童生徒一人ひとりの教育的ニーズを把握し，その持てる力を高め，生活や学習上の困難を改善又は克服するため，適切な指導及び必要な支援を行うもの」だとされている（文科省，2013c）。

　また2011（平成23）年5月1日現在，義務教育段階において特別支援学校および小学校・中学校の特別支援学級の在籍者ならびに通級による指導を受けている児童・生徒の総数の占める割合は約2.7％となっている（文科省，2013d）。今後ますます特別支援教育の必要度と充実が求められていくものと考えられる。特別支援教育の詳細情報については成書（柘植・渡部・二宮・納富，2010；茂木，2010；大沼・吉利，2011）を参考にされたい。

第2節　対象となる子どもたちの実像

　特別支援教育の対象者は「学校教育法」では，以下のようになっている。「特別支援学校は，視覚障害者，聴覚障害者，知的障害者，肢体不自由者又は病弱者（身体虚弱者を含む。以下同じ）に対して，幼稚園，小学校，中学校又は高等学校に準ずる教育を施すとともに，障害による学習上又は生活上の困難

を克服し自立を図るために必要な知識技能を授けることを目的とする」(学校教育法72条)。また「小学校・中学校・高等学校・幼稚園においては……(中略)……1.知的障害者,2.肢体不自由者,3.身体虚弱者,4.弱視者,5.難聴者,6.その他障害のある者で,特別支援学級において教育を行うことが適当なもの」(学校教育法81条)のために,特別支援学級を置いて教育を行うことができるとしている。

文科省が2012(平成24)年に実施した「通常の学級に在籍する発達障害(自閉症,アスペルガー症候群その他の広汎性発達障害,学習障害,注意欠陥多動性障害その他これに類する脳機能の障害)の可能性のある特別な教育的支援を必要とする児童生徒に関する調査」の結果では,約6.5%程度の割合で通常の学級に在籍している可能性を示している(文科省,2013e)。

表8-1 主な発達障害の定義について(文部科学省)

自閉症 (Autistic Disorder) の定義	自閉症とは,3歳位までに現れ,他人との社会的関係の形成の困難さ,言葉の発達の遅れ,興味や関心が狭く特定のものにこだわることを特徴とする行動の障害であり,中枢神経系に何らかの要因による機能不全があると推定される。 (2003年3月の「今後の特別支援教育の在り方について(最終報告)」参考資料より作成)
高機能自閉症 (High-Functioning Autism) の定義	高機能自閉症とは,3歳位までに現れ,他人との社会的関係の形成の困難さ,言葉の発達の遅れ,興味や関心が狭く特定のものにこだわることを特徴とする行動の障害である自閉症のうち,知的発達の遅れを伴わないものをいう。 また,中枢神経系に何らかの要因による機能不全があると推定される。 (2003年3月の「今後の特別支援教育の在り方について(最終報告)」参考資料より抜粋)
学習障害 (LD:Learning Disabilities) の定義	学習障害とは,基本的には全般的な知的発達に遅れはないが,聞く,話す,読む,書く,計算する又は推論する能力のうち特定のものの習得と使用に著しい困難を示す様々な状態を指すものである。 学習障害は,その原因として,中枢神経系に何らかの機能障害があると推定されるが,視覚障害,聴覚障害,知的障害,情緒障害などの障害や,環境的な要因が直接の原因となるものではない。 (2000年7月の「学習障害児に対する指導について(報告)」より抜粋)
注意欠陥/多動性障害 (ADHD:Attention-Deficit/ Hyperactivity Disorder) の定義	ADHDとは,年齢あるいは発達に不釣り合いな注意力,及び/又は衝動性,多動性を特徴とする行動の障害で,社会的な活動や学業の機能に支障をきたすものである。 また,7歳以前に現れ,その状態が継続し,中枢神経系に何らかの要因による機能不全があると推定される。 (2003年3月の「今後の特別支援教育の在り方について(最終報告)」参考資料より抜粋)

※ アスペルガー症候群とは,知的発達の遅れをともなわず,かつ,自閉症の特徴のうち言葉の発達の遅れをともなわないものである。なお,高機能自閉症やアスペルガー症候群は,広汎性発達障害に分類されるものである。

A：自閉性障害（H：高機能）
ANOS：特定不能の自閉性障害
ASP：アスペルガー症候群
ADHD：注意欠陥／多動性障害
LD：学習障害
MR：知的障害

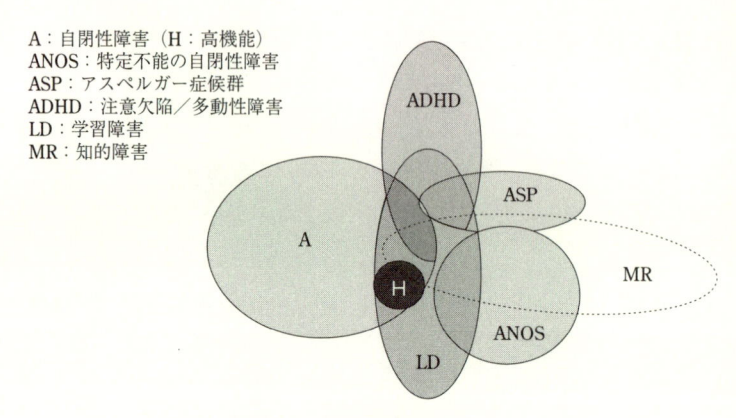

図8-1　発達障害のイメージ

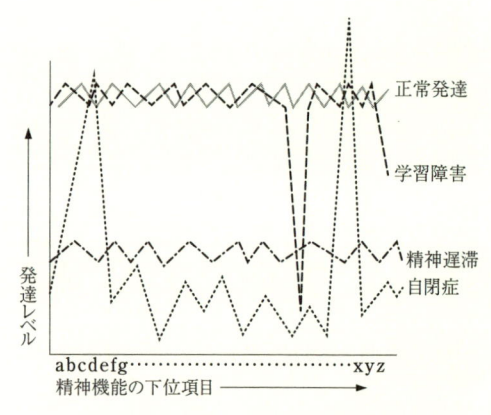

図8-2　発達障害の下位精神機能のパターン
（山崎，1993より作成）

　教育現場における子どもの存在は，障害があろうとなかろうと教育する者と教育される者一人ひとりにとって特別なものといえる。さまざまな障害をもつ子どもたちとの出会いは，時に困難をともなうこともあるが双方に大きな実りをもたらすものである。教育現場にかぎらずどの分野においてもそれぞれの子どもの成長と発達の現場にあって，その過程をともにする者の喜びは大きい。

　本章ではさまざまな状態像を示す子どもたちのなかから，いわゆる「発達障害」およびその周辺的状態像の子どもたちについて述べることにする。

　主な発達障害の定義について文科省は表8-1のように記している（文科省，2013c）が，発達障害の子どもたちの特徴と対応をわかりやすく説明するために，医学的見地（国際的診断基準〔ICD-10〕：World Health Organization，1992）を加味して以下1〜5の障害名で取り上げることにした。また主な障害名の子ど

もたちのイメージと特徴を理解しやすいように，図8-1，8-2をあげた。図8-1はこれらの子どもたちは明確に診断がつく場合もあるが，いくつかの特徴を合わせもつ場合もあることを示しており，図8-2はそれぞれの子どもたちの各種の精神機能のパターンの特徴を示している（後述）。

1　広汎性発達障害（PDD：Pervasive Developmental Disorder）

　ICD-10ではいくつかの障害が含まれるが，自閉症（自閉性障害），アスペルガー症候群（自閉症と同じ障害があるが言語発達に顕著な遅れはない），特定不能の広汎性発達障害が主なものであり，その程度はさまざまである（久野，2003）。
　一般的に広汎性発達障害の人口に対する有病率は，0.5〜0.75％ほどといわれているが，2.1％とする報告もある（本田，1998）。
　いわゆる自閉症の特徴は，「a　社会性の障害」「b　コミュニケーションの障害」「c　イマジネーションの障害」の3つが基本障害であるが，そのほか特有の過敏性をもっている場合もある。教育現場では診断という立場ではなく，支援という視点が重要であり，どう指導すればより効果的に子どもを伸ばすことができるかが問われる。

　a　社会性の障害　　そのときどきの場面でほかの人との関係を理解したり，状況が自然とわかるということと関係している。幼いときから経験とともに積み上げていくことになるが，当たり前の常識の獲得のしにくさは想像以上である。場面をとらえて個別的に具体的に提示しながら，身につけていくことが可能である。

　b　コミュニケーションの障害　　日常的に会話の困難さが生じてくることになる。一方的であったり，意味が理解できなかったりして，対人的なトラブルを生じることも多い。単純な言い方を用いることや，具体的に絵や図を利用することも有効である。

　c　イマジネーションの障害　　場面に応じた柔軟な対応と関係する。パターン的な行動や応用が利かずに「各種のこだわり」をみせることもある。急な予定の変更や未体験の状況などが不安やパニックを誘発することもあるため，構造化（場面や状況をわかりやすいように絵・図・写真などで示す）という方法が用いられる。しかし，あまりそれに頼りすぎることは興味の限局や関心の狭さ

によって日常の適応を危うくすることになる。自分の好きなことは止められず，嫌いなことには見向きもしないことも生じる。

そのほかに，過敏性の問題も本人と周囲を苦しめる場合がある。各種の感覚の過敏さのために耐えがたい苦痛が生じるが，まわりの人々には理解できずに悪循環に陥りがちとなる。年齢とともに収まる傾向があり，無理に耐えさせるよりも少しずつ慣れる方向づけが望ましい（小林，2003）。

また自閉症のうちで知的発達の遅れがない場合に，「高機能自閉症」といわれ，知的発達の遅れがなく，かつ自閉症の特徴のうちことばの発達の遅れをともなわない場合に「アスペルガー症候群」といわれることがある。この2つの障害は現在の国際的診断基準では同じ広汎性発達障害でありながら異なるとされているが，「自閉症スペクトラム」として同じ仲間ととらえる立場もある。従来より将来的な変更の可能性がいわれてきたが，アメリカ精神医学会の「精神障害の診断と統計の手引き」の2013年5月改訂診断基準（DSM-5）では「Autism Spectrum Disorder」と変更され，日本語訳「自閉症スペクトラム障害」が検討中である。知的発達の遅れやことばの発達の遅れがないことで，かえって発見が遅れたり，まわりの理解不足や本人の要求水準の設定困難などを招くことがあり，十分な注意を要するともいえる。

2　学習障害（LD：Learning Disabilities）

知的能力の発達が年齢相応であるが，読み・書き・計算という基礎的な学習能力の発達が停滞している場合を「学習障害」という。つまり，学習障害は単なる「学業不振」ではないので，本人の努力不足や家庭のしつけの問題として扱うと，子どもや家族に理不尽な負担をかけてしまうことになる。全般的な知的発達に遅れはなく，特定の能力の習得と使用に困難がある障害なので，いろいろなタイプがあることになる。また教育の現場で用いることばとして，学習障害には医学診断での狭義の学習障害や発達性言語障害，発達性協調運動障害，軽度精神遅滞と境界知能の一部を含むという考え方もある。このような子どもたちを広義の学習障害として考えるとかなり多いことになる。その出現頻度について確定的な数字はないが，欧米では15％を下らないのではないかとされており，日本においては普通学級に在籍する児童・生徒のうちの2.5％程度に

読みと書きの困難がみられる（文科省，2013d）と推定されており，教育の大きな課題であるといえる。

学習障害児の特徴を以下にあげるが，1人がすべての特徴をもつわけではない。

　a　認知（学習）能力の問題　　図8-2の学習障害のパターンのように得意・不得意分野のばらつきが大きく目立っている。奇妙にすら見えることがあるが，子ども一人ひとりの個人内差の特徴を理解したうえで，教育方法の工夫を要する。

　b　協応運動の問題　　身体の動きや指先の操作に不器用さがあり，上達に時間がかかることになる。小さいときから何かにつけてうまくいかない自分を体験し続けていることが多く，自己評価は低くなりがちである。

　c　ことばの遅れ　　幼児期にみられることが多い。聞き取りにくい・たどたどしいしゃべり方・話が飛ぶなどがあり，学習は言語を基本としているので，成長するにつれて問題は目立っていくことになる。

　d　学習困難による生活不適応　　日常でも学習したことを忘れやすく，応用が利きにくいため，初めてのことが苦手である。各種能力は適当にあるのに，組み合わせて使うと極端に落ち込む。「やる気がない」や「ふざけている」という誤解を生みやすく，苦手なことへの逃げ腰が練習の機会を減らし，技術習得が進まない。

　e　活動性の異常　　落ち着きがなく，多動であったり，反対にぼうっとしたり，反応がなかったりする。日常の活動水準がほかの子どもたちと異なっている。

　f　注意力・集中力の困難　　気が散りやすく，長時間の注意集中が難しいため，学習が積み上がりにくい。対人関係を結び，深めることもうまく進まない。

　g　固執性　　何かのこだわりのため，暮らしにくさが生じる。行動を切り替えられず，時にはパニックになり，本人もまわりも対応に疲れ果てることがある。

　h　衝動性　　衝動的な突然の行動に驚かされ，危険な事態が起こることもある。対人関係のトラブルが起き，まわりのおとなからひどい叱責を浴びる場

表8-2　学習障害の特徴の年齢による現れ方（岡本，1995）

	幼児期	学童期	思春期
幼児期から問題があるグループ	・言葉の遅れ ・多動，気が散る ・かっとしやすい，友達と遊べない，人見知りがなく，だれにでも近づく ・不器用 ・母子関係の問題（育てにくさ）	・学業の問題 ・多動，集中力がない ・かっとしやすい ・仲間関係の問題（ルールが分からない） ・不器用 ・二次的情緒障害（心身症，登校拒否など）	・学業の問題 ・多弁 ・集中力がない ・衝動のコントロール ・仲間関係の問題 ・精神医学的問題 ・反社会的問題 ・二次的情緒障害（登校拒否，高校中退など）
学童期以降問題が出てくるグループ	問題なし	・学業の問題（特異的読み書き計算の障害） ・二次的情緒障害	・学業の問題 ・二次的情緒障害

合もある。

i　情緒の不安定　　日によって，また1日のなかでも情緒が不安定で，めまぐるしく変わりやすい。両親でも「わが子なのにわからない」ということもある。

j　二次的情緒障害　　aからiの特徴への対応が適切でないと，とくに就学後に二次的に情緒や行動の問題（無気力・引っ込み思案・自信欠如・乱暴・反抗など）が生じることがある。まわりの無理解が悪循環を繰り返し，不幸な将来に結び付くことを避けたいものである。

　これらの特徴は年齢によって現れ方が異なり，表8-2に幼児期・学童期・思春期に分けて示した（岡本，1995）。また加齢によって目立たなくなったり，かたちを変えたりする。いずれにしてもまず目の前の学習障害児に気づき，その特徴をしっかり把握することが重要である（榎木・前田，2003）。

3　注意欠陥／多動性障害（ADHD：Attention-Deficit/Hyperactivity Disorder）

「a　注意集中の維持の困難さや不注意」「b　多動や落ち着きのなさ」「c　衝動性」の3つが主な症状である。以下に各特徴についてふれておく。

a　注意集中の維持の困難さや不注意　　1つのことに集中できない。目につくものに関心が移り，遊びが転々とし，話しかけられても聞いておらず，応じられない。順序立てて物事をやり遂げられず，忘れ物，落とし物が多い。親

や教師は本人の不注意，努力不足，性格の悪さと受けとりがちである。

　b　**多動や落ち着きのなさ**　歩き出した頃から落ち着きがなく，平気で危険なことをして育てにくかったといわれることがある。学級でも席を離れ，座っていても手足を動かしたりものをもてあそんだり，まわりの子どもにいたずらしたり，活動的で疲れを知らず，じっとしていない。

　c　**衝動性**　順番を待てず，相手の話中に急にしゃべりだしたり，刺激にすぐ反応してしまう。仲間に強引に入りこんで邪魔をして嫌われたり，友だちが冗談で軽くたたいただけなのに激しくつきとばしてけがをさせたりして，トラブルメーカーといわれることがある。本人はしょげるがどうすればよかったのかはわかっていない。

　病型については混合型，不注意優勢型，多動性—衝動性優勢型の3タイプに分けられている。それぞれのタイプに見合った方向づけが必要である。有病率はいくつかの報告があり，一般的には学齢児の3〜10％だといわれている。

　これらの子どもたちはほかの発達障害をもつ場合もあり，学習障害や協調運動障害はよくみられる合併症といわれるが，広汎性発達障害は除外されることになっている。診断基準に知的障害は言及されていないが，知的に正常もしくは知的障害があっても比較的軽い子どもにあてはまる基準である。やはり学習障害と同様に，家庭や学校で適切に扱われないと二次的な障害が合併し，反抗挑戦性障害や行為障害（木村，2003）に発展する可能性がある（大月，2003）。

　なお，注意欠陥／多動性障害をもつ子どもたちには，医療機関を受診して薬物療法が開始されることがある。メチルフェニデート（商品名は，一般製剤のリタリンと徐放性製剤のコンサータ）が処方され，すべてのケースでとはいえないが著効を示し，勉強にも集中でき，運動面で身体のコントロールがうまくいき，生活が一変することもある。服薬については親子を中心にしっかりと判断をする必要があるだろう。

4　知的障害（MD：Mental Deficiency）

　子どもたちの知的能力には個人差があり，身につけるスピードも違っていて，子ども時代に量的にも質的にも大きな変化を遂げることは明らかである。子どもの知的能力は，一般的には知能検査で測定し，平均的な年齢で期待される能

表 8-3　知的障害者の特別支援学校就学基準（学校教育法施行令第 22 条の三）
（文部科学省，2011）

一	知的発達の遅滞があり，他人との意思疎通が困難で日常生活を営むのに頻繁に援助を必要とする程度のもの
二	知的発達の遅滞の程度が前号に掲げる程度に達しないもののうち，社会生活への適応が著しく困難なもの

表 8-4　国際疾患分類（ICD-10）

F70	軽度精神遅滞	IQ レベル 50 から 70 程度
F71	中等度精神遅滞	IQ レベル 35 から 50 程度
F72	重度精神遅滞	IQ レベル 20 から 35 程度
F73	最重度精神遅滞	IQ レベル 20 未満
F78	他の精神遅滞	－
F79	特定不能の精神遅滞	－

力と比較して大まかな水準（知能指数：IQ）を表現するが，絶対的なものではない。しかし，その子どもの知的水準や特徴を知っておくことは，教育支援を進めるうえでは非常に大切なことである。現在では文科省基準（表 8-3）や国際分類（表 8-4）のように段階分けをすることが一般的である。そして，ほかの障害の場合と同様に，教育支援は個別的な目標設定が必要となる。学業達成の具体的な課題設定や方法，スピードに関して，その子どもの状態像によって柔軟な運用が望まれる。

　また，知的障害があるということは，情報処理能力が年齢に比べて十分ではないということであり，まわりからの各種の刺激やストレスをうまく処理しきれないことも当然起こりうる。ほかの発達障害に合併している場合もあり，障害ごとの特徴を配慮して，ストレス耐性の脆弱性にも十分な配慮が求められる。

5　そのほかの障害

　a　発達性言語障害（DLD：Developmental Language Disorder）　知的障害や感覚障害，脳損傷はみられず，口腔の構造・機能にも欠陥がなく，ことばを遅れさせる原因となるような環境の問題も考えられないが，ことばに遅れがみ

られる子どもたちである。特異的言語発達障害（Specific Language Impairment）といわれることもある。中枢神経系の軽度の障害や成熟の遅れと考えられているが，言語表出が苦手なタイプと理解言語が苦手なタイプがある。遊びや人との関係のなかで，広汎性発達障害のような特徴は認められないので，容易に区別することが可能である。

  b **発達性協調運動障害**　DCD（Developmental Coordination Disorder）　子どもの不器用さに関する問題であるが，現在のところ標準化された判定基準が存在しないため，程度や種類および存在の割合について明確にはなっていない。ほかの発達障害との合併もあり，不器用さへの配慮は当然必要となる。大まかには，手先の微細運動と全身の粗大運動に分けて考えることができる。適切な運動練習を積み重ねることである程度の上達は可能であるが，一方でできる友だちを自然と目にして，繰り返し練習する段階でできない自分に嫌気がさすこともある。いかにやる気を持続させるかも大きなテーマとなる。苦手でも繰り返しの練習の結果，上達して変わっていく自分をいつ体験するかは今後の意欲に大きくかかわってくることは明白である。クラスメートもしくは先生と一緒に，達成感を味わいながら進んでいく重要性を確認できる機会ともなる。

第3節　教室のなかでの工夫と学内・外の連携

　子どもたちの支援の基本は，毎日をともに過ごす教室である。それを包み込み支える学内・外の連携の成否が，支援の成否に大きくかかわってくることはいうまでもない。特別支援教育に関する校内委員会の設置は，校長，教頭，特別支援教育コーディネーター，教務主任，生徒指導主事，通級指導教室担当教員，特別支援学級教員，養護教諭，対象の幼児・児童・生徒の学級担任，学年主任，そのほか必要と考えられる者などで構成されるため，校内一丸となっての工夫が求められることが前提となっている。

　以下に，教室のなかでまず進めておくべき工夫と具体的な連携のいくつかについてふれる。

1 教室のなかでの工夫

それぞれの状態像の子どもたちにふさわしい方法論の詳細については，参考文献にゆずり，ここでは共通する留意点のいくつかにふれることにする。

a　まず子どもおよび保護者との信頼関係の構築から　信頼関係の構築は当然の前提とだれもが考えている。しかし，短期間では成立しがたく，互いの努力を必要とする。子どもとの毎日の暮らしや保護者との連絡や面談を，積み重ねることのなかからしかなしえないものである。子どもたちは自分のことをいつも気にかけ，よいところを認め，しっかり注意してくれる人を味方だと考えて受け入れる。そして，必ずその子なりのスピードで発達していくものである。医療心理臨床の経験から，このことに対しての筆者の確信は今も揺るがない。一例をあげると，小学1年から6年まで支援した学習障害児の保護者のことばが印象的であった。終結時に保護者は「どうして私がこれまで通院することができたかわかりますか？　それは先生が私を責めなかったからです」と話した。つまり，保護者のこれまでの努力に敬意を表し，つらい部分に寄り添うことが基本となる。保護者とは，その子どものこれから続く長い未来をつねに考えながら連携することが重要である。

b　自分はやればできるという自尊感情の形成　まずは具体的な何か（短い時間で上達や達成感が経験できる知識，作業，作品，結果など）が必要である。支援者（担任その他）と一緒に取り組んだ実体験が出発点となる。たとえば，続けられたこと自体，数値の変化，巧みさの獲得，スピード化などを評価基準として，刻々と変わっていくこと，一定期間後によい結果を確認できることは，教師と子どもの両方において今後の意欲を高めるにちがいない。また，発達障害の子どもたちが苦手とする過去・現在・未来につながる時系列理解と自身の可能性を信じる助けとなる。その課題の案出に教師の発想と工夫が求められる。

c　その子の得意分野へのアプローチから　だれにおいても自分の不得意に気づいていれば，それを補って克服したい気持ちを有するものである。しかし，直ちに不得意分野にふれられることには強い抵抗感があるのも事実である。一方で，少しでも得意なことで先生や友だちとともに楽しむことができた体験は貴重である。それらの体験の後で，ほどよいレベルの課題に取り組み，少しずつ不得意なものへの挑戦がお互いの交流の幅を広げ，関係の深さを形成する

ことになる。発達障害の子どもたちの指導の原則は，苦手の克服というよりはまず得意なものでよりよい暮らしを手に入れることであるといえるかもしれない。

　d　問題行動への介入　　教室を飛び出す，すぐ泣く・怒る・パニックになる，自傷や人を傷つける暴力，人の物を盗る，おとなしい人をいじめる，こだわりから離れられない，異性を意識して追いかけまわすなど，さまざまな問題行動は枚挙にいとまがない。まずその場での対応が先決であり，一連の行動の流れを再現して，その原因と正しい行動を知らせてやり直してみることは有効である。朝の通学時に保護者が前もって注意する，行動時にしかりつける，帰宅後保護者に報告して反省させるなどは効果がない。行動が生じたそのとき，その場での対応が肝心である。危機を回避できたら行動を欲張らずに一種類に限定して，学校と家庭で同時にトレーニングを開始し，一定期間に回数を頼みにして繰り返すことは行動修正をもたらすことになる。

　e　全人的性（sexuality）に関する配慮　　本来，性に関する教育は単なる「セックス」にとどまるものではなく，いのちの教育と重なるものであり，幼少期から開始され，丁寧に積み重ねられるべきものである。障害を有する子どもたちにおいては，日々の不適応の対応のために，ともすれば後まわしになりがちである。思春期を前にして急激な問題行動をともなって表出される場合もある。各種の障害によってその表現形に差がみられることもあり，子ども一人ひとりの成長にともなった第二次性徴・親子分離と仲間関係の成立・自我の確立についての細やかなまなざしをもち続けることが望ましい（服部，1989）。

　以上のように，基本的な工夫はとりたてて変わったものではない。広汎性発達障害，学習障害，ADHDなどを中心とした発達障害児童・生徒のさまざまな特徴に対応した工夫の実践は，障害があろうとなかろうと目の前にいる教育していく「その子」への応用が可能だといえる。

2　学内連携

　a　通常学級と通級指導教室や特別支援学級の連携　　特別支援教育により特殊教育から大きく変わって，子どもたちの発達保障が認められた。制度的に

は大きく前進したが，人的・予算的配慮が十分というわけではない。今後の実質的な充実が期待される。

　子どもたちの状態像により通常学級と通級指導教室や特別支援学級の連携は，「交流および共同学習」を積極的にまた柔軟に運用される趣旨が謳われている。過去には不幸にして有効に機能しない場合も散見されたが，それぞれの学級の利点を活かして「個別指導計画」の実現を進めるシステムとなることが望まれている。そのためには，当然ながら各学級間の情報共有や支援内容の決定が必須の要件となる。

　b　特別支援教育コーディネーター，一般教員およびその他職員との連携

　特別支援教育コーディネーター（以下コーディネーター）は，主に校内委員会・校内研修会の企画・運営，関係機関・学校との連絡・調整，保護者からの相談窓口などの役割を担い，「個別の教育支援計画」の作成にもかかわるキーパーソンである。そして，特別支援を受ける子どもに直接かかわる「通級指導学級」や「特別支援学級」の担任による「個別の指導計画」の実践には，コーディネーターを中心とした一般教職員との情報共有，スクール・カウンセラーや保護者との連携が大きな役割を果たすことになる。コーディネーターの実力と学内協力体制が特別支援教育の成否のポイントといえる。

　c　担任教師の開示性と相互サポート　　教室のなかでの教師は学級運営のために，もてる力を総動員して受けもつ子どもたちそれぞれの成長と発達を促していく。それは充実した毎日である一方で，孤独ともいえる状況を生み出すこともある。副担任などの制度がすべての学校に採用されているわけではない。「自分の学級」としての責任感は，ポジティブにもネガティブにも作用しうる。前述のシステムが機能するためには，担任教師の学級運営上の課題の開示性が重要である。学校においてほかの教師からの評価は関心事であるが，それにとらわれることは学級の閉鎖性とつながる可能性がある。

　教師自身の「教育力」の向上のためには，つねに必要な助言や支援を教師相互に活用できる状態が望まれることになる。

3　学外連携

　子どもたちはそれぞれの特徴に応じて学外の支援を受けていることが多い。特別支援関係のシステムを利用するほかに，教育関係機関，医療機関，福祉機関，保健機関，NPO，そのほかの支援機関など，さまざまである。いずれの場合も，子どもと保護者を中心として必要な連携が求められる。その中心的な役割を担うのはケースバイケースであるが，機会をとらえて一堂に会することは即効性が高いといえる。当然のことながら，保護者と子ども本人（ある程度年齢が高い場合）の了解のもとに実施されるべきである。文科省のねらいは各学校がさまざまな関係機関とネットワークを作って，子どもの成長に応じて一貫した支援を行うことである。

　a　小・中学校における「巡回相談」の利用　　①市区町村や都道府県の教育委員会が単独・合同で設置する専門家チームによる巡回相談，②特別支援学校による巡回相談，③そのほかの都道府県立の発達障害センターや特別支援教育機関による巡回相談の3つのタイプがある。教育や心理学を専門とする大学教員，医師，特別支援学校の担当者などが，直接各学校に入り込んで支援する。

　b　「専門家チーム」の設置と利用　　都道府県などの教育委員会が設置するもので，学校の要請でその子どもの状態把握や判断を行うが，医学・教育・心理学の専門家，教育行政担当者，教育関係者などから構成されている。

　c　特別支援連携協議会の役割　　各地の特別支援教育を推進するために，必要な部局横断的なネットワークであり，広域特別支援連携協議会と地域特別支援連携協議会が連携協力支援体制の役割を担っている。

　d　そのほかの教育関係機関，医療機関，福祉機関，保健機関，NPO，そのほかの支援機関連携

　①教育関係機関　　特別支援学校，小学校，中学校，高等学校，中等教育学校，大学，教育委員会，教育相談所や教育センターなどの支援を必要に応じて利用するべきである。

　②医療機関　　地域の病院，障害者専門医療機関やクリニックの役割は，障害の発見・診断・予後評価・助言・治療などを提供することである。ただし，児童精神科医等は厚生労働省の方針にもかかわらず絶対数が不足しており，受診待機期間が長いという問題も有している。障害の特徴理解や価値観の転換と

支援体制の充実を期待できる半面，受診による単なるラベル貼りに終わらないように注意する必要がある。

　③福祉機関　　地方公共団体の福祉担当部局，児童相談所，社会福祉協議会，障害者福祉センター，発達障害者支援センターなどの行政関係窓口なども有用である。障害者自立支援法（2006年施行）や発達障害者支援法（2005年施行）により，障害者手帳交付などを含む福祉サービスや児童相談所などの支援が充実しており，必要に応じて活用したいものである。

　④保健機関　　地方公共団体の保健担当部局，保健所や保健センターなどは，地域における母子保健・老人保健の拠点であり，家庭の事情などに応じてその機能を活かすことが望まれる。

　⑤そのほか　　NPO，親の会，塾を含む地域の活動グループなどのそのほかの支援機関などにおいて，地域に根差した支援は早期から積み重ねられていることが多い。したがって，支援のネットワークのなかできめ細かい役割を果たすことが可能である。

　⑥労働関係　　後にもふれるが，子どもたちの年齢によってはハローワーク，地域障害者職業センター，障害者就業・生活支援センター，企業などとの連携も視野に入れる必要が生じる。つまり，担当する子どもたちについて，将来的な就労のためにその時点で何を身につけるべきであるかをつねに念頭に置くことも求められている。

　いずれにしても，その子どもの具体的な学校・家庭生活に即した支援が重要であり，適時の情報の共有が望ましい。ネットワーク形成と維持に努力を要するが，このネットワークの効果の大きさは，経験者には明白である。そして，蓄積された子どもの情報の年齢にともなう引き継ぎや管理の問題の検討が今後も求められている。

第4節　特別支援教育のための技法

1　SST（ソーシャルスキルトレーニング：Social Skill Training）

　SSTとは，人間が社会のなかで生きていくのに必要な技術を習得することである。本来子どもたちは日々の暮らしのなかで，周囲の人々の行動を見て社会

生活に必要な行動を自然に身につけていく。しかし，発達障害の子どもたちは年齢が上がっても身についていないことがある。教科学習一辺倒ではなく，具体的に，計画的に SST を進めていくことで，生活全般の改善や教育可能性を大きくする本人の意欲を手に入れることが可能になる。その原則は，①ゆっくりとスモールステップで，②できないことを注意するより，できたことをほめることなど，子どもの一人ひとりの一つひとつの行動に寄り添いながら進めていくことが必要である（田中，2008）。

2 応用行動分析（ABA：Applied Behavior Analysis）

行動主義の考えから生まれたもので，人間の行動は学習によって獲得されたものであり，不適応な行動は誤った学習の結果として起こるという考え方にもとづいている。発達障害児に対して，①望ましい行動を教える（コミュニケーション，食事・排泄などの生活スキル，そのほか），②望ましい行動を維持・般化させる（家庭や学校で適切な行動がとれるようにする），③問題行動（自傷，他害，こだわりなど）を減らすことを目的にして用いられる。

できる行動とできない行動の実態を把握（課題分析）し，その子の具体的な支援行動と目標をしつらえるために機能分析（ABC 分析：弁別刺激〔Antecedent〕・行動〔Behavior〕・強化刺激〔Consequence〕）を行う（武藤，2011）。

つまり，医療モデルのように人間のなかに原因を求めるよりも，問題は子どもと環境のなかにあり，教育はその関係の改善を求めるという考え方に立っている。子ども各自が何を好み，何を望んでいるかを知ることが重要である。

3 インリアル（INREAL：Inter Reactive Learning and Communication）・アプローチ

「インリアル・アプローチ」は，ことばのない段階から会話期までのコミュニケーション・アプローチを考えている。おとなと子ども両方の相互作用をビデオ分析という方法でとらえて，変えていくというものである。まず子どもをとりまく環境を変えることから始めて，子どもの潜在力を信じ，主体性を大切にする考え方に立つともいえる。

かかわりの基本姿勢を「SOUL」（Silence〔静かに見守る〕，Observation〔よく

観察すること〕，Understanding〔深く理解すること〕，Listening〔心から耳を傾けること〕）とし，言語心理学的技法として「ミラリング（子どもの行動をそのまままねる）」「モニタリング（子どもの音声やことばをそのまままねる）」「パラレル・トーク（子どもの行動や気持ちを言語化する）」「セルフ・トーク（おとなの行動や気持ちを言語化する）」「リフレクティング（子どもの言い誤りを正しく言い直して聞かせる）」「エキスパンション（子どものことばを意味的，文法的に広げて返す）」「モデリング（子どもが使うべきことばのモデルを示す）」を用い，ノンバーバルサインや質問と提案を使って補うこともする（竹田，2005）。要は相互作用を重視したものであって，コミュニケーション意欲を支えることや伝達手段の多様化，伝達意図の解釈を的確に進めていく方法であるといえる。

そのほかにも特別支援教育のための技法が実践されている（安倍，2009；中山，2009）が，本稿では代表的なものについて記した。

第5節　特別支援教育のこれから

1　教師の専門性の問題

すべての教師の専門性と指導技術の向上は最優先課題である。このことはすべての子どもたちに役立つ教育を実施することにつながっていく。障害をもつ子どもたちの障害特徴を正確に把握し，教育的ニーズを的確に実行するために，教師個人の努力が求められることは当然であるが，校内・外の研修制度のシステムの整備が必要となる。また，教員養成課程における特別支援教育の単位取得や免許制度も，再考の余地があるであろう。

その教員の実力向上の道のりのなかで，教育技術の理論と実践力のバランスの重要性を強調しておきたい。毎日の子どもたちとの学校生活の場で，教師仲間からまたさまざまな方法で獲得した情報や技術の理論を実践しながら，調整や修正を行っていく必要がある。たとえば筆者の教師との教育・医療連携経験では，それぞれの実践を共有すると，種々の理論的背景が明確になることがある。単に目の前の子どものニーズ対応だけではなく，先人たちの知恵の普遍性・客観性・原因結果性を理解しておくと，ほかの子どもたちへの応用がしやすくなるという利点がある。「第4節　特別支援教育のための技法」で述べた

技法についても，すでに教育現場で教師自身の工夫として案出・実践済みであるが，科学的，理論的背景を理解することでより実践力が増すということがいえる。

2 保護者（必要に応じて本人）への障害告知と受容

筆者は児童青年精神科臨床の経験から，障害告知は重要事項であるが，難しさをはらんでいることを実感している。両親・家族にとって，また特別支援を行う者にとっても，告知の時期，実施者，方法，内容表現，その後のフォローなど，どれをとっても定式があるとはいえない。ただし，早期に主治医もしくは信頼関係のある人（両親や先生など）によって告知を受けた場合は，そうでない場合よりも経過がよいという印象をもっている。保護者の気づきから診断を求めるまでに時間を要することも多い。機が熟するタイミングと，ここでも信頼関係の成立が大きく作用することが明らかである。

3 不登校やいじめ，および児童虐待問題への対応

第2節の「2 学習障害」の項で示した表8-2のように，支援対象の子どもたちにはさまざまなかたちの二次的障害が生じる場合がある。医療との連携で対応できることもあるが，不登校やいじめ，そして児童虐待の問題は，短期間で消失させることが困難なことも多い。さまざまなハンディキャップをもつために，不登校・いじめ・児童虐待の問題が生じ，より複雑化することが報告されている。不登校については，1999年に全国で13万件を超え，近年は11万～12万件で推移しており，依然として教育界の大きな問題である（齊藤，2007）。

また，いじめの問題は届出による認知（発生）件数ではない実際発生数が把握できておらず，対応も十分ではないことが推測される。全学校的に早急な校内での気づきの促進と関係者の間での情報共有が最優先され，速やかな教育的行動をとるべきである（戸田，2010）。

そして，児童虐待問題は単なる家庭内にとどまらず，教員の通告義務も含めて今後の学校における重大な課題である。とりかえしのつかない結果を招かないように，かかわるすべての人々の力の結集が望まれる（岡本・二井・森，2009）。

4　進学支援・就労支援

　子どもたちは各種の必要な支援を得ながら成長・発達を遂げていく。次々と進学を繰り返してやがて就労段階に至り，教育システムから働く現場へと入っていく。教育を担当する立場からみると教え子たちのある種のゴールであり，スタート地点といえる。だれもが願う順調な進学と働き手としての安定した暮らしを手に入れる就労のために必要なことは何であろうか。つなぎ役である教師の第一条件はそのときどきの詳細な情報収集であり，目標のための毎日の支援教育内容へと帰着する。つまり，教師にとって長い道のりのなかで，眼前の問題だけではなく，つねに教え子たちの遠い将来像を描きながら，支援をイメージする息の長いスパンの発想が求められているといえよう。

　「障害者の権利に関する条約」第24条についての文科省初等中等教育分科会報告によれば，「『インクルーシブ教育システム』（inclusive education system，署名時仮訳：包容する教育制度）とは，人間の多様性の尊重等の強化，障害者が精神的及び身体的な能力等を可能な最大限度まで発達させ，自由な社会に効果的に参加することを可能とするとの目的の下，障害のある者と障害のない者が共に学ぶ仕組みであり，障害のある者が『general education system』（署名時仮訳：教育制度一般）から排除されないこと，自己の生活する地域において初等中等教育の機会が与えられること，個人に必要な『合理的配慮』が提供される等が必要とされている」と述べられている（文科省，2013d；姉崎，2011）。この実現のために，「特別支援教育」は大きな役割を担っていると考えられる。

　これからの日本を考えるとき，教育の問題は根幹を支えるものであることは間違いのない事実である。筆者は前述にとどまらず，さらには文化的な差異をも超えるより高次の「inclusive」をイメージしているが，そのなかでも「特別支援教育」の動向はきわめて重要な柱の1つといえる。単に教育界のみならず，関係各界の奮起と努力を期待したい。

引用・参考文献

World Health Organization. 1992. *The ICD-10 Classification of Mental and Behavioral Disorders: Clinical description and diagnostic guideline.* 融　道男・中根允文・小見山実・岡崎祐士・大久保善朗（監訳）（1993）『ICD-10 精神および行動の障害――臨床記述と診断ガイドライン』医学書院

安倍陽子・諏訪利明（編）　内山登紀夫（監修）（2009）『特別教育をすすめる本2　こんなときどうする？発達障害のある子への支援　小学校――アスペルガー症候群〔高機能自閉症〕、ADHDを中心に』ミネルヴァ書房
姉崎　弘（2011）『特別支援教育とインクルーシブ教育――これからのわが国の教育のあり方を問う』ナカニシヤ出版
榎木直恵・前田志壽代（2003）「学習障害」豊永公司・前田志壽代・横井公一（編）『別冊発達　児童青年精神医学の現在――子どもたちの心身の困難への取り組み』ミネルヴァ書房　pp.63-73.
内山登紀夫（監修）　中山清司（編）（2009）『特別教育をすすめる本3　こんなときどうする？発達障害のある子への支援　中学校以降――アスペルガー症候群〔高機能自閉症〕、ADHDを中心に』ミネルヴァ書房
大月則子（2003）「ADHD」豊永公司・前田志壽代・横井公一（編）『別冊発達　児童青年精神医学の現在――子どもたちの心身の困難への取り組み』ミネルヴァ書房　pp.74-85.
岡本正子（1995）「学習障害といわれる子」服部祥子（編著）『小学生メンタルヘルスエッセンス　こころの危険信号』日本文化科学社　pp.109-131.
岡本正子・二井仁美・森　実（編著）（2009）『教員のための子ども虐待理解と対応――学校は日々のケアと予防の力を持っている』生活書院
大沼直樹・吉利宗久（共編著）（2011）『特別支援教育の基礎と動向――新しい障害児教育のかたち〔改訂版〕』培風館
木村文隆（2003）「行為障害」豊永公司・前田志壽代・横井公一（編）『別冊発達　児童青年精神医学の現在――子どもたちの心身の困難への取り組み』ミネルヴァ書房　pp.179-188.
久野節子（2003）『広汎性発達障害』豊永公司・前田志壽代・横井公一（編）『別冊発達　児童青年精神医学の現在――子どもたちの心身の困難への取り組み』ミネルヴァ書房　pp.52-62.
小林一恵（2003）「自閉症療育」豊永公司・前田志壽代・横井公一（編）『別冊発達　児童青年精神医学の現在――子どもたちの心身の困難への取り組み』ミネルヴァ書房　pp.214-219.
齊藤万比古（編）（2007）『不登校対応ガイドブック』中山書店
竹田契一（監修）　里見恵子・河内清美・石井喜代子（著）（2005）『実践インリアル・アプローチ事例集――豊かなコミュニケーションのために』日本文化科学社
田中和代・岩佐亜紀（2008）『高機能自閉症・アスペルガー障害・ADHD・LDの子どものSSTの進め方――特別支援教育のためのソーシャルスキルトレーニング（SST）』黎明書房
柘植雅義・渡部匡隆・二宮真一・納富恵子（編）（2010）『はじめての特別支援教育――教職を目指す大学生のために』有斐閣
戸田有一（2010）「児童・青年の発達に関する研究動向といじめ研究の展望」『教育心理学年報』p.49, pp.55-66.

服部祥子（編）（1989）『障害児と性——思春期の実像』日本文化科学社
本田秀夫（1998）「日本における小児自閉症の累積発病率および有病率」高木隆郎・ラター, M.・ショプラー, E.（編）『自閉症と発達障害研究の進歩』vol.2　日本文化科学社 pp.73-84.
武藤　崇（監修）　坂井真希（著）（2011）『学校を「より楽しく」するための応用行動分析――「見本合わせ」から考える特別支援教育』ミネルヴァ書房
茂木俊彦（編集代表）（2010）『特別支援教育大事典』旬報社
文部科学省（2013a）「特別支援教育を推進するための制度の在り方について（答申）」
　　http://www.mext.go.jp/b_menu/shingi/chukyo/chukyo0/toushin/05120801.htm
　　（2013 年 2 月 28 日取得）
文部科学省（2013b）「特別支援教育の推進について（通知）」
　　http://www.mext.go.jp/b_menu/hakusho/nc/07050101.htm（2013 年 2 月 28 日取得）
文部科学省（2013c）「特別支援教育について」
　　http://www.mext.go.jp/a_menu/shotou/tokubetu/main.htm（2013 年 2 月 28 日取得）
文部科学省（2013d）「特別支援教育について」
　　http://www.mext.go.jp/a_menu/shotou/tokubetu/001.htm（2013 年 2 月 28 日取得）
文部科学省（2013e）「通常の学級に在籍する発達障害の可能性のある特別な教育的支援を必要とする児童生徒に関する調査結果について」http://www.mext.go.jp/a_menu/shotou/tokubetu/material/__icsFiles/afieldfile/2012/12/10/1328729_01.pdf（2013 年 2 月 28 日取得）
文部科学省（2013f）「共生社会の形成に向けたインクルーシブ教育システム構築のための特別支援教育の推進（報告）」http://www.mext.go.jp/b_menu/shingi/chukyo/chukyo3/044/houkoku/1321667.htm（2013 年 2 月 28 日取得）
山崎晃資（1991）「『学習障害』の意味するもの」『教育と医学』39-11　pp.4-10.

第9章
教育評価

はじめに

　本章では，教員にとってきわめて重要な教育活動となってきた教育評価について理解を深める。教育評価の発展は米国心理学者ソーンダイク（Thorndike, E.L.）の教育測定運動に始まり，相対評価全盛期そして心理・教育学的論争を経て，今日では学習目標への到達状況により評価する到達度（絶対）評価が採用されるに至っている。到達度評価は子どもを主体とする評価であり，教育評価実践が選抜機能だけではなく，個々の子どもの未来を開くことにも寄与する評価活動である。適切な教育評価活動が教師の教授活動や学校全体の質を高め，ひいては子どもの特性に応じた子ども主体の教育活動を可能にする。このような点からも教職をめざす人は「教育評価活動」の重要性を熟知しておく必要がある。

　また，評価論を突き詰めていくと，最終的には子どもたちにとって真の「学力」とは何かという問いにも突き当たり，「学力論」とも合わせて理解する必要がある。本章では「教育評価の意義」「教育評価の類型」「教育評価の実際」「学力観と評価論」「教育評価と心理的影響」といった，できるかぎり教育実習時や教員活動の実務的観点に立ち，心理・教育学の両面から理解を深めたい。

第1節　教育評価の理論的枠組み

1　教育評価とは

　さて，「教育評価（educational evaluation）」という用語からどのようなイメージをもつだろうか。多くの人が，教授者（教師）から学習者（児童・生徒）へ

の一方通行的な集団での順位づけや，学習達成状況をイメージするのではないだろうか。もちろん，このような相対的順位づけや到達度の認定も評価の1つに含まれるが，教育評価論からすれば，これは評価の一過程にすぎない。

　教育評価の今日的な概念は，まず先行経験や学習レディネス（readiness）の評価に始まり，次に展開される単元の要所で教授—学習活動の有効・適切さを評価し，終了段階では総括的に評価する，という指導の前段階から指導が終了するすべての過程のなかで行われるものとされている。また，その理念として，たとえば中教審の「平成22年児童生徒の学習評価の在り方について（報告）」では，教育評価は「学習指導要領の目標の実現状況を把握し指導の改善に生かすもの」とされている。

　したがって，国語の試験で50点をとった児童・生徒がいれば，この50点に至る経緯を時系列的に，またさまざまな視点に立って検証し，次の教授・学習過程に活かしていくことが「教育評価」活動になる。もう少し具体的にいえば，まず指導の前段階において，教育目標や子どもの学習レディネスに対して教材や学習内容が適切であるかどうか，また指導段階のなかで，適宜教授・学習活動がスムーズに促進されているかどうかを把握する。そして指導の節目，あるいは終了時において，児童・生徒の立場に立って次節につながる評価ができているかどうかということになる。つまり，この50点は教授・学習過程の1プロセスにすぎないということである。

　日本における教育評価論の第一人者である梶田叡一は，教育評価の中核的機能を，「教育活動の目標に照らして実態を判断し，それによって直接的な指導のあり方，場と環境の設定のあり方などを検討し，必要な改善を加えていくこと」（梶田叡一（1991）『教育方法学』学芸図書，p.187.）としている。このことからも，この評価活動が，子どもたちの一人ひとりの特性に応じた学習改善（カリキュラム，指導法，動機づけ等）につながるというところに大きな意義がある。

2　教育測定から教育評価へ

　さて，現在の日本の教育現場で採用されている教育評価の方法は，どのような史的経緯のなかで形成されてきたのであろうか。近年になってようやく子ど

もやその保護者において，観点別評価や到達度評価，絶対評価に対する認知が定着してきたようだが，まだまだ学習評価は相対的な定期テスト等の学力テストでの得点で決まるという誤解が多い。しかし，この「到達度」や「観点別」といった視点が注目されたことで，教育評価活動が教師の中核的な教育活動として認知されたといってもよい。このように近年になって教育の評価活動が脚光を浴びるようになったが，ここにいたるまでの道のりとしてさまざまな史的曲折があった。

　元来，評価論は心理学の研究領域として発展してきたといってよい。それは米国の心理学者ソーンダイクの教育測定運動や個人差研究，そして知能の測定をめざした英国のゴールトン（Galton, F.）らの相対テスト法（norm-referenced test）の開発等にその起源をもつからである。ただ1930年頃，これらの教育測定運動に対して米国のデューイ（Dewey, J.）らの進歩主義者（progressivist）とよばれる学派から批判が起こった。批判の中心は中内（1983）によれば，①「評価は行政，教師，子どもに資するものであること」，②「評価は学業成績だけが評価対象になるのではなく，興味や関心，考え方，作業，習慣，個人の社会的適応も含む」等であった。その後，測定運動で提唱されたテストの客観性と信頼性の確立は受け入れられながらも，教育測定運動は「教育評価論」として発展的に収斂(しゅうれん)されていくことになる。新たな課題として，「学力論（評価するに値する学力とは何か）」や「選抜機能としての評価なのか，個々の発達保障としての評価なのか」といった問題が浮上する。この時点において，教育評価論は政策的，価値志向的色彩の強いものとなっていったといえる。いずれにせよ，この史的経緯を理解しておくことは，教育評価また教育のあり方を考えるうえで非常に重要である。その史的経緯が表9-1になるが，大きな潮流は評価方法が「絶対評価」に力点が置かれているのか「相対評価」に置かれているかということになる。

3　教育評価論における学習目標の重要性

　さて，教育評価活動を実践する場合，まず周知すべきことは学習目標がどのようなものであるかということである。この場合の目標とは，学習指導要領での「総則」であったり，各学校での教育目標や各教科の単元目標であったりす

表9-1　評価観（指導要録）の史的変遷

時代			主たる評価法
戦前	1900年（明治33年）	学業成績の状況も記入するが、さしたる規定はなかった。	教師の主観による認定（絶対）評価が主流。
	1938年（昭和13年）	学籍簿は十点法（ある目標に到達していれば十点を与える）による絶対評価が主流。＊欧米ではゴールトンらの相対主義による学力テストが主流となる（ただし、デューイら進歩主義者による反発）。	到達度（絶対）評価も加味される。欧米における教育測定運動による相対評価。
	1941年（昭和16年）	日本でも欧米の影響を受け、「良」を基準に「優（良より上位者）」と「可（良に達しないもの）」を記載する相対主義の評価が始まる。	相対評価が主流になり始める。
戦後	1948年（昭和23年）	相対主義の5段階区分の内申書へ（学籍簿から指導要録へ名称変更）。	相対評価が主流。
	1955年（昭和30年）	評定は5段階の相対評価（観点別評価は観点ごとに○か×を記入）。	
	1961年（昭和36年）	絶対評価を加味した相対評価が始まる。	絶対評価を加味した相対評価。
	1971年（昭和46年）	評定において機械的に比率を決め評定しないことを明記。	
	1980年（昭和55年）	評定は5段階の相対評価（観点別評価は目標の達成状況を観点ごとに＋か－で記入）。	
	1991年（平成3年）	評定は絶対評価（観点別：目標の実現状況を観点別にABCで記入）を加味した相対評価（中学校：必修教科は5段階評価、選択は3段階評価）。	
	2001年（平成13年）	評定も絶対評価になる（中学校：必修教科は5段階、選択3段階、観点別は目標の実現状況を観点別にABCで記入）。	目標に準拠した絶対評価。
	2010年（平成22年）	目標に準拠した評価（絶対評価）のさらなる充実。	

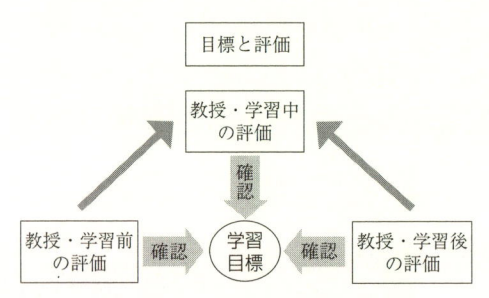

図9-1　学習目標と評価の関係

る。そこに提示されている目標が評価活動のスタートラインと考えてよい。つまり、評価活動は学習目標を基軸とし、その目標に対する教育活動の検証プロセスが評価活動の中心になる。学習目標との関連でその評価活動プロセスを図示すると次のようなものになる（図9-1）。

第9章　教育評価

　また昨今，文部科学省は「PDCAサイクル」のモデルを用いて学習指導要領に示された学習目標に照らし合わせた評価活動を提唱している（2008年1月の中教審答申）。図9-2は学習指導と学習評価のPDCAサイクルの一例であるが，PDCAサイクルとは，元来，経営管理論で用いられていた専門用語で，Pは「Plan：計画」，Dは「Do：実行」，Cは「Check：評価」，Aは「Action：改善」を意味する。ここでのポイントはこの一連の活動が「P」→「D」→「C」→「A」の4段階で終結するのではなく，「A」まで行けば新たに構築された「P」の段階に入り，螺旋的に評価活動を継続的に向上させていくことにある。

　もう少し具体的にこの評価プロセスを説明すると，「P：Plan」は教育課程の編成や指導計画，評価計画を立てることで，生徒の正確な実態把握をしたうえで教育目標に照らし合わせた指導内容や方法を明確に打ち立てる。また，それらの方法からどの程度生徒への成果があったかを検証する評価計画も含まれる。「D：Do」は実際の学習指導の段階になる。つまり「P」で策定された指導内容，方法を実践していく過程である。「C：Check」は生徒の学習状況の把握，分析で「D」で実践されている教材や指導方法が生徒たちの学習活動において適切なものかどうかを評価する。「A：Action」は「C」での評価を受けて，

PDCAサイクルの機能化

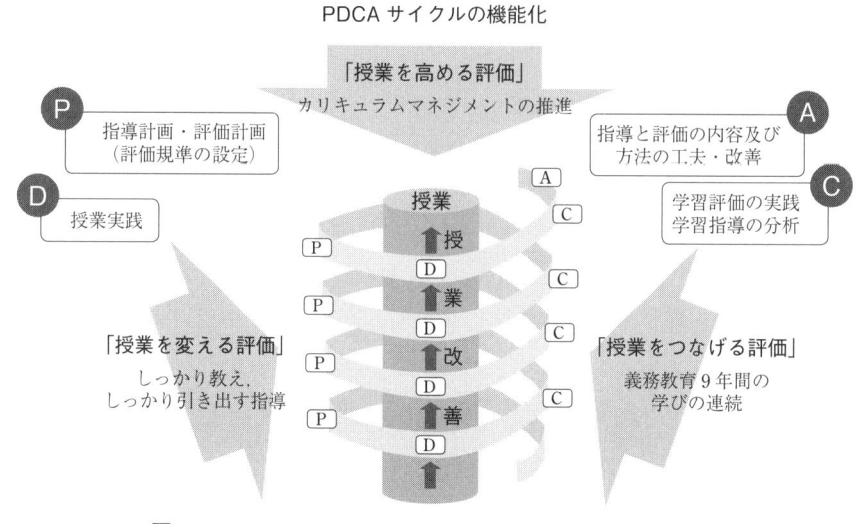

図9-2　PDCAサイクル（横浜市教育委員会事務局，2011）

カリキュラムや授業を見直し，改善をはかる過程になる。また，生徒だけではなく，保護者にも，その子に見合った学習方法を説明する機会を設けることも含まれる。

このPDCAサイクルの意図するところは，教授・学習過程と評価活動を螺旋的に学習目標に向かって進めるところにあり，「評価」と「指導（教授・学習活動）」，そして「学習目標」は絶えず連動しながら進められ，目標と指導・評価が一体化するところにある。

第2節　評価の類型

教育評価を理解するうえでいくつかの整理すべき概念が出てくる。相対評価，絶対評価，形成的評価等である。これらは日常的用語でもあるが，それぞれの厳密な概念を理解することが教育評価の改善につながる。

1　評定，相対評価，絶対評価，個人内評価

a　**評定**（rating）　子どもの学習状況をさまざまな観点から評価し，その評価にさらなる総括的な優劣の値をつけたものを「評定」とよぶ。今日では，評定も目標に準拠した評価（絶対評価）になっている。5段階もしくは3段階の評定が多い。

b　**相対評価**（norm-referenced evaluation）　「相対評価」とは評価の基準を特定集団内での相対的位置に置くもので，その集団内での優劣を判断（値踏み）するものである。代表的な手法としては，集団の平均値を原点として換算する「Z得点（標準得点 standard score）」がある。この数値を10倍して50を加えたものがいわゆる偏差値である。そのほかに「パーセンタイル（PR：percentile rank）値」などでも表すことができる（図9-3）。この評価の長所としては教授者の主観，恣意性が排除できることと，集団内での子どもの位置を客観的に判断できる点がある。短所としては，あくまでも集団内での評価になるので，集団の人数が少ないとその評価そのものの意味や信憑性がなくなる。また，ある子どもの学力がA学校では優秀な評価であっても，B学校で評価したら劣位になることもあり，集団（学校）間での不公平さは当然残る。加え

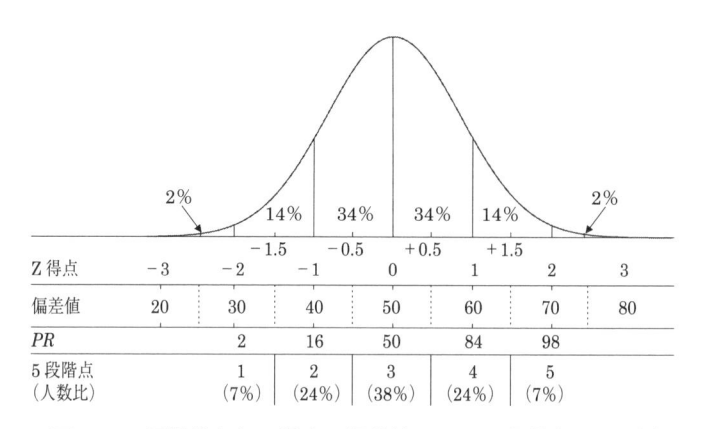

Z得点	−3	−2	−1	0	1	2	3
偏差値	20	30	40	50	60	70	80
PR		2	16	50	84	98	
5段階点(人数比)		1 (7%)	2 (24%)	3 (38%)	4 (24%)	5 (7%)	

図9-3　正規分布とZ得点,偏差値,PR,5段階点との関係
(海保, 1999)

て，個人の努力などは反映できず，また恒常的に劣位な評定を受けている子どもにとっては，その教育評価実践が「教育的」ではなくなり，また純粋な学びが競争的なものになってしまうという非教育的側面が残る。

　c　**絶対評価**（criterion-referenced evaluation）　評価の基準が集団にあるのではなく，学習目標といった客観的に確認できるような到達目標に準拠して行われる評価で，いわゆる「目標に準拠した評価」を「絶対評価」という。戦前にみられた評価基準が教師の恣意的な内的基準に置かれていたものも，教師の内的なものではあるが到達基準が実在するという意味で絶対評価になる。この場合は「認定評価」とよばれる。絶対評価は獲得すべき目標（内容）が実体的に明示され，その到達目標が妥当性をもつとき，教育的理想とされる目標に準拠した評価（絶対評価）になる。

　d　**個人内（進歩の）評価**　評価の基準を子どもの指導以前の学習状態におくもので，指導後の学習状態の優劣で評価する。どこまでも個別的，個々の特性や進捗の状況に見合った評価ができるという点で，教育的で自ら学ぶ意欲を向上させるためにも有効な評価方法である。ただ，子どものもつ学力や心身の特性を見誤ると評価の意味がなくなるので，慎重な基準設定が求められる。

2 ブルーム理論——診断的，形成的，総括的評価

　評価論がここまで教育活動の主要な課題として取り上げられるようになった理由は，ブルーム（Bloom, B.S.）が「マスタリー・ラーニング（完全習得学習：mastery learning）」のなかで提唱した「形成的評価」とよばれる評価活動が注目されたことにある。この評価理論の重要性はクロンバック（Cronbach, L.J.）の「適性処遇交互作用」の理論的裏づけとともに確固たるものになった。ブルームは戦前から戦後にかけてアメリカで主流であった相対評価を軸とした教育測定主義の視点に異論を投げかけた。それは，まず目標とすべき学力観が曖昧であったことと，教育活動が一人ひとりの子どもの視点に立ったものではないということである。ブルームは評価の全体像として，到達すべき目標を明確にし（基準を立てる），一人ひとりの学習者がその基準を達成するために教授者がどのように授業改善を進めていくかという視点に立つ評価論を展開した。

　少し長くなるが，「総括的評価」の理解も含めて，以下ブルームのことばを引用する。

　　形成的な観察（行動を観察するにはテストの他にも種々の有効な方法がある）の主要な目的は，学習課題の習得の程度を決定することであり，かつまだ習得されていない課題はどの部分かを正確に指摘することである。否定的に述べるならば，学習者の成績をつけたり認定したりすることが目的なのではない。完全に習得するためにはどんな課題が必要かを，学習者と教師の双方に明らかにすることが目的なのである。これに対して総括的評価の場合には，全過程あるいはその一部分について達成された学習成果の程度を把握するという一般的な評価である。

　　例えば，5年生の算数では，生徒が文章題を定量的な解法へと変形できる程度とか，割り算の正確さ及び速さなどを測定することが総括的評価の主要な目的となろうし，更に，成績をつけることが目的となろう。形成的評価では，文章題をうまく式に変形できないのは，語彙が不十分だからか，それとも数式に表現する能力がないためか等を調べることに関心がある。従って誤りの型の分析に焦点を合わせることになるであろう。ここでは，生徒と教師を完全な（教科内容）の習得のために必要な学習へと方向づけることが目的

なのである。

(梶田叡一他訳（1973）『教育評価法ハンドブック――教科学習の形成的評価と総括的評価』第一法規出版　p.89.)

表9-2はブルームが提示した教授・学習過程のなかで実践される評価のタイプであるが，ブルームは3種類のタイプを提示した。それは指導前に実施する「診断的評価」であり，教授・学習過程のなかで適宜実施される「形成的評価」，そして一連の学習過程が終結した後に実施する「総括的評価」とよばれるものである。

「診断的評価（diagnostic evaluation）」とは単元や学期，学年が始まる前に実施されるもので，レディネス・チェックともいわれる。子どもたちが学習目標に必要な知識や技能をどの程度習得しているかを確認するものである。構成主義的学習観からすれば，子どもたちの既得の知識概念を確認しておくことは重要であり，ある意味最近接領域の確認でもある。診断する内容は，知識の習得程度や理解能力も含めた認知的能力から，学習意欲や関心といった情意的能力，また身体的，感覚運動能力が含まれる。

「形成的評価（formative evaluation）」とは，教授・学習活動の進行過程のなかで行われるもので，教師の指導方法や内容を子どもたちの学習状況（成果）に合わせて再構築，修正していく教育実践である。教育評価活動の核になるものでこのプロセスが抜けている場合は教育評価といえない。1回の授業ごと，また単元，学期の終了時などに適宜実施されるものである。

表9-2　ブルームの診断的，形成的，総括的評価の類似点と差異点
（ブルーム；梶田他，1973）

	評価のタイプ		
	診断的	形成的	総括的
機能（目的）	例えば，クラス分け：必要とされる技能があるかないかの認識 習得されているレベルの確認	生徒の学習の進展に関して，教師と生徒へフィードバックする	単元，学期，課程の終わりに単位を認定したり，成績をつけたりすること
実施時期	単元，学期，学年が始まる時	教授活動の進行中	単元，学期，学年の終了時
評価の中で強調される点	認知的，情意的及び精神運動能力	認知能力	一般的には認知能力，教科によっては精神運動的能力や情意的能力も

「総括的評価（summative evaluation）」とは，各単元や学期，学年の終了時に実施されるもので，通知表や指導要録に記される最終的な評定（単位の認定や外部証明的なもの）としての意味合いが強いものである。

このように教授・学習過程のなかで，以上のような目的や評価時期の違いで評価活動は3つのタイプに類型できるが，診断的評価，総括的評価においても，その実践過程の中でそれ以降の学習過程にフィードバックされるものであれば，それは形成的な評価機能をもつものと考えてよい。むしろ診断的評価や総括的評価においても形成的な視点が肝要となる。

第3節　教育評価の実際

1　観点別学習状況評価の意義

今日の日本の教師の教育評価活動を考える場合，まず熟知しなければならないことは「観点別学習状況評価」（以下「観点別評価」）とよばれる教育評価理論である。観点別評価に対する考え方は，1948（昭和23）年の学籍簿改正時から導入されたが（当初は「理解」「態度」「技能」といった分析的な項目として導入），評価活動の中心的事項になるまでは曲折を経たものになった。しかし，1991（平成3）年と2000（平成12）年の指導要録改正以降，観点別学習を基本とした到達度評価が今日の教師の中心的な教育評価活動になった。

観点別評価とは教授活動の際に，その教科の学習状況をいくつかの視点，目標に分けて評価することをいう。たとえば，2012（平成24）年度から中学校で実施される新学習指導要領にそって社会科の観点別評価を実施すると，評価の観点は，①「関心・意欲・態度」，②「思考・判断・表現」，③「技能」，④「知識・理解」といった4つの学習観点からの教育評価が必要となる。これらの観点（評価）を指導という視点からみると，社会科の授業をする際に，4つの観点を含んだ授業の計画を立てるということである。通常，社会科の授業でいえば，内容説明が中心になることが多いので，「知識・理解」の観点については自ずと授業のなかに盛り込まれ，これらの観点の指導と評価活動は意識せずとも実践できている。しかし「関心・意欲・態度」という観点については，通常意識されずに授業がなされることが多い。「思考・判断・表現」も同様で

表9-3 学習指導要領が示す学力の3要素と学習の観点（梶田・加藤，2010より作成）

学力の種類	学習の観点
①基礎的・基本的な知識・技能	知識・理解・技能
②思考力・判断力・表現力等	思考・判断・表現
③主体的に学習に取り組む態度	関心・意欲・態度

ある。また，これらの観点の指導は工夫を重ね，精査されたものを提示しないと，児童・生徒に「関心・意欲・態度」，また「思考・判断・表現」といった学力がなかなか育まれない。

　したがって近年，教師が腐心していることは，いかにして指導のなかに「関心・意欲・態度」等を育む内容を盛り込むかということと，同時にどのような方法でそれらの学力が形成されているかを判断する評価方法の開発になる。原則的には国立教育政策研究所が提示している「評価規準の作成，評価方法等の工夫改善のための参考資料（小学校，中学校，高等学校）」を参照して，各学校に見合った評価規準が教師の手で作成されている。

　このように，今日求められている授業は，単なる知識や理解，技能を深めるだけのものではなく，「意欲」「関心」「態度」，そして「思考」「判断」「表現」といったさまざまな観点の能力までを身につけさせる授業が求められている。辛口にいえば，内容説明中心の暗記強要型の授業では不十分で，一単元の授業実践のなかに4つの観点（国語科だけは5つの観点に分けられている）が組み込まれてはじめて，今日求められている授業になるということである。

　また，これらの各観点は当然，2010（平成22）年度の学習指導要領で示された学力の3要素と関連している（表9-3）。すなわち，①基礎的・基本的な知識・技能は「知識・理解・技能」に，②課題解決のための学力である思考力，判断力，表現力は「思考・判断・表現」に，③主体的に学習に取り組む態度は「関心・意欲・態度」といった観点において指導，評価され育成されることになる。

2　学習観点の内容

　今回の学習指導要領の改訂（2010年度）にともない，あらためて次のような

評価の観点の内容が提示された。以下，それぞれの観点の内容について説明する。

a　4つの観点の意味と具体的な評価方法

①「関心・意欲・態度」の観点とは　　この内容の評価は，児童・生徒が学習内容に対して，どの程度主体的に興味をいだいたり，また積極的に教科の課題に取り組もうとしているかということを確認，分析することである。児童・生徒の内面的・情意的側面の評価と考えてよい。指導要録における観点の記載順序として古くは「知識・理解」が上位にあったが，1990（平成2）年の指導要録改訂以降，この「関心・意欲・態度」が観点の最上位に規定された。これは，継続的な学習や知識の活用といった学習活動を考えた場合，教科に対する主体的なかかわりや探究心がきわめて重要である，との認識によるものである。ただ，いうまでもなくこの観点の指導や評価の方法は容易ではない。元来，教科や学習内容に対する児童・生徒の能力や関心，意欲，興味はそれぞれ違い，ましてやそれら情意面の測定（評価）はきわめて困難であるからである。しかし，教科・学習内容に関心や意欲がもてれば自ずと知識や理解，また思考することへの学習意欲が高まり，確固たる学力形成が可能になる。その意味で，指導計画において，まずこの観点の指導・評価方法の確立はきわめて重要なものとなる。

②「思考・判断・表現」の観点とは　　この内容の評価は，学習した知識や技能を活用して新たな課題の解決や分析，そして表現ができているかを確認，分析することである。また学習課題に対して多面的・多角的に考察できているかといったことや，公正に判断してオリジナルな言語表現ができているかといった観点でもある。知識・理解を応用するかたちでさらなる高次の精神活動になる。

③「技能」の観点とは　　さまざまな資料や情報を，課題解決のために取捨選択して活用できているかを評価するための観点である。数学では数量や図形などで数学的に表現する力である。理科では観察や実験，記録・整理する力でもある。今日では，情報収集のための情報機器操作能力もすべての科目で問われる「技能」の観点になる。

④「知識・理解」の観点とは　　各教科で習得すべき用語や事実，公式，現象，

事物，概念，原理，法則などを記憶・習得して，それぞれの知識の相互の関連が説明できているかを評価する観点である。学習活動のもっとも基本的なステップと考えてよい。

　b　4つの観点の具体的な評価規準と評価方法　　教員は前述した4つの観点を考慮して，それぞれの単元目標の評価規準表に沿った指導計画表を作成することになる。表9-4，9-5は中学社会科の「私たちの生活と経済（全8時間）」という単元の評価規準と指導計画書である。ここでは広島県教育委員会の「学習状況の評価の在り方に関する手引」を参照して作成したが，各教員は都道府県，また市町村教育委員会が提示している「評価規準参考例」や「手引書」を参照して，評価規準と評価の具体的な方法を考えることになる。

　この「私たちの生活と経済（全8時間）」という単元の場合であれば，4つの観点の評価規準と方法は表9-4に示された内容になり，この評価規準をもとにすれば，表9-5のような評価活動を念頭においた授業計画が作成されることになる。

　つまり1時間の授業実践のなかに，とくに重点を置く評価の観点を定め，そのためにはどのような授業を展開し，どのような方法で児童・生徒の評価を決定するのかの授業計画を立案する必要があるということである。

　前述の第1回目の小単元でいえば，指導・学習内容・目標として「市場経済の仕組み・野菜の値動きが激しいことに気づかせる」ということだが，この第1回目の授業においては，とくに「関心・意欲・態度」の観点に重点を置いて授業を進めるということになる。そして，生徒たちのノートや発言内容から「食品の価格を調べているか」また，「野菜の値動きの激しさに注目しているか」そして「価格の変動に関心をもっているか」などに注視して評価を行うことになる。

　また，第2回目の授業では「技能」の観点に重点を置き，調査内容や発表内容から，生徒の「技能」面での評価を決定することになる。具体的には価格変動の資料収集ができているかどうかである。

　いずれにせよ，指導するということは，同時に評価内容とその方法を計画する必要があるということで，授業は4つの観点をつねに意識して実践されなければならない。これが指導と評価の一体化ということになる。

表9-4 評価規準（中学校3年社会科「私たちの生活と経済」）
(広島県教育委員会ウェブサイト「ホットライン教育ひろしま」に加筆)

1. 社会的事象への関心・意欲・態度	2. 社会的な思考・判断・表現	3. 資料活用の技能	4. 社会的事象についての知識・理解
①個人の消費活動や企業の生産活動などに対する関心が高まっている。 ②個人や企業の経済活動に関する諸問題を意欲的に追究している。	①企業には，市場において公正な経済活動を行い，消費者，株主や従業員の利益を増進させる役割があることについて多面的・多角的に考察している。 ②個人や企業の経済活動のあり方について消費者，生産者，労働者など，さまざまな立場から公正に判断している。 ③個人や企業の経済活動について追究して考察した過程や結果をまとめたり，説明したりしている。	①消費生活や生産活動などに関する資料をさまざまな情報手段を活用して収集している。	①市場経済においては，企業や個人は価格を考慮しつつ，生産・消費の選択をしていることを理解し，その知識を身につけている。 ②市場経済の生産・消費にかかわって，価格には人的・物的資源を効率よく配分する役割があることなどを理解し，その知識を身につけている。

表9-5 指導目標と指導計画
(広島県教育委員会ウェブサイト「ホットライン教育ひろしま」より作成)

| 指導目標と時数 | 評価 | | | | 評価規準 | 評価方法 |
	関心・意欲・態度	思考・判断・表現	技能	知識・理解		
＊市場経済の仕組み・野菜の値動きが激しいことに気づく(1)	◎				食品の価格を調べ，野菜の値動きが激しいことから，価格の変動について関心をもつ。	ノート 発言内容
＊調査活動を行い，まとめる(1)			◎		価格変動について資料収集し，まとめている。	調査内容
＊調査活動を行い，整理する(1)				◎	市場価格や市場経済の意味について理解している。	
＊各グループの会社設立構想を聞き，株主となる会社を選択，その理由を説明する(1)		◎			企業の役割について，消費者，株主や従業員の利益を増進させる視点から考察し，説明している。	ノート 行動観察 発表内容

3 指導要録と通知表（通信簿）

　さて，担任は以上のような視点から指導要録や通知表といった評価表を作成しなければならない。指導要録は外部機関への学習評価の証明原簿になるものであり，またこれを基本に保護者に子どもの学習状況を説明する通知表が作成される。以下，その特質について説明する。

　a　指導要録　文部科学省が通知する指導要録の定義は「児童生徒の学籍並びに指導の過程及び結果の要約を記録し，その後の指導及び外部に対する証明等に役立たせるための原簿となるもの」とされ，学校教育法施行規則で規定されている法定表簿になる。外部証明的な機能と指導・評価上の必要な情報が記載されているものである。

　b　通知表・通信簿　いわゆる「通知表」は法定表簿ではなく，各学校の裁量で記載内容，名称等を決定できる。「通信簿」「あゆみ」等の名称でよばれることも多い。法定表簿ではなく，今後の児童・生徒のさらなる成長を期すべく形成的意味合いをもって，一定期間の学習状況や性行，身体の状況等を記載することになる。ただ，児童・生徒，保護者にとっては学校側からの強い総括的評価機能を有する連絡簿として受けとめられることが多いので，表記に関して保護者への十分な説明が必要となる。

　1970年代以前では単純な相対評価と所見が記載されている程度のものであったが，1969（昭和44）年の「通信簿事件」（巻末の用語集参照）以降は到達度評価や形成的評価の要素が加味され，1991（平成3）年の指導要録改訂以降，さまざまな観点からの絶対評価を中心に記載されるようになった。いずれにせよ，学校と家庭との相互理解に寄与し，児童・生徒の成長の糧になるものとして作成されなければならない。

　c　評定の実際　到達度を軸として各担任は児童・生徒が，どの程度まで目標基準に達したかの評定の値を決めなければならない。この総括的な評定値は，2010（平成22）年に文部科学省からの「小学校，中学校，高等学校及び特別支援学校等における児童生徒の学習評価及び指導要録の改善等について（通知）」を基本に学校設置者，各学校長の裁量において決めている。小・中・高等学校において，評定の仕方に少し違いはあるが，ここでは中学校の評定値の決め方を中心に示す。

表9-6　評価表別評定の値（段階）

	観点別評価の値	評定の値
指導要録	小・中3段階	中・高5段階（小は3年以上3段階）
通知表	小・中3段階	中・高5段階（小は3段階）

＊通知表については学校長に裁量権があることから，各学校において表記内容に多少の違いがある。

　まず，観点別評価の値は3段階で，「十分に満足できる」状況と判断されたものを「A」，そして「おおむね満足できる」状況と判断されたものは「B」，「努力を要する」状況と判断する場合は「C」と記す。指導要録や通知表への記入は3段階の評価として記載される。

　次に3段階に分けた各教科の観点別評価値をもとに，各観点の評価を加算して総括的な評定値を割り出している。この場合観点別評価の得点が「A」でもより優れたAとBに近いAに分け，「C」もBに近いCとより評価の低いCに分け，最終的に5段階にして評定値を決定する。

　このようなプロセスで評定値が決定されていくが，保護者からの問い合わせとして多くあるものが，通知表での観点別評価がほとんど「A」なのに，どうして評定値が「4」なのかといったものである。理由は観点別評価のAにはより優れたAとBに近いAがあるからで，このような疑義が出ないように，学校，担任は学校評価の仕組みを保護者や児童・生徒に丁寧に説明し，共通理解がもてる評価基準を構築していく必要がある。

4　さまざまな評価技法

　子どもたちの学習状況の実態を把握して評価するためには，それぞれの観点を評価するに適した評価技法を用いる必要がある。以下，代表的な方法を取り上げる。

　a　客観テストと論述テスト　　客観テストは，採点の信頼性，公平性に重点をおいた評価法で，評価の観点からいえば「知識」「理解」の測定に適している。出題形式としては，空欄に適語を入れるといった「完成法」や正しい事項・語をリストから選ぶといった「多肢選択法」が代表的である。標準テストなどは客観テストの代表的なものである。

一方，論述テストは一定量以上の字数を設け，筆答させるものである。一定字数以上の筆答であるため，解答パターンとして千差万別となり，評価の客観性という点でやや難が生じる。ただ，客観テストでは測定できない高次な学力である「思考力」や「判断力」等の評価が可能になる。出題形式としては，課題だけを提示し，後は解答者の自由裁量で記述させる「自由記述式」や正答に導くために若干の情報を提示し論述させる「素材提示法」などがある。

　b　標準テスト　　標準テストは国や県レベルの大規模な評価を実施する際に使用されるテストで，教師が作成するというよりも外部のテスト作成の専門家に委託されるケースが多い。個人の水準も測れるが，学校や市町村，県といった大規模な単位での到達水準の比較などに適している。このような性質上，評価の客観性が重視され，出題者の主観の入り込む余地がなく，正答が限りなく1つに近い問いに限定される。したがって「知識・理解」の観点を評価するのに適し，標準テストは事前的，総括的評価として使われることが多い。

　c　教師作成テスト　　一方，教師作成テストとよばれるものは，文字どおり教師が普段の学習指導のなかで作成し（単元終了時，中間，期末テスト等），教師の指導方法の改善や，児童・生徒の到達度などを確認するための評価方法として使用される。あくまでも教師が直接指導する児童・生徒の範囲で使用され，その対象を超えての使用には適さない。採点者が限定されることから「知識・理解」だけでなく，出題の工夫により，より高次な学力である「思考力・判断力」などの観点も評価しやすく，事前，総括的評価に加えて形成的評価にも適している。

　d　観察法　　文字どおり子どもたちの学習中の言動や表情を丹念に注視する方法で，観察法は子どもたちの学習に対する「関心・意欲・態度」の観点を評価するのに適している。ただ一斉授業などの通常の授業形態では，個々の様子を終始観察することは不可能で，グループ学習など場面を設定して（場面見本法），個々の学習活動が観察しやすく，発言機会が生起されやすい場面を設定する必要がある。

　e　面接法　　面接法は，文字どおり評価方法として筆記テストではなく，口頭（oral examination）で答えるところにある。設問の工夫次第で「知識・理解」や「思考・判断」，また「関心・意欲・態度」のすべての観点についての

評価が可能である。加えて，筆記テストでは測定できない子どもたちの性向やコミュニケーション能力等も測定できる。ただ，評価するうえで面接者の主観も入りやすく，面接者の表情・態度も被面接者の受け答えに影響する。このように実施上の難しさもあり，いかにして面接時の公平性を保てるかが課題になる。

　f　ポートフォリオ評価　　ポートフォリオ（portfolio）とは，英語で「書類ばさみ」や「携帯用書類入れ」などの訳語を有する。このポートフォリオという語のもつ意味やイメージから，ポートフォリオ評価とは，子どもたちが自分の作品（作文や画集）やレポート，テストなどからその一部を意識的に選択し（自分の作品の中で学習活動上，価値があると思ったものを取り出してファイリングする），その過程において教師と子どもの双方が評価活動を行う評価方法とされている。

　あくまでも個人内評価であり，児童・生徒の自己評価活動が中心となる。日本においてはまだまだなじみの薄い評価方法であるが，総合的な学習の時間などで用いられるケースが多い。また，子どもの学習可能性の発見がこの評価活動の最大の長所とされている。標準テストや教師作成テストは教師主導型の評価方法であるが，このテストはもちろん教師も評価活動に参加するが，子ども主体の自己評価型の評価活動であるところに今日的な意義が見出される。

第4節　教育評価活動の向上とその死角

1　学力観の吟味と教育評価活動

　学力とは学習によって得られた科学や芸術的形象，言語であり，それにもとづく知的適応能力といえる。ただ時代，社会によってこの学力観は異なり，今日の日本では「生きる力」につながる学力ということになるが，世界に目を転じれば近年では「PISA型学力」「キー・コンピテンシー」等のさまざまな学力観がみられる。そしてこれらの学力観にもとづく学力テストが実施されるたびに，日本の教育のあり方，学習内容についての議論がなされてきた。ところで，この学力観は教育評価論ときわめて強い関連をもつ。それは，評価行為の直接対象である学習内容は学力観に規定されているからである。したがって，学力

観に妥当性，正当性が担保されてこそ教育評価活動も意味あるものになる。

　この意味においてよりよい評価活動の実践には，子どもたちが「身につけるべき学力は一体どういうものか」という吟味，探究が不可欠になる。もし学力観の吟味なしに教育評価活動を続けることは，評価方法だけが独り歩きして，教育評価活動は不毛な活動になる。

2　教育評価行為の生徒への心理的影響

　前述してきたように，評価行為はあくまでも個々の児童・生徒の学習に寄与することが第一の目標である。ただ，注意しなければならないことは，評価行為の運用を誤るとさまざまな負の心理的作用をともなうということである。たとえば評定値だけが注視された総括的評価の場合，子どもたちの人間形成に思わぬ否定的側面を付与することになる。

　近年，若者の過剰適応からの社会的不適応が話題になることがあるが，この現象は他者からの肯定的評価をあまりにも気にするばかりに，個人の主体性が消え，時には神経症的症状を呈するというものである。適度に他者からの肯定的評価を気にかけることは，人間のもつ根源的な承認欲求に根ざすものであるが，裏を返せば否定的評価はもっとも強いストレス要因になるということである。このことは学習面だけの教育評価にも当てはまり，前述したように評定値だけが独り歩きしてしまった総括的評価などは過重な心的圧迫を付与しているということである。また元来，教師と児童・生徒といった教育的，人間的関係のなかに，評価行為はなじまないものでもある。

　いずれにせよ，教員は評価の主体者であるため，生徒が過度に評価の呪縛にとらわれないように留意する必要がある。教育評価は生徒の学習活動に寄与するためのもので，ひいては人間的成長を導くものでなくてはならない。教育評価が生徒にとって妙薬になるか劇薬になるかは，教師の運用の仕方次第であるということを肝に銘じなければならない。

引用・参考文献

Bloom, B.S. et al. Eds. 1971. *Handbook on Formative and Summative of Student Learning.*
　McGraw-Hill．ブルーム，B.S.，マドゥス，G.F.，ヘスティングス，J.T.(著)　梶田叡

一・藤田恵璽・渋谷憲一（訳）（1973）『教育評価法ハンドブック——教科学習の形成的評価と総括的評価』第一法規出版　pp.130-131.
天野正樹（編）（2002）『教育評価論の歴史と現代的課題』晃洋書房
有本秀文（編）（2008）『単元計画・指導案・発問のつくり方がわかる　PISA型読解力が絶対育つ授業実践事例集』教育開発研究所
海保博之（編）（1999）『心理・教育データの解析法10講（基礎編）』福村出版
梶田叡一（1981）『新しい教育評価の考え方』第一法規出版
梶田叡一（1986）『形成的な評価のために』明治図書出版
梶田叡一（1994）『教育における評価の理論Ⅱ——学校学習とブルーム理論』金子書房
梶田叡一（1994）『学校学習とブルーム理論（教育における評価の理論）』金子書房
梶田叡一・加藤明（監修）（2010）『改訂　実践教育評価事典』文渓堂　p.11.
金子真理子（2003）「中学校における評価行為の変容と帰結」『教育社会学研究』第72集　pp.107-127.
協同教育研究会（2012）『月刊教職課程』4月号
木原俊行「戦後評価観の変遷」
　　http://toshiyukikihara.cocolog-nifty.com/puppy/kihara.evaluation.pdf（2012年10月1日取得）
国立教育政策研究所（2010）『生きるための知識と技能4——OECD生徒の学習到達度調査（PISA）2009年調査国際結果報告』明石書店
国立教育政策研究所教育課程研究センター（2012）『評価基準の作成、評価方法等の工夫改善のための参考資料〔中学校　社会〕』教育出版
シャークリー, B.D., アンブロース, R., バーバー, N., ハンズフォード, S.（著）　田中耕治（訳）（2001）『ポートフォリオをデザインする——教育評価への新しい挑戦』ミネルヴァ書房
高橋勝義（2005）「学力の測定から学力を育てる評価へ」論文集編集委員会（編）『学力の総合的研究』黎明書房　pp.8-20.
田中博之（2008）『フィンランド・メソッドの学力革命——その秘訣を授業に生かす30の方法』明治図書出版
田中耕治（1999）『学力評価論の新たな地平——現代の「学力問題」の本質とは何か』三学出版
田中耕治（2002）『新しい教育評価の理論と方法〈第1巻〉理論編——新しい教育評価への挑戦』日本標準
田中耕治（2002）『新しい教育評価の理論と方法〈第2巻〉教科・総合学習編——新しい教育評価への挑戦』日本標準
ドミニク, S.R., ローラー, H.S.（編著）　立田慶裕（監訳）（2012）『キー・コンピテンシー——国際標準の学力をめざして』明石書店
中内敏夫（1983）『学力とは何か』岩波書店
西岡加名恵（2002）「米国におけるポートフォリオ評価法の実践」天野正樹（編）『教育評価論の歴史と現代的課題』晃洋書房
広島県教育委員会ウェブサイト「ホットライン教育ひろしま」
　　http://www.pref.hiroshima.lg.jp/uploaded/attachment/29486.pdf（2012年11月1日取得）

細谷俊夫・河野重男・奥田真丈・今野喜清（編）（1990）『新教育学大辞典』第一法規社出版
文部科学省「OECD 生徒の学習到達度調査（PISA）：2000 年調査の国際結果の要約」
　　http://www.mext.go.jp/b_menu/toukei/001/index28.htm（2012 年 11 月 1 日取得）
横浜市教育委員会事務局（編）（2011）『横浜版学習指導要領　評価の手引』ぎょうせい

コラム

ブルームの「教育目標の分類学（タキソノミー）」から学ぶこと
—— 「評価の4観点：知識・理解・関心等の意味」

　文科省が提唱する「生きる力」とは、具体的に学習への関心や意欲、知識や技能の習得、理解する力、思考力、判断力、表現するといった学力になる。そしてこれらの育成の成否が今日の評価活動の軸になっている。

　ところで、教科へ関心をもつことや知識の習得、理解する力、また思考や判断する力とは、どのような精神活動なのか。これらの概念を理解しておくことは、公正な評価を実施するという意味で非常に重要である。

　これを考えるヒント（軸）が、米国心理学者ブルームの提唱した「教育目標のタキソノミー（分類学）(taxonomy of educational objectives)」にある。これは、各教科の達成すべき目標が「認知」「情意」「心理・運動」の3領域にあるとし、これらの領域別に具体的な下位の目標（精神活動）を分類したものである。

　ここで注目されることは、ただ単に習得すべき精神活動の概念を規定しただけではなく、育成すべき教育目標を段階的に提示したということである。たとえば、認知領域において「知識」は最下位に位置づけられており、それが達成されたうえで次の「理解」等の高次な精神諸活動に進んでいくということである。表では、①から⑥へと順位性をもち、「認知」という精神活動が深化していくことになる。いずれにせよ、ブルームが教育目標として提示した各教科共通の精神活動の諸概念と、その段階性を考察することは、公正で意味ある評価活動を実践するうえできわめて重要である。

関　峋一（1978）「教育評価」田中正吾（監修）『教育心理学』福村出版　p.113.

ブルームの教育目標の分類 （関，1978 より作成）

認知領域の構造	①知識	用語，記号，個々の事実に関する知識のレベルから，原理や理論の知識にいたるまで，内容を記憶し把持していること。
	②理解	与えられた内容を別の表現形式で表現しかえたり（変換），内容の意味をとって意訳したり，概括したり（解釈），与えられた資料にもとづいてのその含意するところ，一般的結論などを類推（外挿）できること。
	③応用	抽象化された原理や法則を新しい具体的問題の解決に適用できること。
	④分析	内容に含まれている仮定，事実，見解などの基本的構成要素を識別し，それらの相互関係やそれらがいかに組織されているかを見出せること。
	⑤総合	要素や部分をまとめて新しいパターンや構造を構成したり，抽象的関係の抽出ができること。
	⑥評価	目標にてらして，アイデア・作品・解答・方法・材料などを，論理的正確さ，効果性，経済性，満足性等の規準にもとづいて価値判断や批判ができること。

情意領域の構造	①受け入れ（感受）	ある事象ないし刺激の存在を感受し，それらを意欲的に受け入れたり選択的に注目できること。
	②反応	単に事象に注意を向けるところから1歩進んで，能動的に何らかの反応，行動することができる，またそれによって満足感，喜びが得られること。
	③価値づけ	ある事象，対象などに何らかの価値を見出し，その結果これらの事象，対象に対する自己の行動が一貫性のあるものとなること。
	④組織化	価値を概念化し，それによっていろいろな価値を自己のなかで相互に関係づけ，調和した価値体系を組織化すること。
	⑤個性化（品性化）	個人の内的に一貫した価値体系にしたがって，個人の行動が特徴化され，さらに，包括的な世界観，人生哲学が確立されること。

心理・運動領域の構造	①知覚	感覚器官をとおして，対象，性質，関係を意識化する過程。
	②構え	特定の種類の動作，または経験に対する準備的調整，レディネスをいい，心的，身体的，情意的側面が含まれる。
	③手引きされての反応	教授者（指導者）の手引きによって，あるいは学習者の自己評価に従いながら，動作をなすこと。模倣と試行錯誤が含まれる。
	④習慣化・機械化	ある動作の遂行にある程度自信をもち，熟練していくこと。課題の遂行がパターン化される。
	⑤複合的遂行反応	複雑な動作が最少の時間とエネルギー消耗で滑らかに，効果的に行われること。課題達成のための手順（系列）が容易に心内に描き出され，遂行が自動化される。
	⑥順応・改作	新しい問題状況の要求に合わせて動作を変えていけること。
	⑦創作	心理・運動領域で発達させられてきた理解，能力，技術にもとづいて，新しい動作，あるいは，素材の操作方法を創作すること。

第10章
教育統計

はじめに

　この章では，教育実践のために必要な統計処理について学習する。本章は4つの節から構成されているが，まず第1節では，教師として統計処理を学ぶことの意義について説明する。第2節では，記述統計と推測統計について学ぶ。記述統計とは手元にあるデータをわかりやすく表現し直すことで，推測統計とは記述統計から得られた情報を一般化して考えることである。第3節では，統計量について学ぶ。この節では，教育統計や教育評価で扱うことの多い平均や標準偏差について説明した後，正規分布や偏差値についても学習する。第4節では，統計処理について説明する。この節で取り上げた以外にもたくさんの統計処理の理論や方法はあるが，とくに明日からの教育実践で役に立つ内容を説明している。

第1節　教育実践と統計処理

　教育実践の場でなぜ統計処理が必要となるのだろうか。教育活動のなかでも，教育評価と統計処理は関連が深い。診断的評価，形成的評価，総括的評価，それぞれの評価場面において，得られた情報を分析することにより，その結果をその後の教育活動に役立てることができる。さらに教師として，日々の教育活動をこなすだけなく，教育活動をさらに向上，発展させることも必要である。そのために，調査や実験などの方法によって授業研究をすることになるが，研究の結果得られたデータを数量的に分析することが求められる。その際，統計処理の知識が役立つのである。

第 2 節　記述統計と推測統計

1　母集団と標本

　母集団と標本との関係を，仮想例をあげて説明する。ICT（Information and Communication Technology）を利用した授業のなかでも電子黒板は今後導入の機会が増えると予想される。そこで，電子黒板を使用した授業方法に学習効果があるのかを確かめようと考えた。可能ならば，電子黒板を導入している全国の学校すべての授業で学習効果を調べたいところだが現実的には難しい。そこで，担当している授業を対象にして学習効果を調べることにした。この例に沿って考えると，「母集団（population）」とは，電子黒板の学習効果を調べたいすべての授業をさし，「標本（sample）」とは，母集団から抽出された，実際に研究対象となった授業をさす。

2　記述統計と推測統計

　電子黒板を使用した授業の学習効果を調べた実験の後，学習内容の確認テストを実施した。その結果得られた得点はデータとよばれる数値情報であることが多い。しかしこのデータは，何も加工しないと単なる数字が並んでいるだけである。そこで，この一群の数字から，そこに含まれている情報を引き出すために，データをわかりやすく表現し直す。このデータ処理を「記述統計（descriptive statistics）」という。
　では，電子黒板を使用した授業の学習効果を調べた実験の結果をそのほかのクラスに適用することは可能だろうか。言い換えると，標本から得られた結果を母集団にも当てはめてもよいのだろうか。前述した記述統計では，母集団から抽出された標本を加工し，情報を引き出すことが目的であった。これに対して，母集団から抽出された標本によって母集団の様子を推論し，一般化した知見を得ること，これを「推測統計（inferential statistics）」という。

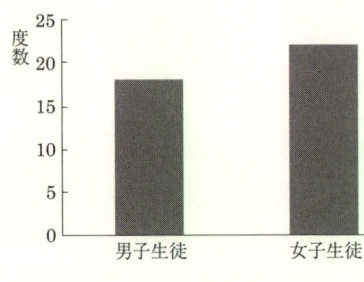

図10-1 棒グラフ

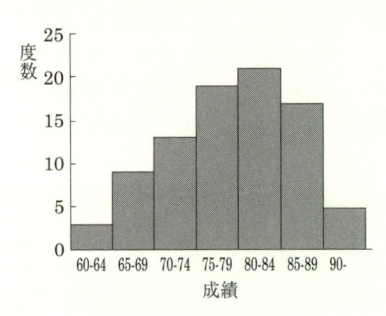

図10-2 ヒストグラム
＊図10-1, 10-2ともに, 仮想データ。

第3節　統計量

1　度数分布

　収集されたデータから情報を得るためには, データに何らかの加工をする必要がある。記述統計の第一歩は, データを図示することから始まる。性別やクラス, 国語の試験成績などの変数（項目）に含まれる, 男子生徒や女子生徒の人数, 1組や2組の人数, 国語の得点など, ある値あるいは値の範囲に相当するデータの個数を「度数」という。そして, 各値によって度数がどのような様子になっているか図で表したものを「度数分布」という。度数分布には, 「棒グラフ」と「ヒストグラム」の2種類がある。たとえば, 生徒の人数などの質的変数を表現する場合には棒グラフ（図10-1）を, 教科の成績分布などの量的変数を表現する場合にはヒストグラム（図10-2）を用いる。

　第4節の統計処理を実施する前に, 度数分布をよく観察し, 度数分布から情報を得ることが大切である。

2　代表値

　「代表値」とは, 度数分布の真ん中を示す値であり, 1つの数値でデータの特徴を表したものである。一般的には, 算術平均を用いることが多いが, データが右や左に偏っていたり, ある数値に度数が集中している場合は「中央値」を用いる必要がある。

　a　算術平均（mean：$\bar{X}$）　算術平均, いわゆる平均とは, ヒストグラムではデータの分布のちょうど真ん中の値を示し, データの合計をデータ数で除すことで求める。

b　**中央値**（median：Me）　中央値とは，データを小さい値から大きい値に順番に並べたときのちょうど真ん中の値である。すなわち，中央値を境にした度数は同じことになる。たとえば，5名の生徒の小テストの得点が，3点，5点，7点，7点，7点ならば中央値は7点，6名の得点が，2点，2点，2点，4点，6点，8点ならば，2点と4点を平均した3点が中央値となる。
　c　**最頻値**（mode：Mo）　最頻値とは，データのなかでもっとも度数が多い値である。

3　散布度

　ヒストグラムをみると，平均を中心にしてデータが左右に広がっていることがわかる。「散布度」とは，このデータの広がり具合やばらつき具合を表した値である。散布度が小さい，すなわち，データのばらつきが小さい場合は，平均の周辺にデータが集まっており，逆に散布度が大きい場合は，平均から離れたデータがあることを意味している。平均が同じ値でも，散布度が異なるとデータから得られる情報は異なるので注意が必要である。
　a　**標準偏差**（standard deviation：s, SD）　標準偏差とは，平均を中心として，個々のデータがどの程度ばらついているのかを表した値である。個々のデータと平均との差を偏差という。標準偏差の定義から考えると，この偏差の平均（偏差の合計をデータ数で除した値）を求めるとよいが，その値はゼロになる。そこで，この偏差を2乗し（この値を「偏差平方」という），偏差平方の合計をデータ数で割る（この値を分散 s^2 という）。最後に，分散の平方根をとった値が標準偏差である。
　b　**範囲**（range）　範囲とは，データの最大値から最小値を引き算した値である。

4　正規分布

　「正規分布（normal distribution）」とは理論的に導かれた，左右対称のつりがね状をした分布であり，その分布の様子は数学的な関数で示される（図10-3）。現実の場面において正規分布する事象は多くみられ，たとえば，身長の分布や大学入試センター試験の得点の分布などは正規分布に近似するといわれている。

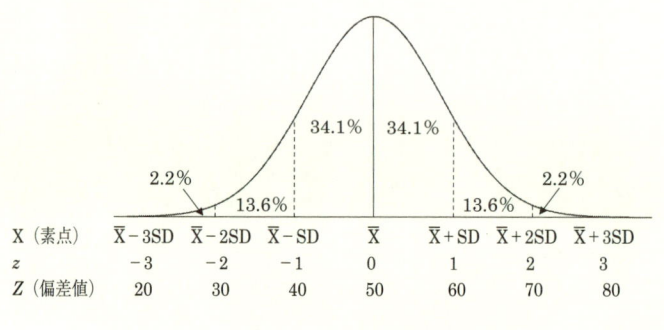

```
                          34.1% 34.1%
              2.2%                       2.2%
                   13.6%           13.6%
X（素点）   X̄−3SD  X̄−2SD  X̄−SD   X̄    X̄+SD  X̄+2SD  X̄+3SD
z            −3     −2     −1    0     1      2      3
Z（偏差値）   20     30     40    50    60     70     80
```

図10−3 正規分布とその特徴（滝沢，2003）

a 正規分布の特徴 正規分布と，平均や標準偏差とのあいだに以下のような特徴がある。平均±1標準偏差のあいだには全体の約68％の情報が含まれ，平均±2標準偏差のあいだには全体の約95％の情報が含まれる。たとえば，100人の生徒の試験結果が平均60点，標準偏差10点ならば，50点から70点のあいだに約68人の生徒が含まれていることがわかる（ただし，このように解釈するためには，試験結果が正規分布している必要がある）。

b 偏差値（deviation score：Z）と正規分布 偏差値は教育評価においてなじみ深い値である。個々のデータから平均を引き，その値を標準偏差で除した値は「標準得点（standard score；z得点，z-score）」といい，個々のデータが平均からどの程度離れているかを示している。この標準得点を10倍して50を加えると偏差値が求まる。標準得点の平均は0，標準偏差は1，偏差値の平均は50，標準偏差は10となり，標準得点を一般的に理解しやすい数値に変換した値が偏差値となっている。

正規分布の特徴を重ねて考えると，偏差値60とは，平均（偏差値50）から1標準偏差大きい値であり，上位から約16％に位置していることになる。生徒が100人いるなら上位から約16番目ということである。

c 偏差値を用いる意義 偏差値を用いると，平均を中心とした個々のデータの相対的な位置を知ることができるだけでなく，平均や標準偏差が異なるデータを比較することが可能となる。たとえば，60点という点数も，平均が50点，標準偏差が10点のクラスと，平均が50点，標準偏差が5点のクラ

スでは，クラスでの相対的な位置が異なる（前者のクラスでは偏差値60となり，上位約16％，後者のクラスでは偏差値70となり，上位約2.5％に位置することになる）。

第4節　統計処理

1　効果量

　第2節1項で例としてあげた，電子黒板を使用した授業方法に学習効果があるのかを実験によって確かめたとする。担当しているあるクラスの62名の生徒を33名と29名の2つの群に分け，電子黒板を使用した授業は33名の群に（「実験群」という），電子黒板を使用しない授業は29名の群に（「統制群」という）それぞれ実施した。授業の内容や時間など授業方法以外は同様の条件で授業をすすめた後，学習の理解度テストを施行した。その結果，表10-1のような結果が得られたとする。

　表10-1をみると，実験群と統制群との平均得点のあいだには7点の差がある。この結果から電子黒板を使用した授業には学習効果があるといえるのだろうか。そこで，この7点の差は大きいのか小さいのか，7点にはどのような意味が含まれているのか考えてみる。平均得点の差（7点）を評価するために，両群に共通であると仮定できる母集団標準偏差の推定値を取り上げ，この推定値に対して平均得点の差が何倍に当たるのかを考えることにする。

　最初に，以下の〈式1〉から母集団標準偏差の推定値を求める。表10-1の場合，推定値は11.88（小数第3位切り捨て）となる。

表10-1　実験群と統制群の理解度テストの結果

	実験参加者数	平均得点	標準偏差
実験群（電子黒板使用）	33	49	13
統制群（電子黒板未使用）	29	42	10

＊仮想データ

⟨式1⟩　　　$s' = \sqrt{\dfrac{n_1 s_1^2 + n_2 s_2^2}{n_1 + n_2 - 2}}$

n_1, n_2 は各群の標本の大きさ（実験参加者数）を表し，s_1, s_2 は各群の標準偏差を表す。

次に，以下の〈式2〉から，効果量 d を求める。表10-1の場合，$d = 0.58$（小数第3位切り捨て）となる。

⟨式2⟩　　　$d = \dfrac{\bar{x}_1 - \bar{x}_2}{s'}$

$\bar{x}_1$, $\bar{x}_2$ は各群の平均を表す。

効果量が0.5であれば，平均得点の差が母集団標準偏差の半分であることを示している。コーエン（Cohen, J.）によると，効果量が0.2の場合は，平均得点に差があるか否かがわからない程度の違いであるが，0.8の場合は，平均得点に明確な差があると考えられている（森・吉田，1990，p.272.）。効果量はデータの単位に依存しない統計量であることから，複数の実験や調査の結果を統合して総合的な結論を出す「メタ分析（meta-analysis）」に利用されている。

2　平均の差の検定

前項で取り上げた電子黒板を利用した授業方法は，平均得点の差や効果量から，その効果が若干あるようにみえる。しかし，この結果は担当している，あるクラス62名を対象にしたものであり，一般化した結果として主張することはできない。すなわち，標本では学習効果がありそうだが，母集団にまでは解釈を拡張できないのである。

そこで第2節2項で説明した推測統計を利用して，標本の結果を母集団にまで一般化できるのかを考えてみる。具体的には，「仮説検定」という手続きによって検討する。

2つの群の平均得点の差に関する仮説検定として「t 検定」とよばれる方法を利用することが多い。t 検定の手順は以下のようになる。

(1) 「2つの母集団における平均得点の差はゼロである」という仮説（「帰無仮説」という）を立てる。
(2) 以下の〈式3〉から，統計量 t（t 値）を求める。表10-1の場合，$t = 2.27$（小数第3位切り捨て）となる。

〈式3〉
$$t = d \times \sqrt{\frac{n_1 n_2}{n_1 + n_2}}$$

n_1, n_2 は各群の標本の大きさ（実験参加者数）を表し，d は効果量を表す。

(3) 〈式3〉によって求めた t 値を，5％の有意水準における t 値の臨界値（表10-2）によって評価する。その際，〈式4〉から，標本の大きさなどによって決まる「自由度（df = degree of freedom）」を求める必要がある。

〈式4〉　　$df = n_1 + n_2 - 2$

t 値の絶対値が表10-2に示された臨界値よりも大きい場合は，帰無仮説の起こる可能性は5％未満であり，帰無仮説が生じる可能性はきわめて少ないと考える。そして，帰無仮説を棄却して，「2つの母集団における平均得点の差は統計的に有意である」と考える（「対立仮説を採択する」という）。

表10-1の場合，自由度は60（= 33 + 29 - 2）となり，表10-2の自由度60の臨界値をみると2.00である。t 値2.27は臨界値2.00よりも大きいことから，「5％の有意水準で，2つの母集団における平均得点の差は統計的に有意である」ということができる。

なお，帰無仮説が誤っているにもかかわらず，正しいと判断する危険性（「第二種の過誤」という）や，帰無仮説が正しいのにもかかわらず，誤っていると判断する危険性（「第一種の過誤」という）があるので，t 値の評価には注

表10-2　5％の有意水準における t の臨界値（両側検定）

df	10	20	30	40	50	60	70	80	90	100
臨界値	2.23	2.09	2.04	2.02	2.01	2.00	1.99	1.99	1.99	1.98

＊詳しくは，森　敏昭・吉田寿夫（編著）（1990）『心理学のためのデータ解析テクニカルブック』北大路書房を参照。

表10-3　5名を対象とした英語と国語の試験結果

	Aさん	Bさん	Cさん	Dさん	Eさん	平均	標準偏差
国語	30	60	50	80	60	56	16.2
英語	40	60	60	90	70	64	16.2
国語の偏差	−26	4	−6	24	4		
英語の偏差	−24	−4	−4	26	6		

＊仮想データ。
「国語の偏差」「英語の偏差」については，第3節3項のaを参照。

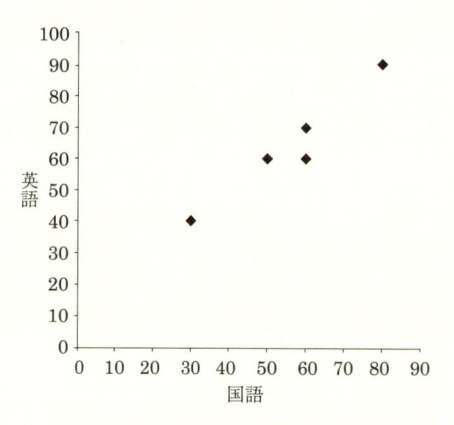

図10-4　表10-3の結果の散布図

意が必要である。

以上のような仮説検定の結果，標本で得られた効果が母集団にまで解釈を拡張することができるのである。

3　2つの変数の関係分析1
——散布図と相関係数

ここでは，2つの変数の関係を分析する方法について説明する。

たとえば，英語の成績と国語の成績には関係があるのか，出席日数と学業成績には関係があるのかなどが考えられる。このような量的な2つの変数の分析方法を「相関分析」という。表10-3のような5名を対象とした国語と英語の試験成績を考えてみる。

相関分析で最初にすべきことはデータを散布図という図に示すことである（コラム「散布図と相関係数との関係」参照）。表10-3を散布図にすると図10-4のようになる。図10-4をみると，国語の得点が高い場合は英語の得点も高くなり，国語が低い場合は英語も低くなりそうである。

次に〈式5〉により相関係数（r）を求める。表10-3の場合は，$r = 0.96$（小数第3位切り捨て）となる。

表 10-4　相関係数の大きさと表現
（森・吉田，1990）

.00 ≦ | r | ≦ .20		ほとんど相関なし
.20< | r | ≦ .40		弱い相関あり
.40< | r | ≦ .70		比較的強い相関あり
.70< | r | ≦ 1.0		強い相関あり

〈式5〉

$$r = \frac{s_{xy}}{s_x s_y}$$

s_x, s_y はそれぞれの得点の標準偏差，s_{xy} はそれぞれの得点の偏差から求めた共分散〈式6〉である。

〈式6〉
$$s_{xy} = \frac{1}{n} \sum_{i=1}^{n} (x_i - \bar{x})(y_i - \bar{y})$$

相関係数は－1から＋1までの値をとり，マイナスのときは負の相関，プラスのときは正の相関，0（ゼロ）のときは無相関という。また，数値の大きさには，表10-4のような表現がなされる。表10-3から得られた相関係数は強い正の相関がみられたことになる。

4　2つの変数の関係分析2──クロス表とカイ二乗検定

前項では，試験成績など量的な数値の変数を分析する方法について説明した。本項では，連関の分析とよばれる質的な2つの変数の関係を分析する方法について説明する。たとえば，性別と好きな科目には関係があるのか，塾に通っているかいないかと学校が好きか嫌いかに関係があるのかなどである。表10-5（左）のような性別と好きな科目との連関を調べた結果（仮想データ）を考えてみる。

2つの変数が質的な場合は，最初に表10-5（左）のようなクロス表（あるいは，

表 10-5　性別と好きな科目に関するクロス表（左：観測度数，右：期待度数，単位：人数）

	国語	英語			国語	英語
男子生徒	20	10	30	男子生徒	$\frac{25 \times 30}{50} = 15$	$\frac{25 \times 30}{50} = 15$
女子生徒	5	15	20	女子生徒	$\frac{25 \times 20}{50} = 10$	$\frac{25 \times 20}{50} = 10$
	25	25	50			

分割表）に表現することが必要である。このクロス表から，男子生徒は国語を好み，女子生徒は英語を好むことが予想されるが，t 検定と同様に，この場合も1つの標本の結果であるから，母集団にまで一般化することは難しい。

そこで，t 検定と同様に仮説検定の方法で検討する。

(1) 最初に「2つの母集団においては連関がない」という帰無仮説を立てる。

(2) 以下の〈式7〉から統計量カイ二乗（χ^2 値）を求める。

〈式7〉
$$\chi^2 = \frac{(O_1 - E_1)^2}{E_1} + \frac{(O_2 - E_2)^2}{E_2} + \cdots + \frac{(O_k - E_k)^2}{E_k}$$

$O_1, O_2, \ldots, O_k$ は観測度数，$E_1, E_2, \ldots, E_k$ は期待度数をさす。観測度数（表10-5左）とは実際に各カテゴリー（各セル）で得られた度数である。期待度数（表10-5右）とは帰無仮説のもとで推定される度数のことであり，周辺度数から求める〈式8〉。表10-5（左）の場合，$\chi^2 = 8.33$（小数第3位切り捨て）となる。

〈式8〉
$$e_{ij} = \frac{n_i \times n_j}{n}$$

e_{ij} は i 行 j 列のセルの期待度数を示し，n_i は i 行の周辺度数，n_j は j 行の周辺度数，n は総度数を示す。

(3) χ^2 値を，5%の有意水準における χ^2 値の臨界値（表10-6）によって評価する。その際，クロス表の大きさによって決まる自由度を求める必要がある。$df = (r - 1)(c - 1)$ であり，表10-5（左）の場合は $df = 1$ となる（r はクロス表の行数，c は列数を示す）。

t 検定の評価と同様に，χ^2 値が表10-6に示された臨界値よりも大きい場合は，帰無仮説を棄却して，「2つの母集団においては統計的に有意な連関がある」と考える。

表10-6　5%の有意水準における χ^2 の臨界値（両側検定）

df	1	2	3	4	5	6	7	8	9	10
臨界値	3.84	5.99	7.81	9.49	11.07	12.59	14.07	15.51	16.92	18.31

＊詳しくは，森　敏昭・吉田寿夫（編著）（1990）『心理学のためのデータ解析テクニカルブック』北大路書房を参照。

引用・参考文献

菅　民郎・檜山みぎわ（1995）『まなぶ——やさしい統計学の本』現代数学社

岸　学（2005）『SPSS によるやさしい統計学』オーム社

子安増夫・田中俊也・南風原朝和・伊東裕司（2003）『教育心理学〔新版〕』有斐閣

芝　祐順・南風原朝和（1990）『行動科学における統計解析法』東京大学出版会

滝沢武久（編著）（2003）『はじめての教育心理学』八千代出版

山田剛史・村井潤一郎（2004）『よくわかる心理統計——やわらかアカデミズム・わかるシリーズ』ミネルヴァ書房

森　敏昭・吉田寿夫（編著）（1990）『心理学のためのデータ解析テクニカルブック』北大路書房

渡部　洋（編著）（2002）『心理統計の技法——シリーズ・心理学の技法』福村出版

> **コラム**

散布図と相関係数との関係

　度数分布と同様に，データを散布図に示すだけでたくさんの情報が得られる。散布図の様子と相関係数との間には，以下のような関係がみられる（下図）。

　(a) は右上がりにデータが散らばり，相関係数も 0.8 と高いことから「強い正の相関がある」と表現される。(b) は若干右に下がっており，相関係数も－0.3 と低いことから「弱い負の相関がある」と表現される。(c) はデータが散在し，相関係数も 0 であることから「無相関」であるという。(d) はデータが U 字に曲がっているようにみえる。相関係数は 0 となっているが「無相関」とはいえず「曲線相関」と表現される。このような場合，相関係数の解釈には注意を要する。

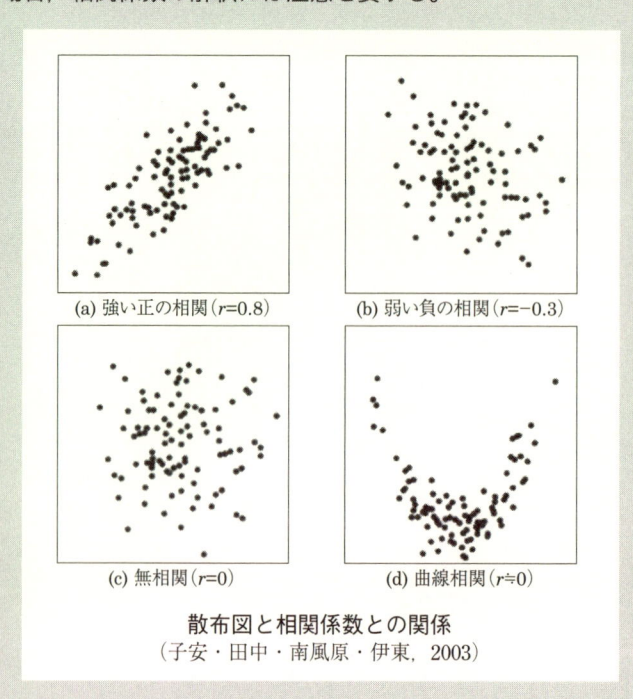

(a) 強い正の相関 ($r=0.8$)
(b) 弱い負の相関 ($r=-0.3$)
(c) 無相関 ($r=0$)
(d) 曲線相関 ($r \fallingdotseq 0$)

散布図と相関係数との関係
（子安・田中・南風原・伊東，2003）

用語集

第1章 教育心理学を学ぶ意義

□知識基盤社会

21世紀は、新しい知識・情報・技術が政治・経済・文化をはじめ社会のあらゆる領域での活動の基盤として飛躍的に重要性を増す、いわゆる「知識基盤社会 (knowledge-based society)」の時代であるといわれる。また、その特質としては、グローバル化や技術革新と競争の激化などがあげられている。

□生涯学習社会

生涯学習が年齢や性別、職業などにかかわりなく、すべての層に普及・定着した社会をいう。類似の用語に生涯教育があるが、生涯学習は個人の主体的行為であって、それを支えていく条件作りが生涯教育とされている。

□中央教育審議会

文部科学大臣の諮問に応じて教育、学術、文化に関する重要施策について調査・審議し、文部科学大臣や関係行政機関の長に意見を述べることを任務とする審議会で、中教審と略称されることも多い。

□自己教育力

学習者が、自己形成に向けて自ら進んで学び、自らの努力で自己を高めていくという主体的な資質や能力のことをいう。これは、中央教育審議会教育内容等小委員会の審議経過報告（1983〔昭和58〕年11月）で提言され、その後の学校教育改善の基本的視点に活かされてきた。

□OECD

経済協力開発機構の略称。1960年に発足した国際機関で、経済発展や雇用の増大に関連の深い人材開発の観点から教育の問題にも深くかかわり、1970年には加盟国の教育政策について意見・情報交換を行う教育委員会（Education Committee）を発足させている。

□メディア・リテラシー

メディア・リテラシー（media literacy）とは、メディア情報を批判的に受容し、解釈するとともに、自分の考えや意見、感じていることなどをメディアを用いて構成的に表現し、コミュニケーションを生み出していくという複合的な能力のことである。

□一斉授業

1人の教師が学習者の集団に対して、同じ教育内容を、同じ時間内に、同じ場所において指導するという教育の方式。18世紀の末に、イギリスにおいてベル（Bell, A.）とランカスター（Lancaster, J.）によって編み出されたとされる。

□潜在的カリキュラム

学校教育におけるカリキュラムには意図的、計画的に選定され、教えられ

ているカリキュラムと，それとは関係なく，さまざまな教育活動をとおして偶発的に獲得される価値や態度，規範などもある。前者は顕在的カリキュラム（manifest curriculum），後者は潜在的カリキュラム（hidden curriculum）とよばれている。

□指導要録

学校教育法施行規則によって定められた児童・生徒の学籍および在学中の学習や行動の状況などを記録した公簿である。なお，2002（平成14）年度実施の教育課程から，各教科の指導の記録は観点別評価と評定のいずれにおいても，絶対評価で表すこととなった。

第2章　発達

□レディネス

レディネス（readiness）とは準備性のことであり，ある行動の習得に必要とされる条件が用意されている状態をいう。成熟優位説に立つゲゼルは，神経系の成熟によるレディネスの重要性を強調したが，その後の研究では，積極的な指導によってレディネスを促進することの必要性が説かれている。

□臨界期

ローレンツがインプリンティングにおいて提唱したもので，環境からの刺激が効果をもつ限られた期間のことをいう。可塑性に富む人間の場合には，厳密な意味での臨界期の存在は考えにくいことから，刺激の影響を受けやすい時期として，敏感期（sensitive period），あるいは最適期（optimal period）という用語を使うことが多い。

□生得 vs 習得

心理学，とくに発達心理学では生得的や習得的ということばがよく使われる。生得的とは生まれながらに備わっているという意味で，習得的とは生まれた後に経験や学習によって身についたという意味である。たとえば，飢えや渇きといった生理的欲求は生得的欲求である。また一次的，二次的も同様で，一次的は生得的，二次的は習得的という意味で用いられる。

□固着

特定の発達段階に，リビドーや自我の発達が部分的にとどまることをさす。結果として，固着した発達段階特有のリビドー充足の仕方や行動特徴などが，後になっても存続することになる。

□人見知り

乳児が親しい人とそうでない人とを区別して，見知らぬ人を避けようとする行動。人見知りは生後6カ月頃から始まり，1歳頃までには消失するとされるが，幼児期以降にははにかみや不安として現れることもある。人見知りは，一般に特定対象，とくに母親との愛着形成の1つの指標と考えられている。

□発達課題

教育社会学者のハヴィガーストが中心となって導入した概念で，個人が社会的に健全に発達するために，人生のそれぞれの時期に習得が求められる課題のことである。エリクソンはこうした考え方を，精神分析的自我心理学の

立場から自我発達の過程に援用して，独自の発達課題論を展開している。

□**排泄訓練**

乳児期には排泄は反射的に行われ，制約なくおむつのなかに排泄する。その後，大脳や神経系の発達にともなう膀胱(ぼうこう)や肛門の括約筋の統制能力という身体的成熟や，認知的発達に支えられて適切な排泄行動へと発達していく。排泄訓練は人格形成に大きな影響をもつとされることから，子どもの発達に即して，早すぎず，厳しすぎず，適切な態度でしつけることが求められている。

□**小1プロブレム**

小学校に入学すると，それまでとは異なり，一定の時間机に座り，教師の指示に従って学習することが要求される。こうした環境に適応できず，授業中に離席をし，立ち歩くような子どもの存在が指摘されているが，これが小1プロブレムという現象である。

□**フロイト**（Sigmund Freud, 1856-1939）

精神分析の創始者。モラヴィア（現在のチェコ共和国の東部）に生まれ，4歳のときにウィーンに移住。1873年にウィーン大学に入学し，神経生理学の研究を行う。1893年にブロイエル（Breuer, J.）と共同で『ヒステリー研究』を公表し，これを契機に精神分析学を創始した。以後，その発展に尽くしたが，晩年はイギリスに亡命し，当地で亡くなった。娘に，後継者の1人であるアンナ・フロイトがいる。

□**エリクソン**（Erik Homburger Erikson, 1902-1994）

精神分析学者。ドイツに生まれ，ウィーンの精神分析研究所でアンナ・フロイト（Freud, A.）に師事し，児童の精神分析を学ぶ。その後，アメリカに亡命し，児童分析と並行してアメリカ・インディアンの文化人類学的研究などを行い，フロイトの心理・性的発達理論に文化・社会的視点を導入し，独自の心理・社会的発達理論を体系化した。

第3章　学習の基礎

□**系統発生**

生物の種の生命出現から現在に至るまでの発生をいう。これに対して生物が受精卵から成体になるまでの変化過程を意味する個体発生ということばがある。

□**社会的学習理論**

他者を介しての社会的行動の習得と変容の過程を研究したバンデュラ（Bandura, A.）が，注意―記憶―行動産出―強化・動機づけという4つの過程からなる観察学習の考え方を中心にして発展させた理論。表象機能が発達している人間の内的な認知的要因にもとづいて生じる学習を重視している。

□**自律神経系**

心臓，胃，腸，膀胱，生殖器，血管壁などの筋肉は，意思に従わないでつねに動いており，そのテンポとペースには個性がある。このような人の不随意性の身体の部分を支配している神経

系のこと。

□ 自律訓練

　心理的機能と生理的メカニズムの関連を基底にシュルツ（Schultz, J.H.）が創唱した訓練。本来不随意に働いている自律神経を一種の自己暗示によって随意的に操作できるように訓練すると，心理的弛緩（しかん）と生理的緊張の緩和とが心身の交互作用によってともに生じる。

□ 動因

　個体の内部にあって，個体を行動の発現へと駆り立てる力のこと。

□ 転移

　学習の転移という場合は，ある学習や経験の結果が，後に行う学習に何らかの影響を及ぼすことを意味する。感情の転移という場合は，精神分析でいわれる特定の人物（たとえば両親）に対して過去もっていた感情をこれと何らかの点で類似性をもつ第三者に置き換えることを意味する。

□ ピアジェの認知発達理論

　知能の発達を，外界を自己のシェマに取り入れる同化と，外界に応じて自己のシェマを変えていく調節をとおして起こってくる，ある構造から次の構造への変換であると考える。

□ 行動主義

　ワトソン（Watson, J.B.）により提唱された考え方で，心理学が科学として成立するためには，客観的に観察可能な行動を研究の対象とすべきであるとし，行動を刺激と反応の連合としてとらえる。

□ プログラム学習

　指導内容が系統化，細分化され，積極的な学習参加を促す反応様式が整えられ，反応の正誤が即時に確認できるように仕組まれた個人別の教授・学習方式。

□ 自閉症（早期幼児自閉症）

　1943年にカナー（Kanner, L.）によって記載された幼児精神障害で，本質的特徴として，極端な孤立・自閉と強迫的な同一性の保持がある。これに付随してコミュニケーションの目的に言語を用いようとしないこと，物的なものへの執着，良好な知的潜在能力をもっていることなどがあげられる。

第4章　学習指導をめぐる諸問題

□ 生きる力

　1996（平成8）年7月に出された中央教育審議会第1次答申において，「ゆとり」のなかで子どもたちに「生きる力」を育むことの重要性が打ち出された。「生きる力」とは，「自分で課題を見つけ，自ら学び，自ら考え，主体的に判断し，行動し，よりよく問題を解決する資質や能力」（豊かな人間性やたくましく生きるための健康や体力を含む）とされる。

□ ピアジェ（Jean Piaget, 1896-1980）

　スイスの心理学者。ニューシャテル大学で生物学を専攻し，軟体動物の研究で博士号を取得。その後，チューリッヒ大学で心理学を学んだ。とくに，子どもの知的側面（数量概念，因

果性，時間・空間，言語と思考，道徳性）の発達を研究し，子どもとおとなの思考には質的な違いがあることを示し，子どもをおとなのひな型と考える古い児童観からの解放を促した。代表的な著作として『子どもの言語と思考』(1923) などがある。

□ヴィゴツキー (Lev Semenovich Vigotsky, 1896-1934)

旧ソビエト連邦の心理学者。モスクワ大学を卒業後，郷里のゴメリでロシア語と文学，美学，芸術論などを教えていたが，38歳で肺結核に倒れるまでのわずか10年を心理学の研究にあて，ソビエト心理学における代表的な発達理論家となった。人間は出生当初から社会的存在であり，教育が発達を促し，先導するとして，おとなによる教育の重要性を主張した。代表的な著書として『思考と言語』(1934) などがある。

□反射

外界および内界からの一定の刺激に対して，意識とは無関係に自動的，定型的に示される反応であり，生まれながらにして備わっている反射 (reflex) を生得的反射という。たとえば，新生児が乳首などにふれると吸うという吸啜反射，手のひらを軽くなでると手を握る把握反射，あお向けに寝ているベッドを叩いたり，敷布を取り去ろうとすると両腕を広げて抱きつこうとするモロー（抱きつき）反射やバビンスキー反射などがある。

□保存

ものに対して付加や削除がなされないかぎり，外観がどのように変化してももとの数量は変わらないとする考え。数量の保存 (conservation) の出現は，子どもが論理的（操作的）思考に達したことの表れであるとされる。一般的には，物質量の保存は7，8歳，重さの保存は9，10歳，体積の保存は11，12歳頃にならないと獲得されないとされている。

□再生

記憶した事象を思い出し，何らかのかたちで再現することを再生 (recall) という。以前に経験した事象と同じものであると認識する再認 (recognition) とは区別されている。

□期待

あることが実現することを願い，待ち望むことを期待 (expectation) という。一般的には，その内容は自分にとって好ましいこととされるが，心理学ではニュートラルな性質のものとして予期と同義にあつかわれる。

□自尊感情

「自分はすばらしい人間だ」とか「自分はだめな人間だ」というような，自分に対する評価感情を自尊感情 (self-esteem) という。自尊感情が高すぎる場合には虚栄心が強く，低すぎる場合には自己卑下や劣等感をもつとされる。自己価値や自尊心，自己評価と訳されることもある。

□強化子

報酬や罰などによって条件づけの強度，または反応の生起確率を増大させ

る過程を強化（reinforcement）といい，こうした特性をもつ環境事象を強化刺激または強化子（reinforcer）という。オペラント条件づけでは，自発的反応に随伴して報酬が与えられることにより，反応の生起確率が高まるが，ここで報酬をもたらすような刺激事象（餌など）を正の強化子とよぶ。また，刺激（電撃など）が消失することによって反応の生起確率が高まる場合を負の強化子または嫌悪刺激（aversive stimulus）という。

第5章　適応

□心身症

身体症状を主とするが，その診断や治療に心理的因子についての配慮がとくに重要な意味をもつ病態をいう。また，身体的原因によって発生した疾患でも，その経過に心理的因子が重要な役割を演じる症例や，神経症でも身体症状を主とする症例は，広義の心身症と考えられている。

□外傷後ストレス障害（PTSD）

災害や事故で自分や家族の生命が脅かされたり，過度の暴力を受けるなど，過度なストレスに対する反応として生じる精神的障害で，外傷的事件が生々しく思い出されるという再体験症状，外傷と関連した刺激を避け続けようとする回避症状，全般的に覚醒水準が高まって睡眠障害や易刺激性などの過覚醒症状がみられるとされる。

□学校基本調査

学校教育行政上の基礎資料を得ることを目的に，文部科学省（文部省当時を含む）が毎年1回，幼稚園から大学院までのすべての学校種を対象に実施する悉皆調査である。1948（昭和23）年から継続的に実施され，内容は学校数，在籍者数をはじめ多岐にわたっており，学校基本調査（basic census of school）の結果は最終的には「学校基本調査報告書」として毎年刊行される。

□分離不安

子どもが母親と離れるときに示す不安反応。生後半年頃からみられ，1歳半でピークに達し，その後は徐々に弱まっていく。また，一般に3歳頃になると，母親の一時的な不在に耐えられるようになるとされている。これ自体は病的な反応ではなく，健全な母子関係形成の指標ともされるが，4歳以降になっても強い分離不安がみられる場合には問題も残る。

□両価的

アンビバレント（ambivalent）は，アンビバレンス（ambivalence）の形容詞型。アンビバレンスは両価感情，あるいは両面価値感情とも訳され，同一の対象に対して愛と憎しみといった相反する感情や態度をいだくことをいう。

□自己概念

人が自分の属性（身体的特性や能力的特性，パーソナリティ特性，社会経済的地位など）や行動様式に対して表明する態度，判断，価値観などの総称で，自己観とも訳される。自己像（self-image）も同じ意味で用いられることがあるが，一般に自己像や自己意識

(self-consciousness) が比較的一時的なものであるのに対して，自己概念（self-concept）は相対的に恒常的であるとされる。

□悉皆調査

社会調査の方法。センサス（census）ともよばれ，対象となる母集団の全数調査を行う場合をいう。これに対して，母集団から標本を抽出して対象者とする場合には，標本調査（sample survey）とよばれる。社会調査の多くは，経済性や統計的理由などから，無作為抽出法による標本調査が採用される場合が多い。

□適応指導教室

教育委員会が不登校支援の一環として，学校以外または学校の教室などを利用して校内に設置している施設で，中間的な居場所の提供，集団活動を通じての社会性の発達，教科学習の補充などを目的に設置されている。同教室は1990（平成2）年度には全国でわずか84施設であったが，現在では全国で1200を超える施設が展開されている。

□遊び型非行

偶発的で，一過性と考えられる軽微な非行や問題行動で，「友だちに誘われて何となく」や「スリルや刺激を求めて」といった単純な動機からなされるもので，罪悪感に乏しいことが特徴とされる。

□役割葛藤

役割とは，個人が社会や集団のなかで占めている地位や位置に期待されているる行動様式をさす。通常，個人は同時に複数の役割をとるが，複数の役割の間で対立した行動が期待される場合，いずれの役割を選択するかについて葛藤が生じる。これが役割葛藤（role conflict）である。

第6章　教育相談

□生徒指導

一人ひとりの児童・生徒の人格を尊重し，個性の伸長をはかりながら，社会的資質や行動力を高めることをめざして行われる教育活動のこととされる。そのことは，「教師と生徒の信頼関係及び生徒相互の好ましい人間関係を育てるとともに生徒理解を深め，生徒が自主的に判断，行動し積極的に自己を生かしていくことができるよう」指導・援助することでもある（文部科学省（2010）「生徒指導提要」「学習指導要領」第1章総則の第4の2の(3)より抜粋修正）。

□学校でのコンサルテーション

教師や保護者は，子どもの問題をどう援助するかを悩むことが多い。そのとき，スクール・カウンセラーや教育相談担当教員などが，その専門の立場から，困っている教師や保護者が子どもの問題解決を効果的に援助できるように働きかける活動。コンサルタントとしてのカウンセラーや教育相談担当教師，そして教師や保護者が援助の対象である子どもの状況について検討し，今後の方針などを話し合う場でもある。

□ スクール・カウンセラー

　学校内で児童・生徒の心の支援，ならびに児童・生徒にかかわる保護者や教師の援助を行う専門家のことである。スクール・カウンセラーの多くは，日本臨床心理士資格認定協会の認定する「臨床心理士」であり，臨床心理学の専門家としてさまざまな領域で心理療法や心理査定に携わっている。

　主な活動目的は，児童・生徒のカウンセリング，居場所作り，心理的アセスメント，教師へのコンサルテーション，専門機関との橋渡し，研修活動，保護者へのカウンセリング，ガイダンス，保護者の会の運営，専門機関の紹介，地域の啓発（講演会）といったものである。

□ 心理アセスメント

　ある個人または集団をいっそうよく理解するために，特定の技法を系統的に適用することであり，個人のもつ異常性や病理の診断，個人に欠けているものの判定にとどまらず，その人間がもつ積極的価値をも含めて多面的に分析し，また彼らの状態を発達的，流動的に把握してから，こうした情報を統合的に記述し，彼ら自身の利益のために適切に情報を活用させていく過程のことをいう。

□ ひきこもり（社会的ひきこもり）

　長期間にわたり自宅に閉じこもったまま，就学，就労はおろか外出もほとんどしないことを意味し，診断名でも臨床単位でもない。思春期・青年期における広義の不適応状態の1つを意味することば。

□ 心理療法

　精神療法ともいわれ，心理的原因によって，異常な状態や病的な状態に陥っている人に対して，心理学的な手段や技法によってその状態を軽減，あるいは除去する方法の総称。

□ カウンセリング

　適応上の問題に直面して何らかの援助を必要とする個人と，専門的訓練を受けた助力者としての資質を備えた専門家が面接し，主として言語的手段によって心理的影響を与え，問題解決を援助する相談関係一般のこと。

□ 緘黙症（かんもく）

　本来的には言語能力を有しながら，ことばを発しない状態をいう。

　小児統合失調症，幼児自閉症，重度の知的障害，ヒステリー性のもの，心因性のものを含むが一般的には心因性のものをさすことが多い。また全面緘黙と場面緘黙があり，場面緘黙では安心感のある場所では普通の会話が成り立つことが多い。

□ エンパワメント

　もともとアメリカでの1960年代の黒人問題にかかわるソーシャルワーク実践のなかから生まれてきたことば。人間が自らの問題を自らで解決し，自らの生活をコントロールする力を得て，主体的に問題解決ができるように援助するプロセス。

□ 家族療法

　家族を1つのまとまりをもったシステムとみなし，それがかかえる心理的

問題を臨床実践の対象とする。家族関係を心理システムとして理解・受容して問題解決に向けての援助技法が生み出されている。

第7章　学級集団と教師

□コメニウス（Johann Amos Comenius, 1592-1670）

17世紀に活躍したモラヴィア（現在のチェコ共和国の東部）生まれの教育思想家。『大教授学』(1657)のほかに，世界で最初の絵入りの語学教科書とされる『世界図絵』(1658)などを著した。

□ドルトン・プラン

1920年，マサチューセッツ州ドルトンの町のハイスクールで，パーカスト（Parkhurst, H.）によって実施された教育実践の試み。従来の教師主体の学校組織から生徒を解放し，自由（freedom）と協同（co-operation）の原理にもとづき自主的に行動することのできる人間の育成が目標とされた。学習の主体は生徒で，教師はアドバイザー的役割を担い，学校は生徒の人間形成のための共同体として機能することがめざされた。

□公式集団

明確な成員関係の組織と一定の慣習的手続きの体系をもった集団を公式集団（formal group）といい，その例として学級があげられる。一方，成員間の心理的関係にもとづいて成立している集団は非公式集団（informal group）とよばれる。

□インファント・スクール

5～7歳児までを対象とするイギリスの初等教育機関であり，以後に続く11歳までのそれはジュニア・スクール（junior school）とよばれている。学習面では遊びや活動が中心で，総合学習や子どものニーズにあわせたグループ学習なども多く取り入れられている。

□学級の雰囲気

雰囲気は，集団が作られ，一定の期間その成員が相互作用を繰り返すことによって形成される。家庭の場合は家風，学校では校風，学級では級風とよぶこともある。こうした雰囲気はいったん形成されると比較的長く継続し，集団成員の行動に影響を及ぼし，その集団を特徴づけることになる。

□葛藤

同時に2つ以上の対立する欲求，動機や衝動が存在しているため，行動を決定することができない状況をいう。葛藤（conflict）は緊張や不快感を引き起こし，ストレスや欲求不満の原因ともなる。

□モラール

志気（morale）あるいは集団志気ともいう。一般には，集団の目標や課題達成に向けての成員の自発的，積極的な態度のことである。もともと産業場面で用いられてきたが，学校ではスクール・モラールとよばれる。

□ピグマリオン効果

ローゼンサール（Rosenthal, R.）らによって命名された教師の期待効果。キ

プロス王ピグマリオンが自作の女性像（彫刻）が生きた女性になることを願った結果，それがかなえられたというギリシャ神話に由来する。肯定的な期待が自己成就的予言として機能する場合をガラティア効果（Galatea effect），否定的な期待の場合にはゴレム効果（Golem effect）とよばれることもある。

□自己成就的予言

曖昧な情報や誤った情報にもとづいて期待を形成し，そうした期待に沿って行動した結果，期待が現実のものとなる現象をいう。この具体例としては，教師の期待効果のほかに，実験者の研究仮説が微妙な行動によって被験者に伝わり，実験の結果が仮説の方向にずれるという実験者バイアス効果（experimenter bias effect）などがある。

第8章　特別支援教育

□特別支援教育

2007（平成19）年4月，わが国の障害児教育は「特殊教育」から「特別支援教育」に移行した。これまで支援されなかった子どもも対象とし，幼・小・中・高の通常学級でも実施することも特徴である。また幼児期から青年期まで一貫性をもつ教育とすること，福祉，労働，医療等の諸分野との連携・協力が重要であると明記したことも注目に値する。

□発達障害

発達障害者支援法には「自閉症，アスペルガー症候群その他の広汎性発達障害，学習障害，注意欠陥多動性障害その他これに類する脳機能の障害であってその症状が通常低年齢において発現するものとして政令で定めるもの」と定義されている（文部科学省，2007年3月15日）。

□広汎性発達障害

相互的な社会関係とコミュニケーションのパターンにおける質的障害，および限局した常同的で反復的な関心と活動の幅によって特徴づけられる一群の障害。程度の差はあるが，これらの質的な異常は，あらゆる状況においてその患者個人の機能に広汎にみられる特徴である。多くの場合，幼児期から発達は異常である（『ICD-10』より抜粋）。

□学習障害

基本的には全般的な知的発達に遅れはないが，聞く，話す，読む，書く，計算する，または推論する能力のうち特定のものの習得と使用に著しい困難を示すさまざまな状態をさす。その原因は中枢神経系の何らかの機能障害と推定されるが，視覚障害，聴覚障害，知的障害，情緒障害などの障害や，環境的な要因が直接の原因ではない。

□注意欠陥／多動性障害

年齢あるいは発達にふつりあいな注意力と，もしくは衝動性，多動性を特徴とする行動の障害で，社会的な活動や学業の機能に支障をきたすものである。また，7歳以前に現れ，その状態が継続し，中枢神経系に何らかの要因による機能不全があると推定される。

□通級指導教室

アメリカのリソースルームを参考に規定された「通級による指導」を行う教室をいう。小中学校の通常学級に在籍する比較的軽度の障害を有する児童・生徒を対象に，週1～8回指導を行う。通級指導は義務教育段階にとどまる制度で，教室設置数が十分ではなく，自校ではなく他校の通級指導教室に通う場合もあり，課題となっている。

□特別支援学級

障害，そのほかの理由で教育上の特別なニーズをもつ子どものために，小中学校などのなかに通常の学級とは異なるカリキュラムや教育条件もつ「特別な学級」を設置する場合があり，「特殊学級」と規定された。地方自治体では「障害児学級」「養護学級」などの呼称で運営されてきたが，2006（平成18）年に学校教育法などの改変により名称変更された。

□インクルーシブ教育

障害のある子もない子も同じ場でともに学ぶことを追求しつつ，個別の教育的ニーズのある児童・生徒に対して，もっとも的確に応える指導を提供できる多様で柔軟な仕組みを整備することである。通常の学級，通級による指導，特別支援学級，特別支援学校といった，連続性のある「多様な学びの場」を用意しておくことが求められる。

□ICD-10

異なる国や地域の異なる時点で集計された死亡や疾病のデータの体系的な記録，分析，解釈及び比較を行うため，世界保健機関（WHO）が作成した分類である。これに準拠した疾病，傷害および死因の統計分類を作成し，統計法にもとづく統計調査に使用され，医学的分類として医療機関における診療録の管理等に活用されている。

第9章　教育評価

□教育測定運動

アメリカ教育界で1920年頃に提唱された，教育事象に対して客観的，科学的測定を取り入れて問題解決をはかろうとする運動。ソーンダイク，ゴールトンらを中心に進められ，教科別の標準学力検査や陸軍α式，β式知能検査の開発，実施が進められた。1930年頃から進歩主義教育の批判を受け，教育評価という枠組みに発展的に収斂されていく。

□学習指導要領

日本の小・中・高等学校，特別支援学校の教育課程（カリキュラム）の大綱が明記されたもの。幼稚園は教育要領とよばれる。中央教育審議会の答申を経ておよそ10年に一度の改訂がある。2010（平成22）年度改訂のものは子どもたちの「生きる力」の育成を軸として，各教科のカリキュラムのあり方を明示している。

□マスタリー・ラーニング

完全習得学習と訳され，すべての子どもに学習が成立，保障することを意図した教育方法，学習戦略のこと。ブルームにより企図され，この実践の中核方法が形成的評価になる。つま

り，子どもたちへの授業実践のなかで，個々のつまずきの程度や進捗状況を把握し，それをもとにすべての子どもに一定以上の学習保障を企図するという学習理論である。

□**適性処遇交互作用**（ATI：aptitude-treatment interaction）

クロンバックが提唱した理論で学習者の適性（特性）の違いによって，教授法（処遇）を変えることにより，その教育効果は違ってくるという学習理論。学習者の能力や性格を学習成果の要因に入れることの必要性を説き，学習の最適化（optimizing learning）という概念につながるものでもある。

□**構成主義的学習観**

子どもたちを能動的な学習主体者ととらえ，知識は一方的に詰め込まれるものではなく，子どもたちは自ら知識や概念を環境と自分との相互作用のなかで構築，獲得していくという考えに立つ。この学習観に立てば，教師はまず子どもたちの既存の知識概念（構造）を把握したうえで教授活動に入ることがきわめて重要になる。

□**「通信簿事件」**

1969（昭和44）年，テレビモーニングショーのなかで一母親が投じた当時の通知表のあり方を問うた事件。通信簿の評価において，クラスの子どもの誰かに1や2の評点がつくという相対評価が，義務教育段階においては理不尽なことではないかという疑問が出た。これを契機に通知表や，相対評価，教育評価行政のあり方が変わっていくことになった。

□**PISA型学力**

PISA（Programme for International Student Assessment）とは，国際的な生徒の学習到達度調査のことで，OECDが2000年度から3年に1回実施しており21世紀型の新しい学力といわれている。ここで想定されている学力は，生徒がもっている知識や技能を実生活のさまざまな場面で直面する課題にどの程度対応できるかの能力で，学習指導要領で定められた知識・理解や思考・判断力等を統合した課題解決的能力ともいえる。

□**キー・コンピテンシー**

PISA型学力の基本的枠組みとして考えられた能力がキー・コンピテンシーといわれる能力。OECDのDeSeCo（Definition and Selection of Competencies：コンピテンシーの定義と選択プロジェクト）からの提唱で，①知識や情報を相互作用的に用いる能力，②異質な集団と交流する能力，③大きな展望のなかでの活動や人生計画を立てる力，また自らの権利や利害を表明するといった自律的活動能力も新しい学力，能力として提唱している。

第10章　教育統計

□**質的変数**

「分類」するための変数。血液型や性別，賛否や好悪などが質的変数の例としてあげられる。

□量的変数
　「量の大小」を問題にする変数。身長や体重，知能指数や性格得点などが量的変数の例としてあげられる。

索引

あ行

愛着 31
アイデンティティ 39
アクション・リサーチ 18
アセスメント 110
遊び型非行 98
新しい学力観 10
暗順応 82
意義 9
生きる力 10, 174
いじめ 21, 87, 153
いじめの集団化 90
いじめの態様区分 87
遺伝 25
遺伝的要因 19
インクルーシブ教育システム 154
印象形成 129
インファント・スクール 122
インプリンティング 29
インリアル（INREAL）・アプローチ 151
SST（ソーシャルスキルトレーニング）150
応用行動分析（ABA）151
OECD（経済協力開発機構）11
置き換え 85
オペラント条件づけ 44, 69

か行

外傷後ストレス障害（PTSD）85
「階段のぼり」の実験 28
外的適応 82
外発的動機づけ 70
カウンセリング 104
学外連携 149
拡散的探索 71

学習 27, 42, 63
学習指導要領 159
学習障害（LD）17, 140
学習性無力感 73
学習への動機づけ 20
学習優位説 27
学習レディネス 158
学内連携 147
学力論 157
影 89
加算的寄与説 25
過剰適応 82
仮説演繹的思考 67
家族療法 114
学級規模 120
学級作り 126
学級編成 120
学校恐怖症 93
学校不適応 21, 87
家庭裁判所 97
感覚・運動的知能 65
環境 25
環境閾値説 26
環境的要因 19
観察法 17, 173
完全習得学習 164
寛大効果 129
観点別学習状況評価 22
観点別評価 159
キー・コンピテンシー 174
記述統計 181
基本的信頼 37
逆制止 44
客観テスト 172

207

教育相談 102
教育測定運動 157
教育評価 21, 157
強化子 69
教科指導 19
教材研究 12
教師期待効果 131
教師作成テスト 173
教師の専門性 152
教授・学習過程 12
協同モデル 115
均衡化 65
勤勉性 39
具体的操作 65
虞犯少年 97
クラス替え 123
クロス表 189
経験説 25
形式的操作 65
形成的評価 22, 162
系統的脱感作 44
系列位置効果 50
原因帰属 74
限界設定 106
現代教育研究会 95
効果量 186
高機能自閉症 17
攻撃の適応機制 83
公式集団 120
構成主義的学習観 165
行動遺伝学 26
行動見本法 17
光背効果 129
広汎性発達障害 139
ゴールトン 159
心の理論 58
個人的主観的な意味 111
個人内評価 162

誤信念課題 59
固着 35
固定的熟達化 15
個別指導計画 148
孤立要因説 25
コンサルテーション 108

さ行

最近接発達領域理論（ZPD 理論）68
最頻値 183
算術平均 182
散布図 188
散布度 183
自意識の過剰 21
シェマ 64
時間見本法 17
自己概念 95
自己教育力 10
自己強化 49
自己効力感 77
自己成就的予言 132
自己像 95
自己像説 94
自己調整学習 75
自己調整モデル 49
自己理論 95
思春期内閉症候群 95
自尊感情 74
悉皆調査 95
実験法 18
実態調査法 18
質的変数 182
児童虐待 153
児童生徒の問題行動等生徒指導上の諸問題
　　　　に関する調査 87
指導要録 21, 171
自発性（積極性）38
社会的学習 48

社会的再適応評価尺度 86
従属変数 17
集団維持 127
就労支援 154
巡回相談 149
順応 64, 82
小1プロブレム 39
生涯学習社会 10
障害告知と受容 153
生涯発達心理学 25
照合の特性 71
象徴的遊び 66
少年法 97
初期経験 29
助教法 118
触法少年 97
助言モデル 115
初頭効果 50
自律性 38
進学支援 154
新近効果 50
新行動主義 47
診断的評価 165
進歩主義者 159
親密性 39
心理教育 114
心理社会的危機 36
推測統計 181
随伴性 45
スクール・カウンセラー 21, 97
スクール・ソーシャルワーカー 97
ストレス 85
ストレッサー 85
ストレンジ・シチュエーション法 33
正規分布 183
宣言的知識 53
成熟 19, 27
成熟優位説 27

生殖性 40
精神間機能 68
精神内機能 68
成長 18
生得説 25
生徒指導 19, 81, 104
正の強化 45
勢力資源 128
絶対評価 162
z得点 184
セルフ・ハンディキャッピング方略 78
セルフ・モニタリング 20, 79
潜在的カリキュラム 15
全人的性 147
漸成説 36
前操作的思考 65
全体的な視点 112
専門家チーム 149
総括的評価 164
相関分析 188
相互作用説 26
操作 64
相対評価 22, 157
ソーンダイク 157

　　　　た行
体制化 64
第二次性徴 21
第二の誕生 39
代表値 182
脱感作 44
短期記憶 49
遅延模倣 66
知識基盤社会 10
知的好奇心 71
知的障害 143
注意欠陥／多動性障害（ADHD）17, 142
中央教育審議会 10

中央値 183
長期記憶 50
調節 65
対呈示 43
通級指導教室 147
通常学級 147
通知表 171
定位行動 32
データ 181
適応 21, 81
適応機制 83
適応指導教室 97
適応的コンピテンス 15
適応的熟達化 15
適性処遇交互作用 164
手続き的知識 53
デューイ 159
同化 64
動機づけ 69
登校拒否 93
統合性 40
到達度評価(絶対評価) 22, 157
逃避的適応機制 83
特殊的探索 71
特別支援学級 147
特別支援教育 135
特別支援教育コーディネーター 148
特別支援連携協議会 149
独立変数 17
度数 182
度数分布 182
ドルトン・プラン 119

な行

内的作業モデル 32
内的適応 82
内発的動機づけ 70
二次的動因説 31

21世紀のコンピテンシー 11
認知構造 64
認知的葛藤 71
認知的動機づけ 71

は行

排泄訓練 38
発信行動 32
発生的認識論 64
発達 18, 24
発達障害 17, 138
発達性協調運動障害 145
発達性言語障害 144
発達的危機 36
発問 72
場面選択観察法 17
範囲 183
般化 43
反抗(第二反抗期) 21
犯罪少年 97
反応形成 46
PDCAサイクル 161
ピグマリオン効果 130
非行 21, 97
非行少年 97
PISA型学力 174
非特異的反応 85
人見知り 32
標準テスト 173
標準得点 184
標準偏差 183
表象 66
表象モデル 32
評定 162
標本 181
敏感期 28
輻輳説 25
不登校 21, 91, 153

負の強化 45
普遍的影 90
ブルーム理論 164
分散 183
分離不安 32
分離不安説 94
平均 182
ベル・ランカスター法 118
偏差 183
偏差値 184
偏差平方 183
変数 182
防衛的適応機制（防衛機制） 83
ポートフォリオ評価 174
保健室登校 109
母集団 181
ホスピタリズム 30
母性的養育の剥奪 30
母性剥奪 30
保存 67
ボンド理論 99

ま行
マターナル・デプリベーション 30

明順応 82
メタ認知 20, 42, 54, 75
メディア・リテラシー 11
面接法 173
目標達成 127
文部科学省 87

や行
養護教諭 108
抑圧 84
欲求不満 83
欲求不満—攻撃仮説 89
欲求不満耐性 83

ら行
リーダーシップ 123
リビドー 35
量的変数 182
臨界期 28, 29
レスポンデント条件づけ 43
レディネス 19, 28
連関の分析 189
論述テスト 172

編者
　善明　宣夫　園田学園女子大学

執筆者〈執筆順，（　）内は執筆担当箇所〉
　善明　宣夫　（第1・4・5・7章）編者
　宇惠　　弘　（第2・10章）関西福祉科学大学
　西川　隆蔵　（第3・6章）帝塚山學院大学
　前田志壽代　（第8章）前神戸学院大学
　佐野　　茂　（第9章）大阪商業大学

学校教育心理学〔改訂版〕

2013年10月25日　初版第1刷発行
2023年2月5日　　　第8刷発行

編著者　　善明　宣夫
発行者　　宮下　基幸
発行所　　福村出版株式会社
〒113-0034　東京都文京区湯島2-14-11
電話　03-5812-9702　FAX　03-5812-9705
https://www.fukumura.co.jp

印刷　モリモト印刷株式会社
製本　協栄製本株式会社

© Nobuo Zenmyo 2013
Printed in Japan
ISBN978-4-571-22052-4
乱丁本・落丁本はお取替え致します。
定価はカバーに表示してあります。

福村出版◆好評図書

古川聡 編著
教育心理学をきわめる10のチカラ〔改訂版〕
◎2,300円　ISBN978-4-571-22057-9　C3011

アクティブラーニングの導入や教職課程の改革など，教育現場および大学で進む大きな変化に対応した改訂版。

藤田主一・楠本恭久 編著
教職をめざす人のための教育心理学
◎2,200円　ISBN978-4-571-20071-7　C3011

教職をめざす人のための「教育心理学」に関する基本テキスト。教育心理学の研究・実践成果が満載の必読書。

藤田主一・齋藤雅英・宇部弘子 編著
新 発達と教育の心理学
◎2,200円　ISBN978-4-571-22051-7　C3011

発達心理学，教育心理学を初めて学ぶ学生のための入門書。1996年初版『発達と教育の心理学』を全面刷新。

鈴木眞雄 監修／宇田光・谷口篤・石田靖彦・藤井恭子 編集
教育支援の心理学
●発達と学習の過程
◎2,300円　ISBN978-4-571-22049-4　C3011

発達と学習の基礎から応用，さらに教育の今日的課題を教育支援の視点から解説。教職を目指す人必読の書。

藤田主一・齋藤雅英・宇部弘子・市川優一郎 編著
こころの発達によりそう教育相談
◎2,300円　ISBN978-4-571-24067-6　C3011

子どもの発達に関する基礎知識，カウンセリングの理論・技法，学校内外の関係者との協働について解説。

山崎勝之 編著
日本の心理教育プログラム
●心の健康を守る学校教育の再生と未来
◎2,700円　ISBN978-4-571-22061-6　C3011

子どもの心の健康と適応を守るための心理教育プログラム。学校での恒常的安定実施への壁とその突破口を探る。

渡辺弥生・小泉令三 編著
ソーシャル・エモーショナル・ラーニング(SEL)
非認知能力を育てる教育フレームワーク
◎2,600円　ISBN978-4-571-10198-4　C3037

子どもの感情と社会性を育む国際的教育活動「SEL」の概要・導入・アセスメント・日本の実践例を紹介。

◎価格は本体価格です。

福村出版◆好評図書

藤田主一 編著
新 こころへの挑戦
●心理学ゼミナール

◎2,200円　　ISBN978-4-571-20081-6　C3011

脳の心理学から基礎心理学，応用心理学まで幅広い分野からこころの仕組みに迫る心理学の最新入門テキスト。

藤田主一・板垣文彦 編
新しい心理学ゼミナール
●基礎から応用まで

◎2,200円　　ISBN978-4-571-20072-4　C3011

初めて「心理学」を学ぶ人のための入門書。教養心理学としての基礎的事項から心理学全般の応用までを網羅。

加藤 司 著
正しく理解する教養としての心理学

◎2,200円　　ISBN978-4-571-20085-4　C3011

本来の心理学とは何かを追究し，学問として必要な心理学を「基礎」「応用」「本質」の三方向から平易に解説。

広重佳治 著
心　理　学　入　門
●キーワードで読むこころのモデル

◎1,700円　　ISBN978-4-571-20077-9　C3011

現代心理学の代表的モデルをキーワードをもとに簡潔な記述と図で解説。巻末には復習問題60問と解答付き。

米谷 淳・米澤好史・尾入正哲・神藤貴昭 編著
行動科学への招待〔改訂版〕
●現代心理学のアプローチ

◎2,600円　　ISBN978-4-571-20079-3　C3011

行動科学は現代社会で直面するさまざまな問題の解決に有効である。より学びやすく最新情報を盛り込んで改訂。

小山 望 編著
人間関係がよくわかる心理学

◎2,200円　　ISBN978-4-571-20073-1　C3011

科学的学問としての心理学に基づき，トピック，キーワードをもとにやさしく解説した人間関係の心理学書。

行場次朗・箱田裕司 編著
新・知性と感性の心理
●認知心理学最前線

◎2,800円　　ISBN978-4-571-21041-9　C3011

知覚・記憶・思考などの人間の認知活動を究明する新しい心理学の最新の知見を紹介。入門書としても最適。

◎価格は本体価格です。

福村出版◆好評図書

日本応用心理学会 企画／藤田主一・浮谷秀一 編
現代社会と応用心理学 1
クローズアップ「学校」
◎2,400円　ISBN978-4-571-25501-4　C3311

目まぐるしく変化する現代社会に対応を迫られる学校。現場で何が起きているのか、「こころ」の問題を探る。

日本応用心理学会 企画／大坊郁夫・谷口泰富 編
現代社会と応用心理学 2
クローズアップ「恋愛」
◎2,400円　ISBN978-4-571-25502-1　C3311

若者の恋愛, 同性愛, おとなの恋愛, 結婚, 離婚, 浮気, 夫婦関係, 家族……現代社会の恋愛にフォーカス！

日本応用心理学会 企画／玉井 寛・内藤哲雄 編
現代社会と応用心理学 3
クローズアップ「健康」
◎2,400円　ISBN978-4-571-25503-8　C3311

現代日本社会における健康に関わるトピックを, 現実的で多面的な視点から捉え, 応用心理学的な解説を試みる。

日本応用心理学会 企画／森下高治・蓮花一己・向井希宏 編
現代社会と応用心理学 4
クローズアップ「メンタルヘルス・安全」
◎2,400円　ISBN978-4-571-25504-5　C3311

現代社会における職場や日常生活でのメンタルヘルス, ヒューマンエラー, リスクマネジメントを考える。

日本応用心理学会 企画／浮谷秀一・大坊郁夫 編
現代社会と応用心理学 5
クローズアップ「メディア」
◎2,400円　ISBN978-4-571-25505-2　C3311

日々目まぐるしく変化を遂げるメディア。21世紀の現代社会と人間関係を象徴するトピックが満載。

日本応用心理学会 企画／内藤哲雄・玉井 寛 編
現代社会と応用心理学 6
クローズアップ「高齢社会」
◎2,400円　ISBN978-4-571-25506-9　C3311

現代日本社会の象徴といえる高齢社会の現実的様相を多面的な視点から捉え, 応用心理学的な解説を展開する。

日本応用心理学会 企画／谷口泰富・藤田主一・桐生正幸 編
現代社会と応用心理学 7
クローズアップ「犯罪」
◎2,400円　ISBN978-4-571-25507-6　C3311

犯罪心理はもとより, 現代の犯罪の特徴から犯罪をとりまく事象を25のトピックで解説。現代社会の本質に迫る。

◎価格は本体価格です。